国際金融
International Finance

植田健一 服部孝洋
Ueda Kenichi Hattori Takahiro

日本評論社

i

はじめに

■ 本書のねらい

　本書の特徴は、伝統的な教科書でフォーカスされてきた為替の日常的な動きを説明することにとどまらず、その奥にある経常収支や金融収支の動向を解説するとともに、非日常的な通貨危機、国際収支危機、国家債務危機についての議論も盛り込み、最後にはグローバリゼーションの意義を展望するという構成で、バランスよく「国際金融」の諸問題をカバーしている点にあります。為替の日常的な動きを理解することはもちろん重要ですが、近年とりわけ国際金融市場における危機が頻発していることから、本書で為替のほかに取り上げている国際的な経済危機に関するトピックは、政策担当者や金融の実務家、学生など、幅広い読者にとって必須の内容であるとともに、関心の高い問題でもあると感じています。そしてこれらは、経済学の世界でも、近年とくに研究が進んでいる分野でもあります。

　本書は、二人の経済学者が共同で執筆しました。両者とも、現在は大学に所属していますが、かつて実務家や政策担当者としての職に就いていた経験を持っているという点も、本書の大きな特徴です。本書を執筆したきっかけは、著者の一人（植田）が、東京大学大学院経済学研究科および公共政策大学院で行っている国際金融の授業の内容をわかりやすくまとめ、財務省の若手研修の一環として講義をしていたことです。その講義をもう一人の著者（服部）が活字化したうえで、為替やデリバティブなど金融市場との関係を中心に加筆し、二人で修正を繰り返して完成させました。

　その結果、本書は、学生はもちろん、銀行・証券会社・保険会社などに勤める金融の実務家や、政府・国際機関の政策担当者が、国際金融を学ぶうえで基本となる経済学の理論・実証研究の主要な成果を網羅的に解説したものとなりました。さらに、そのような実務の現場で必要となる制度的な知識もバランスよく盛り込んでいます。

　本書を執筆する際には、最先端の経済学研究を厳密かつ数理的に説明するの

ではなく、それらのコンセプトの直観的な理解を促すような解説を行うことに努めました。たとえば、日本経済に関する調査・研究をする場合、日本経済の状況や歴史に関しては、日本で一定以上の教育を受けている読者には、ある程度の前提知識があり、そのうえで対応できると思います。しかし、国際金融となるとそうはいきません。そこで本書では、国際金融システムを理解するために筆者らが必要だと考える背景知識や概念を、できる限り盛り込んで説明しています。

さらに、本書は国際金融に関する有益かつタイムリーな内容もカバーしています。近年、世界金融危機や欧州債務危機、コロナ禍、各地での戦争など国際情勢の不安定化、エネルギーや食糧の問題、急激なインフレ、発展途上国の国家債務危機など、世界全体に影響を与える大きな出来事が続いています。そのため、国際的な経済のつながりを考慮して危機に備えることの重要性はますます大きくなっています。直近では円／ドル相場の変動が大きく、為替介入などの話題も世間的に大きな注目を浴びてきています。本書は、こうした今まさに直面している問題についてもコンパクトに解説したうえで、主要な参考文献を適宜紹介しています。

■ 本書の構成

本書は3つの部で構成されています。第Ⅰ部では、平時のマクロ経済の動きである景気循環と経済成長に対して、国際金融システムがどのような影響を与えるかを考えます。その中でも、とくにマクロ経済の主要な指標と国際収支との関係を説明します。第Ⅱ部では、為替市場という金融市場に焦点を当てて、重要な話題を幅広くカバーします。第Ⅲ部では、経済危機を国際金融的な側面から解説します。基本的には、各章で独立して読めるように配慮しています。

第Ⅰ部の第1章と第2章では、シンプルな国際マクロ経済学のフレームワークを使って、**国際金融取引の構造的な概念**を理解するための解説を提供します。第1章では、ほぼ同じ経済発展段階にある国同士の国際金融取引を、消費の平準化とリスク・シェアリングの観点から説明します。第2章では、先進国と発展途上国という異なる経済発展段階にある国の間の投資リターンの裁定という観点から国際金融取引を説明します。

続く第3章と第4章では、実務的なコンセプトを説明します。第3章では、

国際収支統計の仕組みについて説明します。第4章では、国際収支を決定づける貯蓄・投資バランスの概念を説明します。そのうえで、国際通貨基金（IMF）において最近行われている国際収支の評価の考え方を説明します。

第II部では、**外国為替**について解説します。第5章では、世界の為替制度と為替市場の様相を説明します。第6章からは、為替レートの決定に関するいくつかの理論と実証研究を俯瞰します。第6章では、財市場における裁定（購買力平価）との関係に注目し、為替レートがどのように決まるかを議論します。また、第4章で導入した貯蓄・投資バランスという国際マクロ経済学のアプローチから、為替レートについて議論します。第7章では、金融市場としての為替市場の仕組みを説明しつつ、金利の裁定（金利平価）という考え方に基づいて為替レートを議論したうえで、実務的に必要なデリバティブの説明も行います。また、2020年以降円安が進み為替介入が話題になりましたが、第8章では日本の為替介入を詳しく取り上げます。

第III部では、**国際金融危機・経済危機の問題**について、アジア金融危機や世界金融危機など具体例を多く示しつつ、説明します。第9章では、データからみた過去の経済危機の特徴を紹介します。第10章では、通貨危機と国際収支危機について理論と現実の両面から解説します。その際、ここでの理論の基礎となっている銀行危機の理論についても説明します。第11章では、多くの国が国債を海外投資家向けに販売していることから、国際金融資本市場の危機と捉えられている国家債務危機について説明します。そこでは、とくに関連の深い国際法上の問題点も指摘しつつ、経済学に基づく考え方を説明します。第12章では、複合的な危機（通貨危機、国際収支危機、国家債務危機、銀行危機が同時にいくつか起きること）の解説をします。最後に第13章では、軍事上の危機や保護主義に端を発する、グローバリゼーションからの揺り戻しの含意を解説します。加えて、デジタル化とともに今までのドルを基軸通貨とする国際通貨体制の変容を議論し、今後の展望を俯瞰します。

■ **謝辞**

この分野での植田の知的な資産の大部分は、シカゴ大学大学院におけるマクロ経済学と計量経済学の基本的な知識の上に、博士号取得直後に就職して14年超も勤務したIMFにおいて、多くの同僚や上司との仕事を通じて培ってき

たものです。とりわけ世界金融危機（欧州債務危機も含む）の際に、同僚とともに集中的に過去のさまざまな国際金融危機を短期間で理解する必要に迫られ、「的確な政策とは何か」を突き詰めて考えたことは大きな財産となりました。植田は、IMF で上司であった Stijn Claessens 氏（現イェール大学）からはとくに多大な影響を受けました。また、チーフエコノミストであった Kenneth Rogoff 氏（現ハーバード大学）、Raghuram Rajan 氏（現シカゴ大学）、Olivier Blanchard 氏（現ピーターソン国際経済研究所）の各氏からも、大きな影響を受けました。ここですべての方々のお名前を挙げることはできませんが、これまでの職場やセミナー、カンファレンスなどでの、多くの方々からの刺激と支援に感謝いたします。

　植田は、東京大学の学生から、授業でのやりとりを通じて、新鮮な見方を示してもらいました。宇随佳さん（現マサチューセッツ工科大学博士課程）をはじめ、直近の約 4 年間は東京大学経済学部の植田ゼミの学生に、本書の原稿をそれぞれの段階で読んでもらい、わかりにくいところなどを指摘してもらいました。また、先述の財務省での研修でも、約 4 年間にわたって若手官僚の皆さんに原稿を読んでもらい、細かいところまで丁寧に誤りなどを指摘していただきました。

　植田が IMF 時代から始めた研究課題の 1 つに、グローバル・インバランスがありますが、それはシカゴ大学のクラスメイトでもあった Alexander Monge-Naranjo 氏（現欧州大学院）との共著で、またその後東京大学で同僚であった Konstantin Kucheryavyy 氏（現ニューヨーク市立大学）も加わりましたが、二人とは活発な議論をし、とくにさまざまな示唆を得ました。また、それに関連するトピックで大学院生の森戸泰正さん（現ウィスコンシン大学博士課程）と論文を共著することとなり、その過程でもさまざまなことに気付かされました。

　なお、この研究課題に対しては、日本学術振興会の科研費（グローバル・インバランスの数量的、実証的研究：20H01487）をいただいており、その意味で、本書にご支援をいただいております。

　前述のとおり、本書の執筆は財務省における植田の講義を服部が活字化したことがもともとの経緯です。服部は、その際に財務省財務総合政策研究所で同僚であった山崎丈史氏や、冨田絢子氏、また、論文の共著者でもある石田良氏

に本書を書くうえでサポートいただきました。本書の校正プロセスなどでは、かつて財務総合政策研究所で同僚だった田村泰地さんに加え、服部のリサーチ・アシスタントだった東京大学経済学部および大学院経済学研究科の安斎由里菜さん、國枝和真さん、新田凜さんには細かく原稿をチェックしていただきました。

　また、植田・服部ともに、日本評論社の経済セミナー編集長の尾崎大輔さんには、最後まで激励をいただき、出版に漕ぎ着けました。ありがとうございました。最後に、これまで長い間筆者を支えてくれたそれぞれの家族に、この場を借りて感謝します。

　2024 年 11 月

植田健一・服部孝洋

vi

目　次

はじめに　　i

第Ⅰ部　国際金融の基礎

第1章　国際金融システムと国際景気循環論のコンセプト　　2

1　ロビンソン・クルーソー経済 ……………………………………… 2
2　社会計画者の問題 ……………………………………………… 6
3　国際金融市場を通じた配分 …………………………………… 7
　3.1　保険、株式、銀行（7）　　3.2　利子と割引（9）
4　リスク・シェアリングの意味 ………………………………… 10
　4.1　銀行と保険・株式による配分の違い（10）　　4.2　集計的ショックのケース（11）
　4.3　金本位制（12）
5　国家間のリスク・シェアリング ……………………………… 15
6　生産を考慮した経済 …………………………………………… 17
7　リスク・シェアリングと経済成長：
　　金融の国際化・自由化は成長を促進するか？ ……………… 20

第2章　先進国・途上国間の国際金融取引　　28

1　ルーカス・パラドックス ……………………………………… 28
2　より正確にリターンを計測する試み ………………………… 33
3　資本規制と投資促進政策 ……………………………………… 35
　3.1　資本規制（35）　　3.2　税と補助金・集積の効果（35）
4　金融システムをめぐる制度と国際金融取引との関係 ……… 36
　4.1　制度的要因（36）　　4.2　株式市場との関係（38）　　4.3　コーポレート・ガバナンス
　と債権者の権利（39）　　4.4　労働問題（41）
5　公的な開発金融 ………………………………………………… 41
　5.1　国際開発金融機関（41）　　5.2　政府開発援助（ODA）（42）

第3章　国際収支統計の仕組み　　46

1　国際収支統計で用いられる基本的なコンセプト ……………… 46

1.1　国際収支統計の項目別定義（46）　1.2　国際収支統計の内訳の動向（50）　1.3　複式計上の原則（52）　1.4　資本収支について（53）　1.5　IS バランス（53）

2　ロビンソン・クルーソー経済でみる国際収支 ……………………………… 54

第4章　貯蓄・投資バランスと国際収支　　59

1　IS バランスの３つの要因：景気循環要因、構造要因、政策要因 ………… 59

2　対外バランスをめぐる議論 …………………………………………………… 60

3　グローバル・インバランスの評価に関する IMF のアプローチ …………… 62

4　IMF による EBA モデルの推定 ……………………………………………… 64

5　IMF によるグローバル・インバランスの評価の推移 ……………………… 67

6　グローバル・インバランスに関する長期的な視点 ………………………… 69

第 II 部　為替制度と為替レート

第5章　為替制度と為替市場　　74

1　国家の為替制度の概要 ………………………………………………………… 74

1.1　為替制度の変遷（74）　1.2　ハード・ペッグ（76）　1.3　ソフト・ペッグ（77）　1.4　自由為替制度（78）　1.5　為替制度の法制度的側面と現実的側面（78）

2　為替市場の概要 ………………………………………………………………… 79

第6章　財市場と為替レート　　81

1　財市場をベースとした為替レートの考え方 ………………………………… 81

1.1　購買力平価（81）　1.2　実質為替レートと購買力平価の関係（84）

2　実質為替レートの長期的な動き ……………………………………………… 86

3　為替レートと貿易収支の関係 ………………………………………………… 89

4　所得収支の重要性 ……………………………………………………………… 92

第7章　金融市場と為替レート　　94

1　為替市場の効率性 ……………………………………………………………… 94

2　カバーなし金利平価（UIP） ………………………………………………… 95

2.1　円資産と外国資産の裁定取引（95）　2.2　カバーなし金利平価の実証（98）

3　カバー付き金利平価（CIP） ………………………………………………… 101

3.1　為替リスク（101）　3.2　為替リスクのヘッジ（101）　3.3　カバー付き金利平価の定義（103）　3.4　カバー付き金利平価の実証（104）　3.5　フォワード・プレミアム・パズル（106）　3.6　キャリー・トレード（108）

4　為替市場のデリバティブ ……………………………………………………… 109

4.1　為替スワップ（109）　　4.2　通貨スワップ（110）　　4.3　為替スワップを用いた円資産と外国資産の裁定（112）

5　国際金融のトリレンマ ……………………………………………………………… 113

第8章　日本の為替介入　116

1　為替介入とは …………………………………………………………… 116

2　為替介入とその効果 ………………………………………………… 120

2.1　不胎化介入と非不胎化介入（120）　　2.2　外貨準備の運用（121）　　2.3　為替介入の効果：ポートフォリオ・リバランス効果とシグナリング効果（124）

第 III 部　経済危機と国際金融システム

第9章　データから見た経済危機の特徴　128

1　経済危機・金融危機の定義 ……………………………………… 128

2　さまざまな金融危機の特徴 ……………………………………… 130

3　さまざまな金融危機の定義 ……………………………………… 133

3.1　通貨危機の定義（133）　　3.2　国際収支危機の定義（133）　　3.3　銀行危機の定義（135）

4　さまざまな金融危機の共通性 …………………………………… 136

4.1　通貨危機の例（136）　　4.2　国際収支危機の例（137）　　4.3　銀行危機の例（138）　　4.4　国家債務危機の例（140）

5　金融危機の予防 ……………………………………………………… 141

第10章　通貨危機・国際収支危機　143

1　第1世代モデル ……………………………………………………… 143

2　第2世代モデル ……………………………………………………… 146

2.1　通貨危機の自己実現モデル（146）　　2.2　第2世代モデルの示唆（149）

3　第3世代モデル ……………………………………………………… 150

第11章　国家債務危機　155

1　倒産と過重債務問題 ………………………………………………… 155

2　主権免除 ……………………………………………………………… 157

3　国家債務危機の定義 ………………………………………………… 161

3.1　定義（1）のケース（161）　　3.2　定義（2）のケース（162）　　3.3　定義（3）のケース（167）

4　国家債務残高（対 GDP 比率）に関する実証 …………………… 168

5　国際的な国家破産制度に関する議論 …………………………… 170

| 6 | 国家債務危機のモデル | 172 |

第12章　複合的な危機　　176

| 1 | 危機と危機のつながり | 176 |

1.1　銀行危機と国家債務危機（176）　1.2　通貨危機と国家債務危機（177）　1.3　通貨危機と銀行危機（177）

| 2 | アジア金融危機 | 177 |
| 3 | 世界金融危機におけるギリシャのケース | 181 |

3.1　ギリシャの国家債務危機（181）　3.2　最適通貨圏をめぐる議論：ギリシャがユーロ圏から離脱すれば解決か？（184）

4	ラトビアの内的通貨切り下げ	186
5	EUにおける金融システムの問題	187
6	欧州債務危機に対するEUの対応の集大成	189
7	Brexitという反動	190

第13章　国際経済システムの変遷と課題　　192

| 1 | ブレトン・ウッズ体制 | 192 |

1.1　ブレトン・ウッズ体制の確立（192）　1.2　1930年代、ポピュリズムの台頭と自由な国際貿易・金融取引の後退（194）

2	ブレトン・ウッズ体制の変容	196
3	グローバル・ガバナンスの問題	197
4	グローバリゼーションの揺り戻し	201
5	デジタル通貨と国際通貨システム	205

参考文献一覧　　209

索　引　　217

Column 一覧

① 社会計画者の問題の数理的な説明（25）
② 主要な国際開発金融機関（44）
③ 国際収支統計の改訂について（54）
④ IMFによる為替の評価（71）
⑤ マーシャル＝ラーナーの条件の導出（91）
⑥ オーバーシューティング・モデル（100）
⑦ LIBORとその代替指標（114）

⑧ プラザ合意（119）
⑨ 為替介入の有無およびその規模の推定（125）
⑩ IMF による債務持続可能性分析（165）
⑪ 中央銀行の独立性と金融政策ルールの重要性（167）
⑫ 国際通貨体制における IMF の役割（198）
⑬ 国際貿易体制（200）
⑭ 地域貿易協定（203）
⑮ 日本での貿易・金融取引の自由化とその揺り戻し（204）

第 **I** 部

国際金融の基礎

第1章　国際金融システムと国際景気循環論のコンセプト

第2章　先進国・途上国間の国際金融取引

第3章　国際収支統計の仕組み

第4章　貯蓄・投資バランスと国際収支

第**1**章

国際金融システムと
国際景気循環論のコンセプト

🌐 イントロダクション

　国際金融論は、通常は一国を対象とするマクロ経済学や金融論をベースに、外国、そして世界との関連を考慮して経済や金融の問題を研究する分野です。本章では、まず国際金融論の基礎となるマクロ経済学の考え方から解説します。

　マクロ経済の事象は、大きく「景気循環」「経済成長」「経済危機」の3つに分類できます。1つ目の景気循環は、2～3年程度の間で景気が上下する事象です。2つ目の経済成長は、景気循環をならしたうえで残る経済の中長期的なトレンドです。3つ目の経済危機は、まれにGDP（国内総生産）が大きく低下する事象です。マクロ経済学は、この3つの事象のそれぞれに対応して、主に一国の経済を対象に発展してきました。

　そして、これらの問題を世界との関連を考慮して研究する分野が「国際マクロ経済学」です。その中でも、とくに景気循環について考える分野は「国際景気循環論」と呼ばれています。本章では、非常に単純な理論モデルを使って、国際景気循環論の重要なコンセプトを説明します。

1 ロビンソン・クルーソー経済

　本節では、国際金融システムのエッセンスをつかむために、まずは最も簡単な交換を描いた「ロビンソン・クルーソー」の物語の世界を考えます。ご存じの方も多いと思いますが、この物語は、ロビンソン・クルーソーが漂着した無

人島で生きていくというお話です。ここで考える**ロビンソン・クルーソー経済**（Robinson Crusoe economy）では、次の2点を想定します。1点目は、島にはココナッツの木が生えており、そこからココナッツが毎期落ちてくるとします。2点目は、国際金融の話をするのが目的なので、本来の物語と異なり、このような島が2つあると想定します。具体的には、Aという島とBという島があり、A島にはロビンソン・クルーソーが住んでおり、B島にはフライデーが住んでいるとします。そのうえで、その2人が「木から落ちてくるココナッツを各期にどれだけ食べるか」を考えることを通じて、国際金融システムがどのような機能を果たすかを考えていきます。

ここでは話を非常に簡単にするため、図1.1のようにA島ではココナッツを1期目から順に$\{1, 3, 1, 3, \ldots\}$のように得られる一方、B島ではココナッツを$\{3, 1, 3, 1, \ldots\}$のように得られるとします。たとえば、A島では最初の期には1個のココナッツしか得られないのですが、B島では3個得られます。ただ、次の期にはA島で3個得られる一方、B島では1個しか得られないわけです。また、両島を合計すると、得られるココナッツは毎期4個であり、変動はないとします。

以上を前提に、ロビンソン・クルーソーとフライデーが生活の改善を話し合うとしたら、どうすればよいでしょうか。自らの島で得られるココナッツだけを食べればよいという議論もありますし、2人で話し合って別の分け方を模索することもできます。

なお、このように、2国の産出高の良い年と悪い年が交互に起こる状況は現実にもあります。たとえば図1.2では、日本とオーストラリアの1人当たり実質GDP（国内総生産）成長率を示しています。このグラフをみると、両国で連動しているときもありますが、逆向きに動いているときも多々あることがわかります。2つの島でのココナッツの収穫量の例は極端ですが、現実とそれほどかけ離れているわけではありません。ですので、まずはこの例で考えてみましょう。

ここで、経済学の基本的な考え方を用いることにします。すなわち、ロビンソン・クルーソーとフライデーは毎期異なる量の消費をするのではなく、いつも安定的に消費をしたいと考えます。実際にそのようになる場合、**消費の平準化**（consumption smoothing）といいます。人々が消費を平準化する理由を以下

図1.1　毎期のココナッツの収穫量

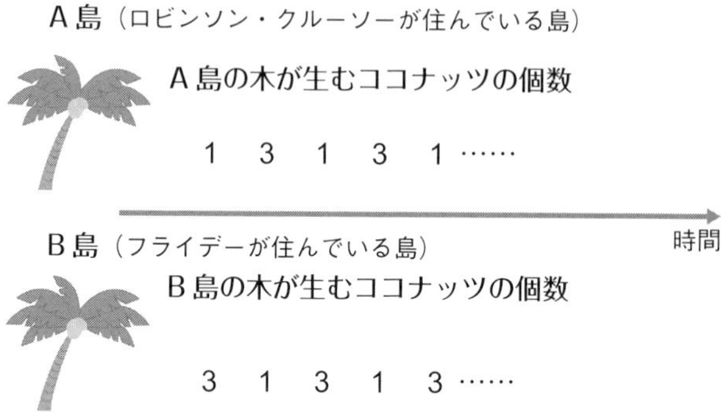

A島（ロビンソン・クルーソーが住んでいる島）
A島の木が生むココナッツの個数
1　3　1　3　1……
時間
B島（フライデーが住んでいる島）
B島の木が生むココナッツの個数
3　1　3　1　3……

（出所）筆者作成。

図1.2　日本とオーストラリアの1人当たり実質GDP成長率の推移

（%）
8
6
4
2
0
－2
－4
－6
1980
85
90
95
2000
05
10
15
（年）
オーストラリア
日本

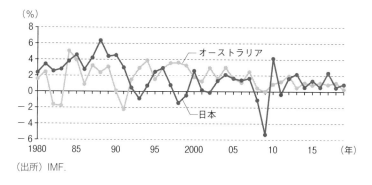

（出所）IMF.

で説明します。

経済学では個人の満足を**効用**（utility）と呼びます。図1.3に示した効用関数の形にみられるように、効用は消費を増やすにしたがって増加していきますが、その増加率は次第に低下していくと考えます。

たとえば、ココナッツの消費量を1個から2個に増やすと効用は増加します。ただし、消費量を2個から3個に増やした場合、効用そのものは増加しますが、その増加の度合いは減少します。これを**限界効用逓減の法則**（law of diminishing marginal utility）と呼びます[1)]。

こうした効用関数において、図1.4に示されているように、1と3の消費か

図1.3 効用関数と限界効用逓減の法則

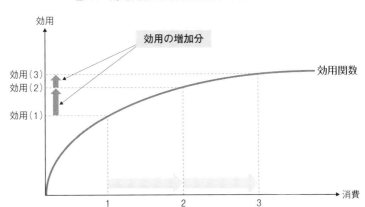

（注）上図における効用(1)は消費量が1個であるときの効用を示しています。
（出所）筆者作成。

図1.4 効用関数と消費の平準化

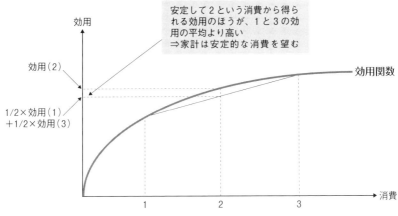

（出所）筆者作成。

ら得られる効用の平均より、2という安定的な消費から得られる効用のほうが高いことがわかります。ある時点ではたくさん食べて、ある時点ではあまり食

1）効用関数は、一般に1階微分は正、2階微分は負と仮定されるため、限界効用が逓減することになります。この仮定の現実的な妥当性は実証的にも確かめられています。

べない、という状況より、いつも安定的に消費するほうが個人にとって効用が高く、望ましい状態です。したがって、個人は時間を通じて消費を平準化します。他人との関係でみると、個人は所得（先ほどの例ではココナッツの収穫量）の変動というリスクをシェア（**リスク・シェアリング**〔risk sharing〕）することが望ましいということになります。

2 社会計画者の問題

　この経済における具体的な取引を考える前に、どのような状況がこの2人にとって望ましいかを考えます。経済学ではこのことを、しばしば、**社会計画者**（social planner）**の問題**と呼びます。すなわち、自分のことは顧みず社会のことだけを考える独裁者（経済学では、**博愛的独裁者**〔benevolent dictator〕と呼びます）が、あたかも存在すると想定して、その人が社会全体のために資源を配分した場合にどのような配分がなされるかを考えます。

　もちろん、現代の日本には独裁者は存在しませんし、また共産主義の国でも博愛的独裁者がいると想定するのは現実的ではありません。ただ、社会にとって望ましい状況を考えるため、ひとまず博愛的独裁者がいると想定し、そのもとで実現する配分を考えることは有効です。なぜなら、実際にそういう主体がいなかったとしても、そのような配分を市場メカニズムを通じて達成できるのであれば、市場メカニズムは望ましい資源配分を実現する機能を有していると評価できるからです。なお、社会計画者がおらず、市場に任せた場合の配分のことを、**非中央集権的な均衡**（decentralized equilibrium）における配分（allocation）と呼びます。

　社会計画者の問題では、何が社会にとって良いかを考えます。具体的には、まずはどこかに統治者がいて、社会にとって最適なことは何かを考える際に、人々の効用に何らかのウェイトをつけて評価するということを考えます。このウェイトは、**社会ウェイト**（social weight）というのですが、経済学では必ずしもこのウェイトがすべての人において等しい状態だけでなく、もう少し一般的な状態として考えることもあります。

　経済学のテクニカルな説明に関心がある読者は章末の Column ①をみてもら

うとして、ここでは結論を記載します。前述のとおり、個々人はいつも安定的に消費したほうが望ましいと考えているので、社会にとって望ましい状態とは、ロビンソン・クルーソーとフライデーがどちらも時間を通じて安定的な消費ができるような状態です。これを社会的に**最適**な、または**効率的**な配分といいます[2]。

現在、ロビンソン・クルーソーは $\{1, 3, 1, 3, \ldots\}$ という配分、フライデーは $\{3, 1, 3, 1, \ldots\}$ という配分を得ていますが、社会計画者が介入することにより、たとえば、ロビンソン・クルーソーとフライデーがともに $\{2, 2, 2, 2, \ldots\}$ という消費を行うことができれば、望ましい配分が実現したことになります(ここでは両者の消費の合計が常に 4 になる点に注意してください)。このケースではロビンソン・クルーソーとフライデーがどちらも同じ消費量になりましたが、安定した消費であればよいため、たとえば、ロビンソン・クルーソーが $\{1.9, 1.9, 1.9, \ldots\}$、フライデーが $\{2.1, 2.1, 2.1, \ldots\}$ という消費についても効率的な配分だと考えられます。

3 国際金融市場を通じた配分

もちろん、上記のような安定的な状態が政府などに命令されて実現するというのは現実的ではありません。そうではなく、互いに納得してこのような配分を実現することが望ましいわけです。そこで、具体的な国際金融システムを考えることを通じて、そのような安定的な配分が実現できるかを検討します。

3.1 保険、株式、銀行

このような配分を実現するシステムとして最初に考えられるものは、**保険**(insurance)です。ロビンソン・クルーソー経済では自分の所得が良いときと悪いときがあるのですが、たとえば、ある保険会社があるとして、ロビンソン・クルーソーとフライデーが A 島と B 島のどちらに着くかわかる前に、こ

---

2) ここでの効率的とは、**パレート最適**(Pareto optimal)または**パレート効率的**(Pareto efficient)と呼ばれるものです。ある配分が、他の人の効用を下げることなくある人の効用を改善できない状態を指します。社会計画者の問題の最適解でもあります。

の保険会社が提供する保険に入るとしましょう。保険料は良い状況のときも悪い状況のときも、ココナッツ1個だとします。保険会社は、悪い状況のとき（ココナッツが1個しか落ちてこなかったとき）にはココナッツ2個を保険支払として提供しますが、良い状況のとき（ココナッツが3個落ちてきたとき）には何も支払わないものとします。この場合、保険会社による補償を通じて（保険料を差し引くと）、ロビンソン・クルーソーとフライデーがともに毎期2個のココナッツを消費できます。すなわち、保険を通じて両者が安定的な消費を享受することが可能になるわけです。

　同様に、**株式**（equity）も消費の平準化に寄与します。この世界に株式を導入するため、ココナッツ・ツリーを「ココナッツを生産するココナッツ・ツリー株式会社」であると解釈しましょう。そのうえで、ロビンソン・クルーソーとフライデーが、ココナッツ・ツリー株式会社AとBの株式（T_AとT_B）を島に着く前に持ち合うケースを考えます。たとえば、それぞれがT_AとT_Bの株式を1/2ずつ持ち合うことにより、ココナッツは株式の配当として、その株式の保有割合（ここでは1/2ずつ）に応じて受け取ることができます。この場合も、ロビンソン・クルーソーとフライデーが安定的な消費を行うことができます。

　また、このような配分を実現する3つ目のシステムとして、**銀行**（bank）も考えられます。銀行による消費の平準化の仕組みを、図1.5に示しています。銀行を通じて、良いときには貸し出し、悪いときには借り入れる、ということを行えば、消費を平準化させることが可能になります。具体的には、最初の期にロビンソン・クルーソーがココナッツを1個受け取り、フライデーが3個受け取るわけですが、フライデーが最初の期に1個だけ預金として銀行に預け、そのココナッツを銀行からロビンソン・クルーソーが借り入れることでお互いが2個食べることができます[3]。翌期にはロビンソン・クルーソーは3個もらえるわけですから、借りてきたココナッツを1個銀行へ返却し、同時にフライデーがココナッツを1個引き出すことで、両者ともにまた2個のココナッツを

3）ここでは単純化のために、ココナッツが翌期には腐ってしまって、持ち越せないと想定しています。これを経済学では「perishable goods」であるといいます。生鮮食品のような財をイメージしてください（厳密にはココナッツは当てはまらないかもしれませんが）。

図1.5 銀行を通じた消費の平準化

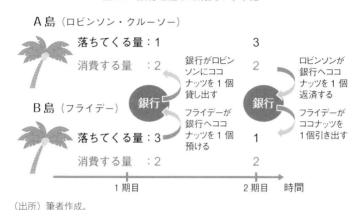

(出所) 筆者作成。

食べることができます。このように、消費が時間を通じて安定します。

3.2 利子と割引

ここまで非常に簡単な例でお話ししてきましたが、ここで留意点があります。それは、銀行でお金を借りる場合には、通常は**利子**（interest）が発生しますが、それを考慮していなかったという点です。そのため、もし利子が発生する場合、フライデーは最初の期にお金を貸し付けることで利子を得られるので、銀行を経由した貸し借りの結果、消費は安定的になるものの、フライデーのみ利子の分だけ受け取りが多くなることで、少し消費が多くなる配分が実現されます。たとえば、前述したロビンソン・クルーソーが {1.9, 1.9, 1.9, ...}、フライデーが {2.1, 2.1, 2.1, ...} などがその配分の例になります[4]。

利子が発生する根拠は、個々人が将来の消費より今の消費を好むという**時間選好**（time preference；将来の価値を現時点で評価するときに**割り引く**〔discount〕こと）があることが主因です[5]。一見、ロビンソン・クルーソーとフ

---

4) 厳密な説明は、章末の Column ①を参照。
5) 1つのケーキを目の前において、「今日食べるか、明日食べるかどちらかを選んでください」といわれれば、多くの人が「今日食べる」ほうを選ぶでしょう。つまり、同じものを明日食べるよりも今日食べることを選好しているというわけです。これを時間選好と呼びます。

ライデーは $\{1, 3, 1, 3, \ldots\}$ と $\{3, 1, 3, 1, \ldots\}$ という形で同じような配分を持っているようにみえたわけですが、フライデーのほうが最初の期に多く配分されているため、その点で「有利だ」と考えることができます。フライデーがB島にいて最初に多くもらえることから、安定した消費についても少し有利な結果として表れると解釈することができます。

4 リスク・シェアリングの意味

4.1　銀行と保険・株式による配分の違い

　上記でみたとおり、保険や株式の場合は銀行とは異なり、その配分が2個ずつと等しくなります。その理由は、島に着いてから銀行を利用すると考えたのに対し、どちらの島に着くかわかる前に保険への加入や株式の持ち合いを決めているので、不利な島（A島）に着くというリスクすらもカバーされるからです。

　これまでのロビンソン・クルーソーとフライデーの議論でみたとおり、ここで考えているリスク・シェアリングにおいて大切なのは、たとえば自分が困ったときには保険、銀行、株式などを用いて助けてもらい、自分の状況が良いときは人を助けるということを、あくまでも利己的に行っているということです。すなわち、ここでリスク・シェアリングがなされるのは、自分が誰かを助けてあげたいという利他的な動機からではなくて、あくまで互いに集まってリスクをシェアすることが自分自身にとって望ましいからです。実際にリスク・シェアリングがなされる場合、ある国に住む家計にとって、リスクをシェアする相手はその他の全世界の国々の家計ということになります。このようなリスク・シェアリングは、日々グローバルな金融資本市場においてなされています。

　その意味で、この民間主体間のグローバルなリスク・シェアリングは政府が介入しなくても成立しますし、事実、保険会社、銀行、株式を扱う証券会社はそのような機能を提供することで事業を行っていると考えられます。なお、銀行の代わりに当事者間でお金を貸し借りする際の借用書（IOU；"I owe you"）や、相対での保険契約なども同様の機能を提供します。

ここでは暗黙のうちに、貸し出したお金が返ってくることを想定しています。ただし、現実の世界では貸し出したお金が返ってこないということが起こりえます。とくに国が主体の場合については、国家債務危機を扱う第11章で詳細に解説します。

　お金の貸し借りの主体が国家の場合は、国際機関である**国際通貨基金**（International Monetary Fund：IMF）が、このリスク・シェアリング機能を担うことも多いです。すなわち、IMFは国家が困ったときの保険のような機能を担い、貸出を行うことで各国を安定的に機能させるような役割を果たしています。たとえばIMFには、台風やハリケーンなどの災害にあった国に貸し出す制度があります[6]。

4.2　集計的ショックのケース

　これまでの例では、2つの島のココナッツの合計は常に4個でした。ここで、合計が年によって異なる状況を考えてみましょう。A島では、$\{2, 6, 2, 6\}$というココナッツの収穫パターンが2回続いた後に、2つの島全体に嵐が来て$\{1, 3, 1, 3\}$というパターンが2回続き、その後$\{2, 6, 2, 6, ...\}$に戻るとしましょう。そして、B島では、$\{6, 2, 6, 2\}$の後に、$\{3, 1, 3, 1\}$と続き、また$\{6, 2, 6, 2, ...\}$に戻るとします。リスク・シェアリングの考え方では、個人のリスクを全体でシェアするので、完全にリスクがシェアできている場合は、ロビンソン・クルーソーもフライデーも$\{4, 4, 4, 4\}$の後に、$\{2, 2, 2, 2\}$という消費をし、そのあと$\{4, 4, 4, 4, ...\}$に戻ります。

　この場合は、1人ひとりにとっては時間を通じた消費の平準化はできていませんが、世界全体の産出高が（2020年に世界中に拡大したコロナ禍の際のように）低下する場合は、リスク・シェアリングができているという意味で社会的に最適な状況です。逆にいえば、経済全体の経済活動が増減する要因となっているものを**集計的ショック**（aggregate shock）と呼び、それによる個々の消費の増減は社会的に最適な金融契約では回避されないことが知られています。

---

6) 一般的には、IMFは加盟国の出資をもとに国際収支上の困難に陥った国に低利で融資を行っています。その意味では、銀行と保険のハイブリッドのような仕組みです。

図1.6 金本位制を通じた消費の平準化

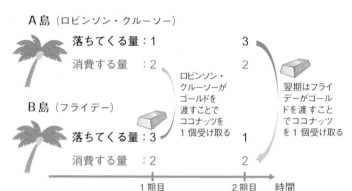

(出所) 筆者作成。

4.3 金本位制

金本位制(gold standard)とは、国際間の取引において金(ゴールド)が大きな役割を果たすシステムです。たとえば現在、ロビンソン・クルーソーが $\{1, 3, 1, 3, ...\}$、フライデーが $\{3, 1, 3, 1, ...\}$ というココナッツを持っているわけですが、加えてロビンソン・クルーソーが1期目にゴールドを持っているとしましょう。この場合、そのゴールドをフライデーに渡すことで、ココナッツを1個受け取り、消費を行うことができます。翌期にはフライデーにゴールドが渡っていますが、2期目はフライデーが受け取ったゴールドをロビンソン・クルーソーに渡すことでココナッツを1個受け取ることができます(図1.6参照)。

このようにして、両者の間に「ゴールド」という媒介が存在することで、お互いが $\{2, 2, 2, 2, ...\}$ という安定的な消費を行うことが可能になります。ここではひとまずロビンソン・クルーソーがゴールドを持っている例を挙げましたが、ゴールドを持つことにより交換が生まれ、安定的な消費を行うことができるということを示しています。これは、金本位制がうまく機能している例と考えることができます。

もっとも、この金本位制はもう少しモデルを複雑にして現実に近づけるとうまくいかないことがわかります。これまでは必ず $\{1, 3, 1, 3, ...\}$ と $\{3, 1, 3, 1, ...\}$ という形でココナッツを収穫できると想定しましたが、たとえば

第1章 国際金融システムと国際景気循環論のコンセプト

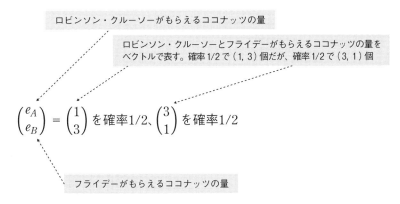

図1.7 不確実性が導入された経済

(出所) 筆者作成。

　その島の天候が良ければたくさん収穫できて、天候が悪ければあまり収穫できないといった形で、各島のココナッツの収穫量にそれぞれ不確実性がある状況を想定するほうがより現実的です。

　そこで、簡単な例として、毎期、ロビンソン・クルーソーとフライデーは、ココナッツを1個か3個のどちらか一方を得られるわけですが、図1.7の上段にあるように、どちらが実現するかは確率的だとしましょう。もちろんこの場合、前述のように1と3が交互に出るケースもありますが、悪い配分である1が連続して出てしまうケースも起こりえます。たとえば、図1.7の下段にあるように、ロビンソン・クルーソーが $\{1,3,1,1,1\}$、フライデーが $\{3,1,3,3,3\}$ という結果も確率的には発生しえます。

　この場合、先ほどと同じようなメカニズムを考えると、仮にロビンソン・クルーソーがゴールドを持っていたとしても、そのゴールドは3期目にフライデーに渡されたまま、4期目にロビンソン・クルーソーのもとへは戻ってこない

ので、安定的な消費が行えなくなってしまいます。つまり、ゴールドを媒介にした国際金融システムを考えると、もし仮に一国に継続的に悪い状態が起こった場合、安定的な配分が実現できない、ということになります。

なお、第二次世界大戦後にゴールドと交換可能なドルを基軸とした世界通貨システム（オリジナルなブレトン・ウッズ体制）がありましたが、1971年には金（ゴールド）とドルの交換停止（ニクソン・ショック）があり、金本位制は、この亜流も含め、終わりました[7]（これらの詳細は、第5章や第13章で説明します）。

その後も、ドルは基軸通貨であり続けましたが、その他の国々にとってはゴールドのようなものであり、このような状況がたびたび現れました。つまり、ある国に悪い経済状態が続くことで外貨準備が枯渇してしまった場合、国際的な取引を行えないといったことが起こってしまうのです。

このような問題に直面したとき、IMFが**特別引出権**（Special Drawing Rights：SDR）を各国に再配分するケースがあります。SDRを保有している国は、それと交換のできる主要通貨（ドル、ユーロ、ポンド、円、元〔ただし、元は2016年から〕）をSDRとの交換レートで入手できます[8]。この制度は1969年に補完的な国際準備資産として創設され、その後、ニクソン・ショック前後の1970～72年に最初の配分がなされ、第二次石油ショックの際の1979～81年に再配分がなされました。それからしばらくの間、再配分は行われなかったのですが、世界金融危機の最中の2009年、そして世界的に拡大したコロナ禍の最中の2021年に、SDRが加盟国に再配分されました[9]。このように、SDRの再配分は滅多に行われることではなく、世界的に大きな危機が起こった際に再配分がなされています。

7）戦前には、本格的な金本位制があったのですが、世界大恐慌の際に崩壊しました。

8）SDRを構成する通貨バスケットは、通貨の相対的な重要性を反映するため、5年ごとにIMF理事会によって見直しがなされています。1999年にユーロが導入される前は、ドイツ・マルクとフランス・フランが構成銘柄でした。詳細は、IMFのウェブサイト（https://www.imf.org/en/Topics/special-drawing-right）などを参照。

9）再配分額はほぼ出資額に対応しています。

図1.8 国家間のリスク・シェアリングを検証する回帰分析

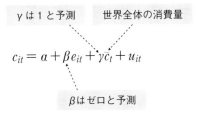

(注) 添え字の i は国、t は時点を表しており、c_{it} は消費量、e_{it} は所得、$\bar{c}_t$ は世界全体の消費量、u_{it} は誤差項を示しています。
(出所) 筆者作成。

5 国家間のリスク・シェアリング

　それでは、国際的な消費のリスク・シェアリングはどの程度うまくいっているのでしょうか。経済学では、理論を構築して議論を行いますが、それが実際の経済をどの程度うまく説明できているかについては、データを通じて確認しなければなりません。より具体的にいえば、経済学の理論を通じて予測される仮説を、データを用いた検証を通じて、その理論がどの程度現実を説明する力を持っているかを確認する必要があるのです。
　リスク・シェアリングがどの程度行われているのかを検証するため、典型的には、図1.8に示したような**回帰分析**（regression analysis）を行います。具体的には、GDPと消費のデータを用いて、個々の国（i）の t 時点での消費量（c_{it}）が、所得（e_{it}）と世界全体の消費（$\bar{c}_t$）とどのように関係しているかを考えます[10]。その関係の強さが図1.8の β や γ（回帰式の係数）で表されます（α は「定数項」、u_{it} は「誤差項」と呼ばれますが、詳細は計量経済学のテキ

---
10) たとえば過去数十年の世界100カ国程度のマクロ経済データは、IMF、世界銀行、経済協力開発機構（Organisation for Economic Co-operation and Development：OECD）などのウェブサイトから入手できます。「IMF Data」(https://www.imf.org/en/Data)、「World Development Indicators」(https://databank.worldbank.org/source/world-development-indicators)、「OECD.Stat」(https://stats.oecd.org/)。

16 第 I 部　国際金融の基礎

ストを参照してください)。

　先ほども指摘したとおり、もし金融市場がよく機能していて、リスク・シェアリングがうまくいっているのであれば、個々の国の事情は保険などによって緩和されるため、各国固有の影響はなくなるはずです。この場合、β が 0 の値をとることが予測されます。ただし、前述のとおり、世界経済全体への大きなショック（集計的ショック）は金融契約では緩和されず、そのまま影響を受けることになりますから、γ は 1 の値をとることが予測されます。そのため、データを用いて、図 1.8 に示した式を推定した場合、統計的に β が 0 に近く、γ が 1 に近いという結果が得られれば、理論と整合的な結果と解釈することができます。

　それでは、実際に推定をしてみるとどのような結果を得られるでしょうか。もちろん、実際の実証分析は図 1.8 に記載したほど単純ではなく、さまざまな要因を考えているのですが、その結果は今でも喧々諤々と議論されています。結論をいえば、シンプルな理論モデルに基づいた分析では、β が 0 に近く、γ が 1 に近いという仮説は多くの場合統計的に棄却されていますが、この仮説が完全に間違っていると確定しているわけでもありません。また、仮に国ごとでなく、たとえば、国内の地域ごとにリスク・シェアリングを調べても、似たような結果になります（ただし、ある地域における家計ごとのリスク・シェアリングを検証した場合、所得が特別低い家計などを除くと、かなり理論と整合的な結果が出ており、リスク・シェアリングがうまくいっているという結果もあります)[11]。

　この分野の検証が難しい理由は複数あります。まず、完全に消費の平準化がなされていなかったとしても、先ほどの例でいえば {1.5, 2.5, 1.5, 2.5, …} くらいになっていた場合はどうでしょう。このような場合、消費の平準化が完全ではないものの、ある程度はなされているとも考えられています（β は 0 とは統計

---

[11] こうした回帰分析は、もともと発展途上国の村に住む家計が実際にリスク・シェアリングをしているか否かを調べた Townsend（1994）から始まったもので、その後は国の中の県レベルでのリスク・シェアリング（Townsend, 1995）や、世界の中の国レベルでのリスク・シェアリングの研究に応用されています。ただし、家計や国の固定効果を入れることで、β にフォーカスすることが、通常となっています。また、その後もより高度な計量経済の手法を用いた分析が行われています（Kose, Otrok, and Whiteman, 2003；Kose, Prasad, and Terroness, 2009）。

的に有意に異なるものの、かなり小さい状況です）。

さらに、ここではココナッツだけを考えましたが、たとえば、ココナッツと
バナナを考えた場合はどうでしょうか。A国はココナッツを好んで食べます
が、B国はバナナをより好むということもあるかもしれません。たとえば、日
本人はより魚を好み、米国人があまり魚を好まないとすると、日本人は魚を好
んで国内で多く消費するのであまり輸出しない一方、米国人はあまり好きでは
ないので輸入しないといったことが起こっているかもしれません。すなわち、
モノ（財）に対する好み（選好）が国や個人によってある程度異なる場合、
$\{1.5, 2.5, 1.5, 2.5\}$ という結果でも十分に消費が平準化されており、国際金融シ
ステムがうまくいっていると解釈できるかもしれません。実際、財への選好が
個人ごとに異なる（heterogeneous）状況を想定した理論モデルを用いて、あ
るべき消費の平準化の程度を導き出し、その結果を実際のデータと比べると、
国際的なリスク・シェアリングがうまく機能しているという結果を示す研究も
あります（Heathcote and Perri, 2013）。

6 生産を考慮した経済

さてここまでは、人が何もしなくてもココナッツが落ちてくる経済を考えて
きました[12]。しかし、現実的にはこういう国はごく一部の例外であり、基本
的に消費するものは自分たちで生産しなければなりません。そこで本節では、
議論を少しだけ複雑にして生産を行う経済を考えてみましょう。

議論をシンプルにするため、ココナッツの木を**資本**（capital）と解釈しま
す。資本とは、たとえば機械のことです。機械からは車などの生産物が産出さ

---

12) 経済学ではこのような設定を賦存経済（endowment economy）といいます。典型的な
マクロ経済動学でよく出てくる、閉鎖経済の代表的個人のモデル（いわゆるロビンソ
ン・クルーソー・モデル）で、生産はせずに、毎期変動的に与えられる財をどう消費・
貯蓄するのかを考察するモデルです。なお、生産を伴う場合は生産経済（production
economy）といいます。いずれにせよ、閉鎖経済における代表的個人の場合は人々の間
での交換は考えません。ここでは、これを国際金融の問題として捉えるため、2国の開
放経済で2人の代表的個人モデルに拡張しましたので、財の交換と金融契約が発生しま
す。

れますが、ここではココナッツの木（資本）からココナッツ（生産物）が産出
されると解釈します。そのココナッツの生産量は、世界全体の要因と国特有の
要因から影響を受けるとします。具体的には、k_{it} を t 時点における i 国の資本
（ココナッツの木）とし、y_{it} は t 時点における i 国のココナッツの生産量とし
ます。また、生産量に対して、資本だけでなく世界全体への集計的ショック
（θ_t）とそれぞれの国固有の事情（ε_{it}）が、毎期影響すると考えます。すなわ
ち、生産量と資本の関係が

$$y_{it} = (\theta_t + \varepsilon_{it})k_{it}$$

というシンプルな形で決まるとします。基本的には資本によって生産量が決ま
るものの、毎期世界全体へのショックと国固有の事情に依存して、生産量は変
わることを意味しています。

　また、投資と生産量の関係も考えます。たとえば、ココナッツをすべて食べ
るわけではなく、それを一部植えることにより翌期にココナッツの木が新しく
育つとすると、これは今の消費を諦めて、将来の消費を増やす投資（invest-
ment）になります。また、たとえば機械を使っていくとすり減っていく（減
耗する）ことがありますが、ココナッツの木についても、時間が経つにつれて
一定程度減耗する（やがて寿命がきて倒れる）と考えます。この際、投資を
i_{it}、減耗の度合いを δ とすると、ココナッツの木（資本）は、

$$k_{it} = (1-\delta)k_{it-1} + i_{it}$$

という式に従って変化すると考えます[13]。ココナッツの木を植えることがで
きて、たくさん植えると翌期もたくさんのココナッツが収穫できるのですが、
毎期 δ の分はなくなるということを意味しています。これは、マクロ経済学
におけるスタンダードな投資の考え方です。

　さて、資本（ココナッツの木）のリターンを考えましょう。$y_{it} = (\theta_t + \varepsilon_{it})k_{it}$
でしたから、ココナッツを 1 単位持つことのリターンは、$\theta_t + \varepsilon_{it}$ であることが
わかります[14]。このように、資本を 1 単位追加することで得られるリターン

---

13) これまでの賦存経済の例では、ココナッツの木は減耗しない（$\delta = 0$）と暗に仮定し
　ていました。

14) $y_t = (\theta_t + \varepsilon_{it})k_{it}$ を k_{it} で微分した値です。

図1.9 投資と貯蓄の関係を検証する回帰式

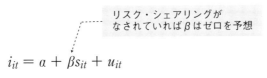

$$i_{it} = a + \beta s_{it} + u_{it}$$

（注）i_{it} と s_{it} は対 GDP でみた投資と貯蓄。
（出所）筆者作成。

を、経済学では**資本の限界生産物**（marginal product of capital）といいます。さらに、ε_{it} が平均的にゼロだとすれば、ココナッツの期待リターンは θ_t になります。つまり、保険などで国固有のショックが補償されれば、補償後のリターンは、どの国でも θ_t となります。これは、うまくリスク・シェアリングができている状態といえます。この場合、期待リターンが同じになるように各国で資本形成がなされますから、規模が同程度の各国での資本量は同じになり、各国での投資量も同じになります（先ほどの例でいえば、A 島と B 島の投資量は $i_A = i_B$ となります）。

各国での生産量は各国における不確実性（ε_{it}）に依存して決まるため、各国で生産量は異なります。しかし、リスク・シェアリングの結果、消費は各国で平準化されますから、貯蓄が「生産量－消費」で定義されることを考えると、貯蓄は各国で異なることになります。

一方、前述のとおり、リスク・シェアリングができていれば、期待リターンが同じになるように各国で資本形成がなされるので、その国自体の貯蓄量に依存せずに投資がなされるべきだということになります。生産を考慮しないロビンソン・クルーソー経済では、リスク・シェアリングの結果、消費はその国の生産（GDP）に依存すべきではないことを確認しましたが、このケースでは投資される量はその国の貯蓄量に依存すべきではないことを意味しています。

このことは、各国におけるリスク・シェアリングの度合いを検証するためには、各国の投資と貯蓄がどの程度相関を持っているかを検証すればよいことを示唆します。直観的には、国際金融システムがうまく機能することでリスク・シェアリングができていれば、仮に各国で貯蓄が十分できる経済状況でなかったときでも投資がなされるはずですから、リスク・シェアリングがなされていれば、その相関は 0 に近いものになります。すなわち、図 1.9 に示したような

回帰式を考えた際、貯蓄 s_{it} の係数である β がゼロに近ければ、国際金融システムはうまく機能していると解釈できます。

この検証は、Feldstein and Horioka（1980）によって初めてなされました。彼らは投資と貯蓄の関係を推定するため、図 1.9 に示したような回帰式の推定を行ったのですが、OECD 加盟国 21 カ国について 1960 年から 1974 年のデータを用いると、$\beta = 0.89$ であり、国際金融システムはあまりうまく機能していないのではないか、ということを指摘しました。これはしばしば、**フェルドシュタイン＝ホリオカのパズル**（Feldstein–Horioka puzzle）と呼ばれ、経済学の中でも有名なパズルの 1 つになります。

Obstfeld and Rogoff（2001）は、より近年では国際金融システムがより良く機能しているのではないかと考え、OECD 加盟国 24 カ国について 1990 年から 1997 年のデータを用いて再度推定をしました。その結果は $\beta = 0.60$ であり、国際金融システムは完全ではないものの、改善しているという結果が得られました。その後も一国の投資と貯蓄に関する関係について多くの研究がなされ、いまだに盛んに議論されています。

7 リスク・シェアリングと経済成長：金融の国際化・自由化は成長を促進するか？

本章の最後に、リスク・シェアリングと経済成長の関係について考えてみましょう。リスク・シェアリングが十分になされている状態とは、国際金融市場が十分に発展している状況です。しばしば、国際金融取引を自由化しても経済成長に結びつかないと批判されます。単純な回帰分析で経済成長率に対する金融市場の国際化の影響を調べると、その関係性がはっきりとはみられないことが一因です。この結果をもって国際金融取引の自由化が経済にマイナスの影響を与えるという指摘がなされることがあります。しかし、この結果をそのように解釈してもよいのでしょうか。

スタンダードな理論モデルで、国際金融取引や輸出入が自由な経済（**開放経済**〔open economy〕）とそうでない経済（**自給自足経済**〔autarky〕）を考えましょう。このモデルでは、ゴールドを利用した貿易を考えない場合では、銀行や保険、株式などの国際金融取引がなければ、ココナッツは 2 つの島の間で動か

ないので、自給自足の経済となります。すなわち、自給自足経済では国家間で
リスク・シェアリングがなされていないため、自国経済を変動させるショック
があるとそのまま影響を受けることになります。一方、これまでみてきたとお
り、国際金融市場が発展していた場合にはリスク・シェアリングがなされ、各
国の消費が平準化していると考えられます。

　もう少し具体的に考えてみましょう。リスク・シェアリングがなされてお
り、生産量が資本（＝ココナッツ）の量（k_{it}）と生産性（A）から $y_t = Ak_{it}$
という形で決まるとします。この場合、不確実性がありません。一方、自給自
足経済であると、各国に存在する不確実性が保険などによって打ち消されず
に、生産量に影響を与えるとします。具体的には、$y_t = (A + \varepsilon_{it})k_{it}$ を考えま
す。この際、ε_{it} はプラスにもマイナスにもなりますが、平均的にはゼロであ
ると想定しましょう。

　実は、このような状況においては、国際的な取引のない自給自足経済のほう
が、リスク・シェアリングがなされている経済より、経済成長が高いことがあ
りうることを導けます。国際金融市場がうまく機能し、完全にリスク・シェア
リングがなされるときよりも、自給自足経済のほうが高い経済成長が得られう
る理由はどのようなものでしょうか。直観的なイメージは次のようなもので
す。国際金融市場がうまく機能しない場合、個人は所得の変動にさらされるこ
とになりますから、それに備えて貯蓄します。これは保険の代替としての貯蓄
であり、**予備的貯蓄**（precautionary saving）と呼ばれます[15]。すなわち、人々
は将来が不安なときのほうが今の消費をあきらめて貯蓄をするということです
が、自給自足経済では、貯蓄を増やし、資本蓄積が進みますから、結果的には
ココナッツの木が増えていき、経済も成長するということになります。

　しかしながら、大切なのは個々人の効用です。その観点でいえば、やはり国
際金融市場が発展してリスク・シェアリングがなされ、消費が平準化されたほ
うが望ましいのです。リスク・シェアリングがなされた場合の経済成長は、過
剰な貯蓄があるケースよりも低いのですが、生涯効用の割引現在価値は高いこ
とが証明できます。証明の基本的な論理としては、リスク・シェアリングがな

15） この議論は Devereux and Smith（1994）に基づいています。より詳しい解説は、植田
　　（2022）を参照。

されている経済でも、過剰なレベルの貯蓄をすることができますが、そうしないのは、リスク・シェアリングのもとでは、それよりは少ない貯蓄のほうが満足度が高い（効用が高い）からです。このことは、人々の満足という、社会厚生ベースではリスク・シェアリングがなされた経済のほうが望ましい状態であり、単に経済成長率を比較すればよいわけではない、ということを意味しています。

　経済の良し悪しを測るうえで認識しておくべきことは、単純に経済が成長すれば良いという考えは安直であり、もう一歩踏み込んだ議論をしなければならないということです。このような観点でみれば、単にデータを用いて、国際金融市場の自由化を進めた経済のほうが経済成長が低いことが示されたとしても、国際金融市場の自由化そのものが悪いとはいえないことになります。

　もちろん、国際金融市場の自由化が進むことで高い経済成長が達成される可能性もあります。この問題をもう少し深く考えるため、オブストフェルドの議論を紹介します（Obstfeld, 1994）[16]。オブストフェルドは、生産技術にはハイリスク・ハイリターンとローリスク・ローリターンのものがある点に注目しました。仮に生産技術が多く存在するならば、それらはリスクとリターンの面でさまざまとなります。大切なことは、このすべてのリスクとリターンの組合せが望ましいわけではない点です。組合せ次第では、同じリスクであっても、低いリターンのプロジェクトもありえます。また、同じリターンでも高いリスクのプロジェクトもありえます。そこで、このような非効率的なものを排除した効率的な組合せを考えます。この考え方は、金融論では**平均分散フロンティア**（mean-variance frontier）と呼ばれています[17]。

　ここからもう少し具体的に考えてみます。さまざまなリスクとリターンをとる生産技術を前提に、まず自給自足経済を考えましょう。図1.10 (a)において縦軸はプロジェクトの平均リターンを表し、横軸はリターンの分散（リスク）を表します。点の1つひとつは特定のリスクとリターンをもったプロジェクトです。経済全体では、さまざまなプロジェクトがありますが、同じリスクであればリターンが高いものを採用すべきですし、同じリターンであればリス

16）より詳しい解説は、植田（2022）を参照。

17）詳しくは、シャープ（2008）などの教科書を参照。

図1.10 リスクとリターンの組合せの選択

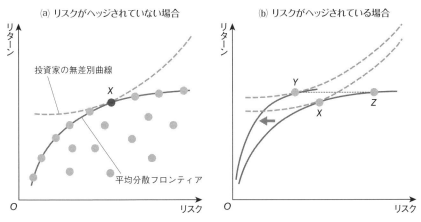

(出所) 筆者作成。

クが低いものを採用すべきです。そこで、それらのプロジェクトを結んだ曲線が図1.10 (a) の実線のように書けます。これが前述の平均分散フロンティアです。

一方、投資家の多くはリスク回避的であるとしましょう。同じ効用水準を持つ曲線（無差別曲線）は図1.10 (a) の破線のように書けます。左上に行けば行くほど、高い効用レベルでの無差別曲線ということになります。したがって、無差別曲線が平均分散フロンティアと接する点 X が社会的に最適なプロジェクトとなります。

ここで、リスク・シェアリングを考えます。国際金融市場が発展し、リスク・シェアリングがよくなされている場合、リスクが軽減される効果が働くため、図1.10 (b) に示すように平均分散フロンティアが、投資家にとってはあたかもリスクが少なくなったかのように、左側にシフトすると考えられます。そこで、より高い効用水準の無差別曲線と点 Y で接することになります。しかし、もともとのプロジェクト自体のリスク・リターンの関係は、図1.10 (a) のような平均分散フロンティアから動いていません。もともとの世界で考えれば、この点 Y はそれと同等のリターンをもたらす点 Z に対応しています（もともとの平均分散フロンティア上ではハイリスク・ハイリターンなもの〔Z〕が選ばれていることになります）。

24 | 第1部 国際金融の基礎

　すなわち、リスク・シェアリングがある経済では、相対的にハイリスク・ハイリターンのプロジェクトが選択される可能性が生まれます。一方、自給自足経済ではそのような効果がないため、相対的にローリスク・ローリターンのプロジェクトが選択される可能性が生まれます。平均的にみれば、ハイリスク・ハイリターンの投資のほうが高い成長を生む可能性を持ちますから、この場合、金融の自由化・国際化により、ハイリスク・ハイリターンのプロジェクトが選ばれることを通じて、平均の経済成長が高まります。ここでは人々の効用が上がると同時に高い経済成長が達成されることになります。すなわち、リスク・シェアリングが経済に及ぼす影響は先ほどの議論とは逆になります。しかし、経済厚生（人々の効用）が増加することは共通しています。

　このケースではハイリスク・ハイリターンのプロジェクトを選択するためにGDPの変動も大きくなっている点に注意してください。このことも、単にデータをみて判断するだけだと必ずしも正しい議論を行うことはできず、経済理論モデルが示唆することを考える必要があるということを意味します。国際金融市場を自由化することで経済変動が大きくなるため、国際金融市場の自由化を行うべきではないとしばしば指摘されますが、これまでの議論から、経済変動の増加は悪いものという指摘は必ずしも正しくない、ということがわかります。そのため、正しい政策判断をするためには単にデータを用いた分析だけでなく、経済理論モデルを用いる必要があるのです。

　なお、このような理論を、2段階の回帰分析で検証した研究があります（Ranciere, Tornell, and Westermann, 2006）。1段階目では、国際金融取引の自由化が経済危機を起こす確率を推計しました[18]。2段階目では、経済危機の期間をコントロールした（その要因を考慮した）うえで、国際金融取引の自由化が経済成長に与える影響を調べました。2段階目の回帰では、国際金融取引の自由化は、直接的に経済成長を高めているという結果が出ています。しかし、1段階目で、それは経済危機を起こす確率を高めているという結果が表れており、また、2段階目で経済危機の期間は経済成長が低くなっているということも確かめることができています。しかし合計すると、経済危機を通じた間接的

----

18) 具体的には、プロビット・モデル（probit model）という計量分析モデルを用いて推計を行っています。

な負の影響は、正の直接的な影響よりも低いことが確かめられました。すなわち、理論と整合的に、国際金融取引の自由化によって、経済成長の変動は大きくなるものの、平均の経済成長は高まることがわかりました。

Column ① 社会計画者の問題の数理的な説明

一般的なマクロ経済学では、1人ひとりの効用をあるウェイトを付けて足したものを社会全体（ここではAとBという2人ですが）にとっての厚生、すなわち**社会厚生関数**（social welfare function）と考えます。社会計画者は、下記のような社会厚生関数を最大化するように、t 時点での消費 c_{At} と c_{Bt} を選択すると考えます（ここで β は主観的割引率、u は効用関数、e は初期賦存量）。

$$\max_{(c_{At}, c_{Bt})} \sum_{t=1}^{\infty} \beta^t \{\lambda_A u_A(c_{At}) + \lambda_B u_B(c_{Bt})\}$$
$$\text{s.t. } c_{At} + c_{Bt} = e_{At} + e_{Bt}$$

上式の λ_A と λ_B は**社会ウェイト**（social weight）と呼ばれます。上式の1階の条件をまとめると以下のようになります。

$$\frac{u'_A(c_{At})}{u'_B(c_{Bt})} = \frac{\lambda_B}{\lambda_A} \tag{1.1}$$

ここで効用関数として下記を想定します。

$$u(c) = \frac{c^{1-\sigma}}{1-\sigma}$$

このような効用関数を**相対的リスク回避度一定**（Constant Relative Risk Aversion：CRRA）型の効用関数といいます（$\sigma = 1$ のとき、$\ln(c)$ となります）[19]。マクロ経済学の多くの論文ではこの効用関数が用いられます。ここでは簡単化のために $\sigma = 1$ として、$\ln(c)$ を仮定すると、(1.1) 式は以下のように書き換えられます。

$$\frac{u'_A(c_{At})}{u'_B(c_{Bt})} = \frac{c_{Bt}}{c_{At}} = \frac{\lambda_B}{\lambda_A} \tag{1.2}$$

---

19) なお、ln は自然対数を表す記号です。

本文の事例であれば、A島のロビンソン・クルーソーとB島のフライデーが得られるココナッツの合計は4個でしたから、$e_{At}+e_{Bt}=e_{At+1}+e_{Bt+1}=\cdots=4$ を意味しており、$\left\{c_{At}=c_{At+1}=\cdots=\dfrac{\lambda_A+\lambda_B}{\lambda_A}\times4\right\}$ という消費の平準化の結果が得られます[20]。

次に非中央集権的経済を考えてみましょう。とくに、銀行システムを考えます。ロビンソン・クルーソーが銀行に預けたことから得られる元本と利子の総和を R とし、それを所与として預けるココナッツ s_{At+1} を t 期において決める問題は、以下のように書けます。

$$\max \sum_{t=0}^{\infty}\beta^t u(c_{At})$$
$$\text{s.t. } c_{At}+s_{At+1}=Rs_{At}+e_{At}$$

予算制約式を使って消費 c_{At} のところを、預金（借入）s_{At} と s_{At+1}、それにココナッツをもらえる量 e_{At} で置き換え、そのうえで、翌期首の預金高 s_{At+1} で微分し1階の条件を考え、これを解くと、効用が最大化されているもとでの今期と来期の間の限界効用の比率（消費の限界代替率）を示す**オイラー方程式**（Euler equation）が得られます。

$$\frac{u'(c_{At})}{u'(c_{At+1})}=\beta R$$

ここで、$\ln(c)$ を仮定すると以下のように表現できます。

$$\frac{u'_A(c_{At})}{u'_A(c_{At+1})}=\frac{c_{At+1}}{c_{At}}=\beta R \tag{1.3}$$

本文の事例であれば、ロビンソン・クルーソーが1期目に x 個ココナッツを借りるとすると、2期目に Rx 個返済します。1期目には、ロビンソン・クルーソーの消費量は $1+x$ であり、2期目には $3-Rx$ となります。このモデルでは厚生経済学の第1基本定理により、非中央集権的経済の均衡は社会的に最適でもあるので、(1.2)式によればこの2つの消費量が同じになり、$1+x=3-Rx$ となります。したがって、$x=2/(1+R)$ です。

一方、消費量が不変なのでオイラー方程式（1.3）から $R=1/\beta$ がわかりま

---

20) $c_{At}+c_{Bt}=\bar{c}_t\,(=e_{At}+e_{Bt})$ なので、(1.2)式を用いて c_{Bt} を消去すると、

$c_{At}=\dfrac{\lambda_A+\lambda_B}{\lambda_A}\bar{c}_t$ となり、時間を通じて一定となります。

す。そこで $x = 2\beta/(1+\beta)$ となります。ロビンソン・クルーソーの毎期の消費量は1期目と同じで、

$$1+x = 1+\frac{2\beta}{1+\beta}$$

となり、フライデーの毎期の消費量は2期目と同じで、

$$1+Rx = 1+\frac{2}{1+\beta}$$

となります。両者を比較すればわかるように、割引率 β は通常1より小さいので（R は1より大きいので）、ロビンソン・クルーソーの消費量のほうがフライデーの消費量より少なくなります。

第2章

先進国・途上国間の国際金融取引

🌐 イントロダクション

　前章では、国際景気循環論の重要なコンセプトを解説しました。その中でも、とりわけ「比較的似通った国同士が、個々に抱えるリスクを補完し合う形で貯蓄と投資が生まれ、国際金融取引が行われる」という状況を説明し、リスク・シェアリングと景気循環の関係について考えました。

　本章では、外国、そして世界との関係を考慮した経済成長論、すなわち「国際マクロ開発経済学」と呼ばれる分野のエッセンスを紹介します。そのために、本章では経済の発展段階が異なる先進国と途上国の間で行われる国際金融取引に着目します。ただし、国家債務危機などの経済危機については、当面は考慮しません。危機については、第Ⅲ部で改めて議論することにします。

1 ルーカス・パラドックス

　国際マクロ開発経済学を議論するうえで欠かせない研究は、1995年にノーベル経済学賞を受賞したロバート・ルーカスによって指摘された有名なパラドックスです。ルーカスは1990年に発表した著名な論文（"Why Doesn't Capital Flow from Rich to Poor Countries?"）で、「なぜ裕福な国から貧しい国に投資がなされないのか？」という疑問を提示しました（Lucas, 1990）。これは一見すると必ずしもパラドックスには感じられないのですが、経済学の理論を知っていると不思議な現象であることがわかります。

この現象がなぜ経済学の理論からみてパラドックスといわれるのかを考えるために、まずはマクロ経済学で用いられる生産関数を考えましょう。マクロ経済学では、生産量（正確には付加価値、GDP）Y を、

$$Y = AF(K, L)$$

という形で表現します。ここで、A が生産性、K が資本、L が労働を表しており、F は関数を示しています。たとえば、自動車会社の場合、1,000 人（L）を雇い、1,000 個（K）の機械を使って、1,000 台の自動車（Y）を 1 つの工場（F）で製造していることを意味しています。

経済学者は、しばしばこの生産関数に**規模に対して収穫一定**（constant returns to factor inputs）という仮定を置きます。これは、「インプットが 2 倍になったら、アウトプットも 2 倍になる」という自然な性質です。先ほど 1 つの工場で 1,000 人（L）を雇い、1,000 個（K）の機械を使って、1,000 台の自動車（Y）をつくると述べましたが、2,000 人を雇い、2,000 個の機械を使えば、2,000 台の自動車が製造されるということを意味しています。また、これを 2 つの工場で 1,000 ずつの単位で生産しても同じです。インプットを λ 倍にすると（先の例では $\lambda = 2$）、規模に対して収穫一定の性質を持つ生産関数では、$\lambda Y = AF(\lambda K, \lambda L) = \lambda AF(K, L)$ と表現されます。$\lambda = 1/L$ とすれば、$y = Y/L$、$k = K/L$ と定義した場合、1 人当たりでみた生産関数 $y = Af(k)$ を導出することができます。

マクロ経済学でとくに用いられることが多い具体的な生産関数として、**コブ＝ダグラス型の生産関数**（Cobb-Douglas production function）があります。$Y = AK^{\alpha}L^{1-\alpha}$ という形の生産関数です。GDP は支出や分配などさまざまな側面から捉えられますが、分配の側面からみると投資家の取り分と労働者の取り分に分けることができます。それらの取り分のことをそれぞれ**資本分配率**（capital share）、**労働分配率**（labor share）といいますが、コブ＝ダグラス型の生産関数は α が資本分配率、$1-\alpha$ が労働分配率に相当するなど、扱いやすい性質を持っています[1]。コブ＝ダグラス型生産関数を用いた場合、先ほど導出した $y = Af(k)$ は、さらに $y = Ak^{\alpha}$ という形で表現することができます。これを表したのが図 2.1 です。

この図では、資本投入の増加に従い、その生産量は増えるのですが、追加的

図2.1 コブ=ダグラス型生産関数のイメージ

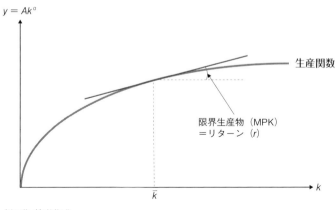

(出所) 筆者作成。

に増える生産量が低下していくということを示しています。この関係は通常成立していると考えられ、(1人当たりの資本に対する) **限界生産物逓減の法則** (law of diminishing marginal product) として知られています。

これは、機械を増やしていった場合、最初のほうはリターンが大きいのですが、だんだんその効果が減っていくことを示しています。この図における生産関数の傾きが資本を1単位追加したときの生産量の増加分、すなわち限界生産物であり、資本蓄積に関するリターンを示すことになります。先ほど導出した $y = Ak^\alpha$ を用いると、傾きは k が1単位増えたときの生産量の増加分 (k で微分した値) であり、それは市場均衡では金利 (r) に一致するため、

---

1) 詳しくは植田 (2022-24) などのマクロ経済学の教科書を参考にしてください。なお、マクロ経済学の研究対象は通常は**国内総生産** (Gross Domestic Product:GDP)、すなわち一国の付加価値の総計です。仮に資本がすべて外国から投資されている場合、その投資家の取り分は外国人が受け取ることになります。このときでも、GDPにはこの取り分が入っています。一方、その国の居住者の取り分は**国民総所得** (Gross National Income:GNI) と呼ばれます。投資家が外国人のみで、この国からは外国に投資していないという仮定のもとでは、GNIはGDPのうち労働者の取り分だけですが、一般的にはその国の居住者が海外に投資していることから得られる投資収入などがGNIに入ります。ただし、繰り返しになりますが、マクロ経済学が主に対象にしているのはGNIでなくGDPです。また、通常は海外からの投資が増えれば、GDPだけでなくGNIも増加します。

図2.2　生産関数でみた先進国と途上国

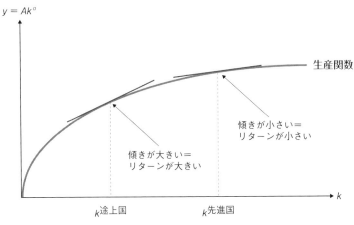

(出所) 筆者作成。

$r = \alpha A k^{\alpha-1}$ が成立します[2]。

そのうえで、国の発展段階を図2.2の中で考えてみましょう。発展途上国は資本形成が少ないので図の左側に位置している一方、先進国には資本が十分にあるため図の右側に位置しているイメージになります。生産関数の傾きは、資本を1単位追加した際のリターンを意味しますから、この図は発展途上国への投資のほうが先進国への投資よりリターンが高いということを示唆します。ルーカスが指摘したのは、先進国から発展途上国への投資が十分に行われていないということですが、途上国のほうが先進国よりもリターンが高いのであれば、本来、先進国から途上国に資金が流れることで、リターンが平準化されるはずです。

同じ財にもし異なる価格が付されている場合、高いものを売り、安いものを買うことで、価格が収斂していくでしょう。資本の場合はリターンが高いとこ

---

2) 一般に、企業は利潤を最大化するように、金利 (r) と賃金 (w) を所与として、資本投入 (K) と労働投入 (L) を決定すると考え、次のような式で表します。

$$\max_{K,L} AK^{\alpha}L^{1-\alpha} - rK - wL$$

これを解くと、$r = \alpha A K^{\alpha-1} L^{1-\alpha} = \alpha A k^{\alpha-1}$ が得られます。

32　第 I 部　国際金融の基礎

ろには投資が行われ、低いところからは引き上げられることで、リターンが収斂していくと考えられます。これを、**裁定取引**（arbitrage）といいます。経済学にはいろいろな学派があるのですが、市場がよく機能していれば裁定取引が行われるはずだという点についてはほぼすべての経済学者が同意するところです。先進国から発展途上国へ資金が流れていないということは、国際間で十分な裁定取引がなされていないことを意味するため、通常の経済学の理論では説明できないパラドックスです。そのため、冒頭でも触れたように、この議論を展開したルーカスの名前をとって**ルーカス・パラドックス**（Lucas paradox）と呼ばれています。

　ルーカスの議論をもう少し具体的にみてみましょう。ここではルーカスにならい、米国とインドのケースを考えます。前述した $r = \alpha A k^{\alpha-1}$ を、生産関数の関係（$k^\alpha = y/A$）を使って整理すると、以下のように書くことができます。

$$r = \frac{\alpha A^{1/\alpha}}{y^{(1-\alpha)/\alpha}}$$

　この式からは、1 人当たり GDP（y）が上昇するとリターンが低下することがわかります。米国とインドのリターンは、仮に生産性（A）と資本分配率（α）が同じとすると以下のようになります[3]。

$$r_{US} = \frac{\alpha A^{1/\alpha}}{y_{US}^{(1-\alpha)/\alpha}}, \quad r_{IND} = \frac{\alpha A^{1/\alpha}}{y_{IND}^{(1-\alpha)/\alpha}}$$

これらの式から、以下が導出できます。

$$\frac{r_{IND}}{r_{US}} = \left(\frac{y_{US}}{y_{IND}} \right)^{\frac{1-\alpha}{\alpha}} \tag{2.1}$$

　先ほど述べたとおり、α は資本分配率（GDP における資本の取り分）になりますが、世界各国でほぼ 3 分の 1 程度として知られています。Lucas（1990）では $\alpha = 0.4$ として計算しており、$(1-\alpha)/\alpha$ は 1.5 になります。一方、その当

3）生産性の差の議論は、植田（2022-24）を参照。ただし、純粋な理論では生産技術を示し、それは工場移転などにより、世界のどこでも同じになりうると考えられます。そのため、ルーカスもどの国でも同じ A と仮定しました。

時、米国における 1 人当たりの GDP（y_{US}）はインドの GDP（y_{IND}）の 15 倍の規模でした。そのため、$(y_{US}/y_{IND})^{(1-\alpha)/\alpha} = (15)^{1.5} \approx 58$ と計算しています。

以上から、(2.1) 式を考えると、右辺が 58 程度ですから、左辺の値、すなわち米国のリターンに対するインドのリターン（r_{IND}/r_{US}）は 58 倍程度あってもおかしくない計算になります。そこで、もしインドがそれほど魅力的な投資先であるならば、もっとインドへ投資がなされていないとおかしいだろう、という推論が立ちます。しかし、実際にはそのような投資はなされていないので、この状況は理論的に説明がつかないということになります。なお、現実の投資のリターンには 58 倍もの差は見当たらないことも確かです。この事実もまた、理論と異なるということになります。

2 より正確にリターンを計測する試み

それでは、なぜ先進国から発展途上国への投資が進まないのでしょうか。すぐに考え付くのは、ここで想定した労働（L）を単純に労働量という面でしか考えておらず、その質を考えていないという点です。インドに比べて、米国の場合は大学に進学する人も多いので、単純な労働量（L）ではなく、水準の高い教育などを受けた質の高い労働者によって生産が行われているはずです。すなわち、1990 年頃の米国において 1 人当たり GDP はインドの 15 倍の規模ということでしたが、これは単に人数で考えているものであり、本来は労働の質もふまえて何倍の規模であるかを考えなければいけないだろう、ということです。

経済学には**人的資本**（human capital）という考え方があり、教育と生産性の関係について研究が蓄積されています。人的資本は、1979 年にノーベル経済学賞を受賞したセオドア・シュルツにより創始され、1992 年にノーベル経済学賞を受賞したゲイリー・ベッカーが発展させた概念であり、人々の教育と生産性を関連付けました。もっとも、学校での学習の効果をどのように定量化するかについてはさまざまな議論があります。多くの計測結果があるのですが、Lucas（1990）では米国とインドで 5 倍程度の差という傍証をもとに議論を展開しています。すなわち、人的資本（H）の違いは 5 倍程度だと考え、1 人当

たり GDP ではなく人的資本単位当たり GDP をみると、(2.1) 式で右辺が 5 に
なり、リターンの違いは 5 倍程度になります。58 倍の差に比べれば現実的で
す。ただ、依然としてリターンに 5 倍の違いがあるわけですから、もっとイン
ドへ投資が進んでもよいだろうと考えられ、パラドックスは解決していませ
ん。

　人的資本以外の要因にはどのようなものがあるでしょうか。たとえば Casel-
li and Feyrer (2007) は、生産における重要な要素として、**天然資源** (natural
resource) を指摘しています。それまでは、資本といえば機械や工場などを考
え、先進国に多いと考えられてきましたが、この論文は、石油や土地などの天
然資源という資本は発展途上国に豊富にあることを指摘しました。生産関数
$Y = AF(K, L)$ において K (資本) を拡張して、K が M (機械) と N (天
然資源) からなるとしたわけです。さらにこの論文では、天然資源を広い意味
での資本と考えれば、一般的にそれは発展途上国に多いのでリターンが低いこ
とを示し、ルーカス・パラドックスは存在しないと指摘しました。

　しかし、後に発表された Monge-Naranjo, Sánchez, and Santaeulàlia-Llopis
(2019) は、天然資源の質まで考慮して計測すると、やはりまだルーカス・パ
ラドックスは存在すると指摘しました。具体的には、前者の Caselli and Feyrer
(2007) では天然資源を計算する際にそれが生産に使われる量を中心に考慮し
ていた一方、後者の Monge-Naranjo, Sánchez, and Santaeulàlia-Llopis (2019) で
は都市における土地取引価格に反映される質も含めて計算し直しました。とく
に、ニューヨークや東京などの先進国の都市の土地は、農業用地とは異なり生
産に直接的に使われているわけではありませんが、人やビジネスが集まること
により新しいアイデアが生まれたり、他の企業や下請け企業からも部品を購入
できたりするなど、いわゆる**集積効果** (agglomeration effect) が見込まれるこ
とから、高い価格が付いています。つまり、先進国の都市の土地は間接的なが
らも生産量を増やしているという意味で、その価格に見合った資本であるとみ
なすべきとしたわけです。先ほど K を拡張して、K は M と N からなるとし
ましたが、この論文ではさらに N の概念を拡張したわけです。そのうえで、
それらを先進国の資本に含めると、やはり、先進国のほうが発展途上国より資
本が多い (リターンが低い) ということになり、ルーカス・パラドックスは今
でも存在すると指摘しています。

3 資本規制と投資促進政策

3.1 資本規制

　当然のことですが、国際金融取引、とりわけ国をまたいだ投資が規制されている場合、すなわち、**資本規制**（capital control）がある場合、発展途上国には資金が流入しません。実際、国際金融取引は 1980 年代から徐々に自由化されてきた歴史がありますが、すべての国で完全に自由化されたというわけではありません。それに加え、2008 年頃からの世界金融危機の後、また 2018 年頃から顕在化した米中貿易戦争や 2022 年に起きたロシアによるウクライナ侵攻の余波なども受け、近年は国際金融取引に関しても規制が強化されている状況です。そのため、世界金融危機以前と比べると、国際金融取引も地域ごとのブロック化が進んでいるという指摘があります[4]。

3.2 税と補助金・集積の効果

　資本規制とコインの裏表の関係にあるのが、補助金や税制優遇などによる先進国における投資促進政策です。たとえば、特定の産業に補助金を与えることは、本来ならば発展途上国に向かったはずの投資が先進国内に維持されることを意味します。そして往々にして、先進国の中央政府や地方政府の補助金のほうが、途上国に比べて大きいといえます。

　なお、外国からの最新機械の導入が、その工場のみならず現地の周辺の工場の生産性も引き上げるという分析もあります。これは、現地で新しい機械をまねして似たようなものがつくられるという、いわばリバース・エンジニアリングの効果もあれば、先進国の企業が発展途上国に建てた工場の周りに多くの下請け工場群ができることで、現地の産業自体がよい影響を受けるという、集積の効果も指摘されています。

　裏を返せば、先進国側にすでに集積の効果がある場合には、そこからわざわざ生産拠点を発展途上国に移すことは起こりにくくなります。また、先進国内

　4）たとえば、IMF（2015a, 2022）を参照。

36 | 第Ⅰ部　国際金融の基礎

で集積の効果が大きい場合には、少ない補助金でも集積の効果があるため、発展途上国に工場を移すインセンティブが失われます。

4 金融システムをめぐる制度と国際金融取引との関係

4.1 制度的要因

前節の議論では資本（K）の国際間移動自体が歪められる状況をみてきました。それに対して本節では、発展途上国内で資本（K）が必ずしも効率的に使われておらず、そのために発展途上国への投資量が低くなることを説明します。

実際、資本規制や補助金などの影響を除いても、ルーカス・パラドックスは消えません。スタンダードな理論では説明しにくいほど、先進国から発展途上国に資金が流入していないことを説明する要因としては、**制度的要因**（institutions）が大きいことが研究で徐々にわかってきています。ここでいう制度的要因には、はっきりとした法制度で決められているものもありますし、そうでないさまざまな社会的要因に基づくものもあります。

非常に貧しい国においては、たとえば内戦状態など法の支配がそもそもないケース、部族社会で土地などに関する私的所有権が存在しないケース、また、政府が企業を恣意的に国有化するケースなどが見受けられます。こうした制度的要因によって、先進国から発展途上国への投資が阻害されていることがわかっています。ただし、ある程度投資がなされている新興市場国では、このような一般的な制度の問題はあまり多くなく、むしろ金融システムをめぐる制度に投資が左右されると考えられます。

Hsieh and Klenow（2009）によれば、先進国と発展途上国について資本の限界生産物（対数値）を企業ごとに測定すると、図2.3のような形状の分布になっています[5]。すなわち、先進国では限界生産物の分布が平均周りに寄っていることがわかります。一方、発展途上国の場合は分布の裾がかなり広くなっており、平均から大きくずれた企業も多く存在します。資本の限界生産物により

---

5) Hsieh and Klenow（2009）は米国、中国、インドの企業を比べました。

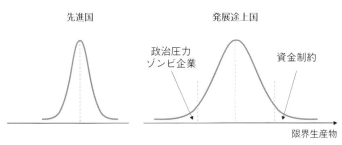

図2.3 資本の限界生産物の分布の比較

（出所）筆者作成。

資本のリターンが決まるとすると、市場金利と同じ水準の辺りに限界生産物が集中していなければ不自然です。なぜなら、リターンが高いものが放置されていればリターンが落ちるところまで投資されますし、リターンが低いところについては投資がなされないはずだからです。

　分布の裾がかなり広がっている理由として、資本が効率的に配分されていない可能性が考えられます。リターンがかなり低いところまで広がっているということは、本来であればすでに退出しているような企業、いわゆる「ゾンビ企業」が残っているということです。ゾンビ企業になる背景の1つに、政治的な要因があります。たとえば、有力な政治家がバックにいるので生産性が低い企業が生き残っている、というケースがありえますが、発展途上国ほどこのような事例が顕著にみられるでしょう。逆に、リターンが高いところまで裾が広がっているということは、より多くの資金を借りて投資すべきなのに、それが実現できていない企業が存在するということが示唆されるわけです。その理由として、何らかの理由で銀行から資金を借りられなかったり、投資を受けられなかったりなどといった形で資金制約に直面していることが考えられます[6]。

　これには政府による**金融抑圧**が絡んでいます。その代表例が、資本規制です。発展途上国でよくみられますが、外国人投資家に自国企業を保有されたくないことから、外国人による投資に政府が規制をかける場合があります。逆にいえば、国際金融取引の自由化を進めることで、国内の資金配分が効率的になり、リターンの高いところには資金が回るようになります。これにより、当該

---

[6] 日本における生産性のばらつきの変遷は、植田＝ドブチンスレン（2020）を参照。

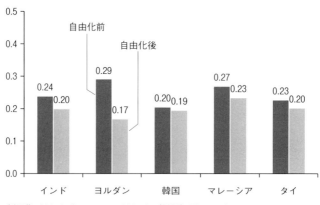

図2.4 金融の自由化・国際化前後でみた生産性のばらつきの指標

(出所) Abiad, Oomes, and Ueda (2008), Figure 1.

国の企業への投資が進み、高いリターンの投資が減っていくことで(つまり資本の限界生産物が低下していくことで)、図2.3における分布が平均周りに寄っていくことになります。さらに、国際金融取引が自由化して市場がより開放されると、外国人投資家の目にさらされ、企業経営がよりシビアにチェックされるということもあります。これにより、分布の左側にあった非効率的な企業が淘汰されて分布が平均周りに寄っていくことになります。

同様のことは、もちろん国内の金融自由化でも起きます。実際、資本の効率的な配分は、とくに金融システムに関する制度に依存することがわかっています。**金融の自由化・国際化**により、国内で資本が効率的に分配され、マクロでの生産性が高まることも知られています(Abiad, Oomes, and Ueda, 2008)。図2.4は、主に1980〜90年代に世界的に起きた金融の自由化・国際化前後の生産性のばらつきの指標であり、その改善がいくつかの発展途上国でみられます[7]。

4.2 株式市場との関係

金融の自由化と株式市場の関係を分析した研究も少なくありません。たとえば、金融の自由化が進むことにより、株価が上がるという研究があります。市

---

7) より詳細な解説は、植田 (2022) を参照。

場が開放されれば、資本規制のために株式の投資が禁止されていた外国人投資家が市場に参加することで投資が促進され、株価が上がることが予想されますが、実際に株価が上がったという研究結果が示されています（Bekaert, Harvey, and Lundblad, 2005）。一般に、株価が上昇することで企業は資金調達しやすくなるので、資金制約を緩和する効果をもたらします。

　市場を開放したことで、自国の株式市場が世界市場の一部になったことを示した研究もあります（Chari and Henry, 2004）。たとえば、自国市場の自動車産業の株価と米国の自動車産業の株価が逆相関をしていたとしましょう。トヨタが強いときは、フォードが弱くなっているというようなケースです。このように、お互いに市場を取り合っていることが起こりうるわけですが、外国人（フォードの株主）がトヨタ自動車に投資できるようになると、トヨタ自動車の株はリスク・ヘッジとして使えます。ココナッツの木の例でも、A島とB島でまったく逆の動きをしていたため、リスク・シェアリングが可能になっていました。たとえ平均的なリターンは同じだとしても、リスク・ヘッジとして有用なので、株価がそれだけ高く評価されることになります。すなわち、国際化により自国市場が世界市場の一部として機能するようになった、ということです。

4.3　コーポレート・ガバナンスと債権者の権利

　1980〜90年代に金融の自由化が進む中で、資金の出し手を守るルールが整備されなければ、金融資本市場がうまく機能しないことが認識されてきました。そのため、株主の権利としてのコーポレート・ガバナンス（企業統治）と債権者の権利と関連する倒産法制の整備が進みました。また、それらの基盤となる時価および連結決算を基本とした国際的な会計基準の改善も行われました。

　とりわけ1997〜98年にかけて起きたアジア金融危機は、欧米の投資家がアジアにおけるコーポレート・ガバナンスの弱さを懸念して、資金を引き揚げたことが一因ともいわれています。具体的には、大家族を核とした財閥形態による経営の中で、外部の投資家にはわかりにくい経営の実権構造や、関係者間での不透明な取引などが問題として挙げられました。そのため、2000年代初頭には、OECDや世界銀行、アジア開発銀行などを中心に、コーポレート・ガ

バナンス（株主の権利）のあるべき姿に関する報告書がつくられ、各国がコーポレート・ガバナンスを改革していく流れが生まれました。

倒産法制に関しては、貸し手と借り手の権利のバランスは、それぞれの国の法体系に依存しています。たとえば、米国でいえば「連邦倒産法第11章」（いわゆる「チャプター・イレブン」）がよく使われます。いざとなれば、借り手の企業はチャプター・イレブンを利用して、債務再編を申請することが多々あります。この場合、借りている側の申請により債務再編を行うわけですから、貸し手である債権者の権利が弱いとみることができます。つまり、米国は債務者の権利が強く、債権者の権利が弱い倒産法制度を持っていると解釈できます。これは、実はフランス法をルーツにしています。スペイン、ギリシャ、イタリアなどの南欧やスペイン、ポルトガルの植民地であったラテンアメリカの多くの国、そしてフランスの植民地であった多くのアフリカ諸国などもそうです。

一方、日本では債権者の権利が非常に強く、お金を返済することを強く要求されます。企業倒産も主なものは債権再編（民事再生法など）ではなく、清算の形をとります。返済できなければ、それを苦にして企業経営者が夜逃げするといったことすら起こりえます。これは、日本法がドイツ法をルーツにしていることに起因します。こうした債権者の権利が強い国はドイツなど中欧諸国やスカンジナビア法体系を持つといわれる北欧諸国です[8]。

各国におけるコーポレート・ガバナンスや債権者の権利の違いに関し、金融市場や経済成長への影響を考える研究はいくつかなされてきています。とくに、各国データを用いて、資本の限界生産物の分布の各国の違いは、コーポレート・ガバナンスの程度に依存することが実証的に明らかにされています（Claessens, Ueda, and Yafeh, 2014）。もっとも、その論文によれば、債権者の権利はそれほど影響を与えていません。

さて、ここで第1節で説明したルーカス・パラドックスに戻りましょう。外国へ投資する場合、その国においてどの程度コーポレート・ガバナンスや債権者の権利があるか、また、一般的に契約が履行されるかなどの制度的要因が投資を決めるうえで重要となると予想されます。

なお、ルーカス・パラドックスの要因として、ここまで考えてきた方向とは

---

8) 詳しくは、植田（2022）を参照。

逆に、発展途上国から先進国へ資金が流れることもあります。たとえば、制度が発展していない発展途上国では、富裕層が積極的に米国やスイスなど先進国の預金口座や株式の形で資産を保有するという状況です。実際、このストーリーを「なぜ、むしろ中国が米国に投資しているか？」という疑問に対する答えとして示した研究もあります（Ju and Wei, 2010）。さらに、本書の筆者の1人は、投資の受け入れ側の制度の成熟度が重要であるという既存の研究結果を確認したうえで、投資の出し手側の制度の成熟度はそれほど投資先の選定に影響を与えていないことをデータに基づいて示しています（Morito and Ueda, 2024）。

4.4 労働問題

労働問題も、先進国が発展途上国に投資する際の隠れた阻害要因になります。たとえば、労働者の反対などによって機械化が進まなければ、資本（K）でなく、労働（L）により依存した生産が発展途上国では続くことになります。そうなると、機械（資本 K）のための資金調達は無用となります。そのため、海外から資金調達する必要もなくなります。これは、場合によっては強い労働者保護をもたらす法制度に守られている場合もありますが、より広い意味で社会的な制度による場合もあります[9]。

5 公的な開発金融

長年にわたり、先進国から発展途上国に対して公的な資金が低金利で提供されてきました。本節では、その制度面を簡潔に説明します。

5.1 国際開発金融機関

国際機関である国際復興開発銀行（International Bank for Reconstruction and Development：IBRD）では、発展途上国の開発に対して、資金に余裕のある国々がプールした資金をもとにした高い信用力を背景に国際金融市場で資金調

---

[9] より詳細な説明は、植田（2022-24）を参照。

達を行って、長期・低利で貸し出しています。似たような機関は地域別にもつくられており、アジア開発銀行（Asian Development Bank：ADB）、アフリカ開発銀行（African Development Bank：AfDB）、米州開発銀行（Inter-American Development Bank：IADB）などがあります。他に EU の一組織として欧州復興開発銀行（European Bank for Reconstruction and Development：EBRD）があります。これらの金融機関は国際開発金融機関（Multilateral Development Banks：MDBs）と呼ばれています。通常は融資の形式ですが、非常に低所得な国や特別な対象に対しては無償で援助を行うことがあります（主要な国際開発金融機関については、Column ②でより詳しく紹介します）。

5.2 政府開発援助（ODA）

いわゆる開発援助には、こうした国際機関を通じた多国間（マルチラテラル）援助以外に 2 国間（バイラテラル）で行われる場合もあります。たとえば、日本からアジア諸国などへの有償での円借款や無償での技術協力のような形でなされます。これらの多国間援助・2 国間援助を含めて**政府開発援助**（Official Development Assistance：ODA）と呼ばれます[10]。

日本の 2 国間援助の実施機関として国際協力機構（Japan International Cooperation Agency：JICA）があります。JICA は日本の 2 国間援助の中核を担う公的機関（独立行政法人）で、有償資金協力、無償資金協力に加え、技術協力を行っています。2022 年時点では、ODA 全体における有償資金協力は 196.5 億ドルであり、無償資金協力は 9.6 億ドル、技術協力は 23.9 億ドルです。有償資金協力が主軸である点が特徴だといえます[11]。

JICA による有償資金協力として、**円借款**（yen loans）があります[12]。円借

---

[10] 本項の内容は神田（2021）を参照。

[11] ODA の実績については外務省「開発協力白書」などを参照してください。なお、開発援助には技術協力も含まれ、IMF や世界銀行も行っていますが、国連の下にある国連貿易開発会議（United Nations Conference on Trade and Development：UNCTAD）によっても盛んに行われています。また、日本の JICA の主業務も、当初は借款というよりも技術協力でした。

[12] 円借款は、かつては海外経済協力基金が担っていましたが、1999 年に日本輸出入銀行と統合して国際協力銀行に再編され、2008 年には旧海外経済協力基金の部門が分離され JICA に統合されました。

款とは、途上国が必要とするインフラや教育などに必要な資金を円で提供するもので、低金利あるいは長期貸出を行います。典型的な返済期間は15年から40年の長期であり、その条件はより貧困が深刻である国ほど低利となっています。

発展途上国向けの公的融資には、ODA以外にも、その他政府資金（Other Official Flows：OOF）があり、日本では国際協力銀行（Japan Bank for International Cooperation：JBIC）がその役割を担っています。JBICは日本政府100%出資の政策金融機関で、民間金融機関が行う金融を補完する役割を果たしています。

ODAが経済成長に寄与しているかを検証する実証研究もあります。とくに、アフリカなどには援助が数多く実施されてきたものの、必ずしもその効果は明らかではなく、援助が腐敗などにつながっているなどの批判があります。たとえば、よい政策をとっている国については、援助が経済成長に貢献するという実証結果が得られています（Burnside and Dollar, 2000）。ただし、より長いデータを使うと、その結果は頑健ではなくなるとの指摘もあります（Easterly, Levine, and Roodman, 2003）。

その他にも、ODAの効果は統計的に有意ではないという指摘もなされています（Rajan and Subramanian, 2007, 2008）。しかし、それらに続く研究によれば、2国間ODAのうちの多くは安全保障上の戦略（米国による内戦状態の国の政府支援など）によってなされているために開発と直接つながっていないことが指摘されており、そうしたものを除いた場合には、経済成長に正の影響を与えていることを示しています（Minoiu and Reddy, 2010）。

なお、日本では2024年3月に「開発協力大綱（ODA大綱）」が改定され、発展途上国への開発援助において、むしろ日本の安全保障上の戦略（日本と国民の平和と安全を確保すること）を考慮することが盛り込まれました[13]。

13）外務省ホームページ「開発協力大綱の改定」(https://www.mofa.go.jp/mofaj/gaiko/oda/about/kaikaku/taikou_kaitei.html) 参照。

Column ② 主要な国際開発金融機関

　世界銀行（World Bank）グループは国際復興開発銀行（IBRD、いわゆる世界銀行）に加え、国際開発協会（International Development Association：IDA）、国際金融公社（International Finance Corporation：IFC）、多数国間投資保証機関（Multilateral Investment Guarantee Agency：MIGA）の中核4機関で構成されます[14]。IBRD は主に中所得国を支援する一方、IDA は低所得国支援に特化しています[15]。これらは国への支援です。一方、IFC は発展途上国における民間企業の投融資を支援します。また、MIGA は民間資金が発展途上国に投資される際に直面する戦争リスクなどに備えた保険などの保証に特化しています。日本は1952年に世界銀行に加盟し、東海道新幹線などの基幹インフラの整備で世界銀行から融資を受けた実績があります。なお、日本は現在では米国に次ぐ第2の出資国です。

　地域別の国際開発金融機関（MDBs）のうち、日本と深い関係にある機関はアジア開発銀行（ADB）です。ADB は1966年に設立され、本部はマニラ（フィリピン）に置かれました。日本の投票権は米国と並んで最も高く、中国、インドが続きます。日本は、歴代総裁を継続して輩出するなど、人的な面でも貢献しています。ADB の主な業務内容は、①開発途上加盟国に対する融資、②開発プロジェクト・開発プログラムの準備・執行のための技術援助および助言、③開発目的のための公的・民間支援の促進、④開発途上加盟国の開発政策調整支援、などです[16]。ADB はとくにアジア金融危機以降、第12章で説明するカレンシー・ミスマッチを避けるためにも、現地通貨建てによる債券市場など、加盟各国における金融資本市場の整備に注力しています。

　近年、アジアインフラ投資銀行（Asian Infrastructure Investment Bank：AIIB）が注目を集めています。AIIB は、中国の主導で2015年に設立された金融機関で、中国が出資ベースで約30％という高いシェアを持ち、特別多数の議決が必要な事項（増資や総裁選員など）において拒否権を持ちます。このため、アジアの膨大なインフラ需要に応えるという点では評価できるものの、ガバナンスなどの観点で懸念も存在します。その懸念から、2024年5月時点で加盟国が109カ国となっているものの、米国および日本は加盟していません。比較的新し

---

14) 世界銀行という場合、IBRD と IDA の2つの機関を意味します。
15) 国際連合（UN）にも、低所得国向けの国連資本開発基金（UNCDF）などがあります。
16) 本段落の記述は、国際通貨研究所による説明を参照としています。

い機関であることから、主な融資は、世界銀行などとの協調融資が実施されている点も特徴です[17]。

17） Dollar（2018）によれば、中国国家開発銀行（China Development Bank：CDB）が一元的に中国の開発金融を行うよりは、その予算がある程度 AIIB に振り向けられることで資金の流れの透明性が高まるため、この点では評価できるといえます。また、発展途上国の CDB 資金に対する需要が高いのは、既存の MDBs における環境基準などのアセスメントなど手続きに時間がかかるなどの不満の表れでもあると指摘されています。ただし Ueda（2018）は、国が先導して投資を行うのか、あるいは金融資本市場を通じて民間資金を活用することで投資を行うのかという点に、AIIB と ADB の違いが見て取れると指摘しています。これはいわば、共産主義と資本主義の違いともいえます。

第**3**章

国際収支統計の仕組み

イントロダクション

　第1章では、国際金融市場において保険、株式（証券）、銀行といった金融機能を用いることで、不確実性に直面した主体が社会的に最適な財の配分を実現できることを確認しました。そして、ロビンソン・クルーソーとフライデーによるココナッツの取引に基づいて、「貯蓄と投資の関係で国際金融システムを捉える」ことのエッセンスを紹介しました。第2章では、先進国と発展途上国の間での資本の限界生産物の違いから、投資のフローを説明する理論を用いて、現実の投資のフローのパターンにある問題点を明らかにしました。いずれも、国際的な金融資本取引の動きを理論的に理解しようとするものでした。本章では、これらの考え方に基づき、実際のデータを用いてより緻密な実証研究を行うために必要となる国際収支統計の基礎知識を解説します。

1 国際収支統計で用いられる基本的なコンセプト

1.1　国際収支統計の項目別定義

　国際収支（balance of payments）統計とは、「ある国が外国との間で行った財貨、サービス、証券等の各種取引や、それに伴う決済資金の流れなどを体系的に把握、記録した統計」[1] です。モノや資金の外部との出入りを記録するとい

　1）この段落の説明は、次の日本銀行のウェブサイトに沿っています。「『国際収支統計』とは何ですか？」（https://www.boj.or.jp/about/education/oshiete/statistics/h15.htm）。

第3章 国際収支統計の仕組み | *47*

う意味では、一国の対外的な家計簿のようなものと解釈できます。

国際収支統計の項目分けなど細かい定義は、国際通貨基金（IMF）が発行する**国際収支マニュアル**（Balance of Payments Manual：BPM）[2]に、各国が従っています。このマニュアルは定期的に改訂されており、本書は 2008 年 12 月に公表された「国際収支マニュアル 第 6 版（BPM6）」に従っています。なお、日本では財務省および日本銀行が国際収支統計を公表しています。本節では、国際金融を学ぶ人に知ってほしい必要最小限の項目に絞って、BPM6 やそれに関する日本銀行のウェブサイト上での説明を参考にしつつ、国際収支統計の基礎を解説します[3]。

■ 経常収支

国際収支統計における第 1 の項目は**経常収支**（current account）であり、①貿易・サービス収支、②所得収支の 2 つの項目で構成されます。「貿易収支（goods）」は財の輸出入で構成されますが、海外旅行における宿泊代などは「サービス収支（service）」に入ります。「所得収支」は、第一次所得収支と第二次所得収支で構成されます。「第一次所得収支（primary income）」は、労働や資本という生産要素への対価です。これには、日本の居住者が一時的に海外で働いた場合の労働賃金（雇用者報酬）や、日本の居住者が海外に投資している金融資産に対する利子や配当の受払も含まれます。「第二次所得収支（secondary income）」は、外国とのお金の移転と考えられるような所得です。たとえば、生命保険以外の保険料および保険金や、海外に居住している親戚縁者の労働者から日本の居住者への仕送り（remittance）、国際機関への拠出なども含まれます。たとえば、日本に住む筆者が米国の大学でセミナー講師をし

------

2) IMF（2009）*Balance of Payments and International Invetment Position Manual*, Sixth Edition（BPM6）(`https://www.imf.org/external/pubs/ft/bop/2007/pdf/bpm6.pdf`) を参照。

3) BPM の解説としては、日本銀行が「『国際収支統計（IMF 国際収支マニュアル第 6 版ベース）』の解説」(`https://www.boj.or.jp/statistics/outline/exp/exbpsm6.htm`) を公表しています。また、国際収支統計の詳細は、財務省のウェブサイト「国際収支状況」(`https://www.mof.go.jp/policy/international_policy/reference/balance_of_payments/index.htm`) や棚瀬（2019）なども参照してください。なお、本節の説明で示している項目名の日本語表記は、基本的には財務省の表記に従っています。

て受け取った謝金は、第一次所得収支に入ります。一方、米国に住んで現地の大学で働いて得たお金を日本にいる家族に仕送りした場合は、第二次所得収支に入ります。

■ 金融収支

　国際収支統計における第 2 の項目は**金融収支**（financial account）であり、①直接投資、②証券投資、③金融派生商品、④その他投資、⑤外貨準備が含まれます。「**直接投資**（direct investment / foreign direct investment：FDI）」は、外国に活動拠点を持つ企業へ投資し、議決権をある程度有するような投資を指します[4]。「**証券投資**（portfolio investment）」は、直接投資や外貨準備に含まれないような株式や債券などへの投資になります。「**金融派生商品**（financial derivatives）」には、オプション、先物、スワップのような取引が含まれます。また、「**外貨準備**（foreign reserve）」は、日本では政府の外国為替資金特別会計と日本銀行が保有する対外資産であり、その増減です。

　BPM6 における大きな変更としては、「国際収支マニュアル 第 5 版（BPM5）」以前は「資本収支（capital account）」と呼ばれていたものの多くが、BPM6 では「金融収支（financial account）」に含まれることです。例外的なものは「資本移転等収支（capital account）」として別の大項目が立てられており、これは対価を伴わない資産・負債の変化であり、発展途上国に対する債務の免除などが含まれます。

　金融収支とは、ある国が保有する金融資産と負債の差額のことです。具体的には、「金融資産のネット取得（資産の借方－貸方）－金融負債のネット発生（負債の貸方－借方）」で定義されます。経常収支はすべての財・サービスの（ネットの）取引に相当する一方、金融収支はそれに伴う金融取引と解釈すれば、国際収支統計では、誤差や漏れがなければ、以下の関係が成立します。

$$経常収支＋資本移転等収支－金融収支 ＝ 0$$

　たとえば、日本の企業が自動車を 1 億ドル分、日本から米国に輸出すると、

----

4) 直接投資には現地で工場を建てるなどの green field 投資の他に、現地企業の株式を多く保有することも含みます。BPM6 では、ある企業について議決権比率 10% 以上の株式を保有する場合は直接投資とされ、それ未満は証券投資とされています。

表3.1 国際収支統計の構成（2022年、単位：兆円）

経常収支（a+b+c）	11.4	資本移転等収支	△0.1
(a)貿易・サービス収支	△21.1	金融収支	6.4
貿易収支	△15.5	直接投資	16.8
輸出	98.9	証券投資	△19.2
輸入	114.4	金融派生商品	5.1
サービス収支	△5.6	その他投資	10.8
(b)第一次所得収支	35.0	外貨準備	△7.1
(c)第二次所得収支	△2.5	誤差脱漏	△4.9

（出所）財務省。

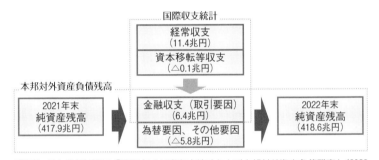

図3.1 国際収支統計と対外資産負債残高の関係（2022年）

（出所）日本銀行国際局「2022年の国際収支統計および本邦対外資産負債残高」（2023年7月10日）より抜粋。

　日本の貿易収支は1億ドルの黒字となります。そこで日本の企業が1億ドル分の代金を受け取ることで、その企業の金融資産が増加するので、金融収支は1億ドルの黒字となります。よって、資本移転等収支を無視すれば、上記の式が成立することがわかります。

　表3.1には、2022年の国際収支統計における経常収支、資本移転等収支、金融収支、誤差脱漏が示されています。経常収支が11.4兆円である一方、金融収支は6.4兆円です。「経常収支（11.4兆円）＋資本移転等収支（△0.1兆円）－金融収支（6.4兆円）＋誤差脱漏（△4.9兆円）＝0」という形で、誤差脱漏を含め上記の式が成立していることが確認できます。

　国際収支統計は取引に注目した統計であり、その意味でフローの統計といえます。一方、ストックに注目した統計としては「本邦対外資産負債残高」統計

と呼ばれる統計があります。同統計は、ある時点における日本の対外資産と負債を示した統計であり、財務省のウェブサイトで定期的に公表されています。

図 3.1 には、フローの統計である国際収支統計と、ストックの統計である「本邦対外資産負債残高」統計の関係が示されています。2021 年末の対外資産残高である 417.9 兆円に、金融収支の 6.4 兆円を加え、為替の動きによる評価損益など（為替要因、その他要因）△ 5.8 兆円を調整すると、純増は 0.7 兆円となり、2022 年末の純資産残高が 418.6 兆円になります。

1.2 国際収支統計の内訳の動向

2022 年の経常収支の内訳をみると、貿易・サービス収支は△ 21.1 兆円とマイナスであり、第一次所得収支が 35.0 兆円と経常収支を黒字化している要因であることがわかります。図 3.2 に示したように、2007 年までは貿易・サービス収支が経常収支の中で大きなシェアを占めていました。しかし、2008 年の世界金融危機および 2011 年の東日本大震災以降は、原子力発電を代替するために石油などの輸入が増えた一方、輸出が伸び悩んだために、第一次所得収支が主な構成要素になっています。

一方、金融収支の内訳をみると、2022 年における直接投資が 16.8 兆円であり、最も大きなシェアを占めています。図 3.3 に示したように、直接投資は 2000 年以降、増加傾向にあります。直接投資以外の項目の値は年によって大きく変動しています。

ここでは経常収支については貿易・サービス収支と第一次・第二次所得収支、金融収支については直接投資、証券投資、金融派生商品、その他投資、外貨準備という大項目のみ言及しましたが、国際収支統計ではこれら大項目の中の細目も公表されています。国際収支統計を詳しくみていけば、経常収支や金融収支を構成する細かいデータを取得し、その動きを把握することができます。

たとえば、第一次所得収支については、「雇用者報酬」「投資収益」「その他第一次所得」についても公表されています[5]。図 3.4 では、それらの推移を示しています（投資収益について、その内訳である「直接投資収益」「証券投資

5）それぞれの項目についてさらに細かい項目があり、その値も公表されています。

図3.2 経常収支の内訳の推移

（出所）財務省。

図3.3 金融収支の内訳の推移

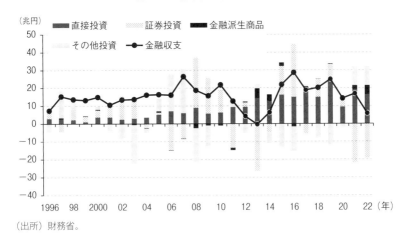

（出所）財務省。

収益」「その他投資収益」を示しています）。歴史的には、第一次所得収支の大部分は証券投資収益が占めてきました。その背景には、日本が対外資産を積み上げてきたことなどがあります。また、日本企業による現地生産や企業買収の活発化などを背景に、ここ10年ほどは直接投資収益の割合も増えており、直近では、証券投資収益と同程度になってきています。

前述のとおり、日本の国際収支統計は財務省および日本銀行のウェブサイト

図3.4 第一次所得収支の推移

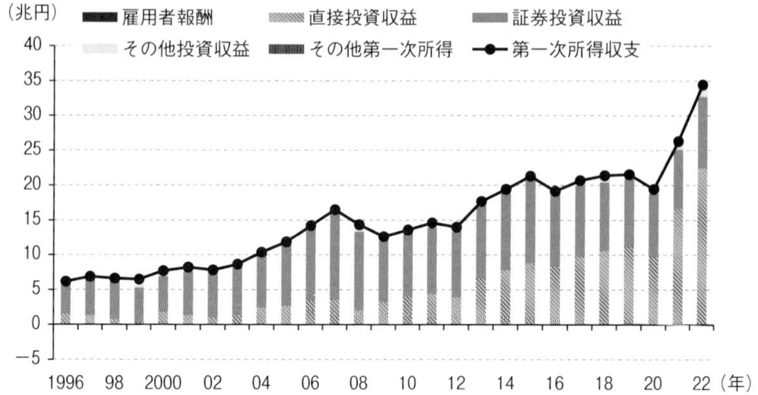

（兆円）
凡例: 雇用者報酬　直接投資収益　証券投資収益　その他投資収益　その他第一次所得　第一次所得収支

縦軸: -5, 0, 5, 10, 15, 20, 25, 30, 35, 40
横軸: 1996　98　2000　02　04　06　08　10　12　14　16　18　20　22（年）

（出所）財務省。

で公表されていますが、月次ベースで「速報」と「第二次速報」があります。さらにその後、年次ベースで改定されるデータも公表されます。国際収支統計では、四半期ベースで「地域別国際収支状況」が公表されており[6]、相手地域別でみた国際収支の状況についても公表されます（地域別国際収支状況についても年次改定が公表されます）。また、IMF のウェブサイトでは、世界各国のこれらのデータがまとめて公表されています[7]。

1.3　複式計上の原則

国際収支統計では、すべての対外取引における財や資本の動きが、**複式計上の原理**（double-entry system）に基づいて「貸方」と「借方」に計上されます。**貸方**（credit）には、財貨・サービスの輸出、所得の受取、移転の受取、金融資産の減少、金融負債の増加が計上される一方、**借方**（debit）には、財貨・サービスの輸入、所得の支払、移転の支払、金融資産の増加、金融負債の減少が計上されます。たとえば、ある日本企業が米国で商品を販売し、支払がその企業の持つ米国のドル当座預金に振り込まれた場合、その金額が経常収支にお

6）財務省ウェブサイト「地域別国際収支の推移（国際収支マニュアル第6版準拠：平成26年以降）」(https://www.mof.go.jp/policy/international_policy/reference/balance_of_payments/bparea.htm)。

7）IMF ウェブサイト「IMF Data」(https://www.imf.org/Data)。

ける貿易収支（貸方）に計上される一方、金融収支におけるその他投資（借方）に計上されます[8]。

1.4 資本収支について

金融収支には外貨準備の増減も含まれますが、ここでは外貨準備を独立して取り扱うことにします。BMP6 より前の国際収支マニュアルでは、資本移転等収支を捨象すると、金融収支（FA）の中から外貨準備の増減（$\triangle R$）を除き、符号のプラス・マイナスを逆にしたものが「資本収支」と呼ばれていました。経常収支（CA）と資本収支（KA）の合計が外貨準備の増減（ΔR）に一致するため、以下の関係が成り立ちます。こうした考え方は、長らく経済学で用いられてきたものです。

$$CA + KA = \Delta R \tag{3.1}$$

なお、資本移転等収支を無視すれば、(3.1)式は BPM6 では以下になります[9]。BPM5 と BPM6 の詳細な違いは、Column ③を参照してください。

$$CA = FA$$

1.5 IS バランス

経常収支は、一国の投資と貯蓄のバランスによって決まります。経常収支というと輸出入のイメージが強いかもしれませんが、ある国が自分の国の貯蓄以上に海外から物を買う場合（輸入する場合）、海外から資金を借りてくる必要があります。産油国のように、輸出で稼げる財があったとしても、経常収支が必ずしも黒字にならないのはこのためです。一方、国内に十分な貯蓄がある場合、国内の貯蓄の一部は海外へ向かっていくことになります。このように、国内における投資と貯蓄のバランスは、対外的な資金の動きと密接な関係を持ちます。

上記の関係をまとめると、以下の式のとおり、外貨準備の増減をゼロとすれ

8）国際収支統計における複式計上の詳細や事例などは、棚瀬（2019）などを参照。

9）経常収支と金融収支の値に乖離がみられる年もあります。資本移転等収支は例年小さいため、主に誤差脱漏により乖離が発生します。

ば、マクロ経済における貯蓄（S）と投資（I）の差額（IS バランス）により経常収支（CA）が決定されることになります。つまり、経常収支と貿易収支は無関係ともいえます。

$$S - I = CA \tag{3.2}$$

> **Column ③　国際収支統計の改訂について**
>
> 　第1節でも述べたように、現在の日本の国際収支統計は、BPM6 に準拠しています。国際収支統計は、BPM5 から大幅に改訂され、2014 年に BPM6 へ移行しています。その主なポイントは、次のとおりです（図 3.5 を参照）。
> 　まず、BPM5 における「資本収支（投資収支）」と「外貨準備増減」を統合して「金融収支」という新しい大項目をつくる一方、資本収支から「その他資本収支」を取り出し、「資本移転等収支」という大項目が新たにつくられました。また、BPM5 では「所得収支」とされていたものは「第一次所得収支」へ、「経常移転収支」とされていたものは「第二次所得収支」へと改訂されています。詳細は日本銀行国際局（2013）を参照してください[10]。

2　ロビンソン・クルーソー経済でみる国際収支

　第1章ではロビンソン・クルーソー経済の例を通じて、リスク・シェアリングが行われる状況を考えました。図3.6 は第1章でみた図と同様ですが、A 島では1期目、2期目、…、と時間が経過するにつれ、$\{1, 3, 1, 3, ...\}$ という形でココナッツが得られる一方、B 島ではココナッツが $\{3, 1, 3, 1, ...\}$ という形で得られるとします。この1と3の数字は、それぞれの島の各期における GDP とみなせます。そのうえで、A 島に住んでいるロビンソン・クルーソーと B 島に住んでいるフライデーが消費の平準化を行うため、銀行や株式、保険、金などを用いて国際金融取引をする状況を考えました。ここでは本章で学んだ

10）財務省・日本銀行のプレスリリース「『国際収支関連統計』の見直しを行います」2013 年 10 月 8 日（https://www.mof.go.jp/international_policy/reference/balance_of_payments/notice/osirase_20131008.htm）も参照。

図3.5 BPM5準拠とBPM6準拠の変更点の比較

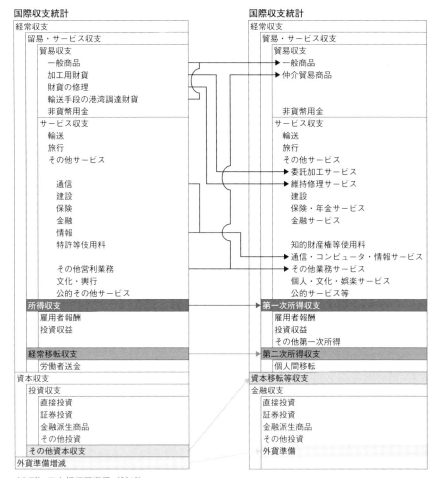

(出所）日本銀行国際局（2013）。

BPM6 に基づいて、ロビンソン・クルーソーとフライデーの取引を整理してみましょう。

まず銀行の場合は、預金証書と借用書という証券を発行すると考えます。ロビンソン・クルーソーは1期目に借用書を銀行へ発行し、B島からココナッツを1個輸入します。一方、フライデーは、ココナッツを1個銀行へ渡し（輸出

図3.6 ロビンソン・クルーソーとフライデーによる国際金融取引

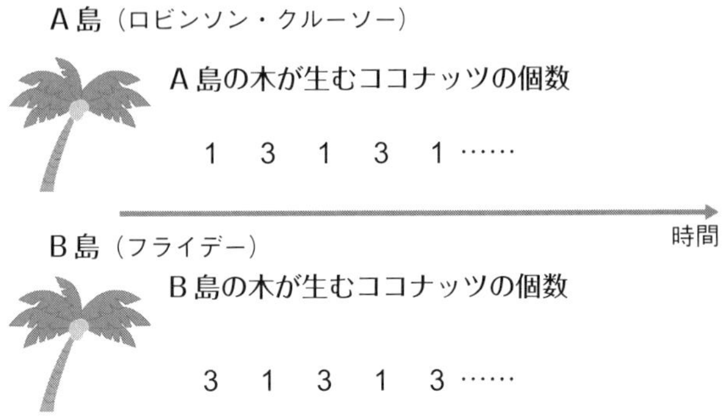

A島（ロビンソン・クルーソー）

A島の木が生むココナッツの個数

1　3　1　3　1　……

→ 時間

B島（フライデー）

B島の木が生むココナッツの個数

3　1　3　1　3　……

（出所）筆者作成。

表3.2　BPM6に基づく国際金融取引の概略

	銀行		株式		保険		金	
	ロビンソン	フライデー	ロビンソン	フライデー	ロビンソン	フライデー	ロビンソン	フライデー
経常収支								
貿易								
財	－1	1	－1	1	－1	1	－1	1
サービス								
第一次所得収支								
雇用者報酬								
投資所得			1	－1				
第二次所得収支					1	－1		
金融収支								
直接投資								
証券投資								
金融派生商品								
その他投資	－1	1						
外貨準備							－1	1

配当
A島の木　1／2
B島の木　3／2

（注）BPM6では、金融収支はアウト・フローをプラスと表記します。なお、保険の手数料がある場合、それはサービスに含まれます。
（出所）筆者作成。

し）、預金証書を受け取ります[11]。ロビンソン・クルーソーの貿易収支は「－1」、金融収支は「－1」になります（表3.2の「銀行」の列）。BPM5では、

これは資本収支の「＋1」に対応しますが、ここでは BPM6 の考え方に従います。貿易収支以外に経常収支の項目はないので、経常収支は「－1」です。また「経常収支 － 金融収支」は「0」となります（ここでは外貨準備はありません）。なお、銀行を介さずに借用証書を使う相対取引も同様の国際収支となります。

　次に、株式の場合、すでに 0 期目において 1/2 ずつココナッツの木の株式を持ち合いしていると仮定し、配当としてココナッツ商品券をもらうとします。1 期目には、ロビンソン・クルーソーは配当を自分の住む A 島の木から 1/2、B 島の木から 3/2 受け取ります。フライデーも A 島の木から 1/2、B 島の木から 3/2 受け取ります。外国にある保有資本からの配当金などの受取は、第一次所得収支です（これは資本を提供することによる対価であり、BPM5 では所得収支です）。ロビンソン・クルーソーの第一次所得収支は、ネットでココナッツ商品券 1 になります。これを使ってロビンソン・クルーソーはココナッツを輸入すると、貿易収支は「－1」になります。この場合、経常収支は「0」です。外貨準備はここでは考慮していないのでなく、金融収支（資本収支）も「0」です。なお、第一次所得収支は GDP（国内総生産）の一部ではありませんが、GNI（国民総所得）の一部ではあります。そのため、ロビンソン・クルーソーの 1 期目の GDP は 1 ですが、GNI は 2 です。

　保険の場合、ロビンソン・クルーソーもフライデーも、保険料として毎期ココナッツ商品券を 1 枚ずつ支払っているとしましょう。ロビンソン・クルーソーは、運が悪かった 1 期目に保険金としてココナッツ商品券を 2 枚受け取ります。これは損害保険と考えられ、外国の保険会社への保険料支払および保険金受取は第二次所得収支となり、ロビンソン・クルーソーの第二次所得収支はネットで「＋1」、フライデーの第二次所得収支は「－1」です[12]。ロビンソン・

11）手数料の支払は金融サービスの購入なので貿易収支になりますが、ここでは簡単化のため手数料は 0 と考えます。

12）銀行の場合と同じく、保険会社は経費などの手数料を保険料の中に入れて徴収することが常であり、これは保険会社のサービスの対価なので、貿易収支に入ります。ただし、銀行の場合と同じく、ここでは手数料は 0 と仮定しています。つまり、本文中の保険料は、純粋に保険金支払のための原資としてのみ使われるものと考えます。なお第 1 節で述べたとおり、生命保険については金融資産と考えられており、金融収支になります。

58 第Ⅰ部 国際金融の基礎

クルーソーは、その所得でココナッツを1個フライデーから輸入します。した
がって、ロビンソン・クルーソーの貿易収支は「－1」で、1期目の経常収支
は貿易収支と第二次所得収支の合計なので「0」となります。また、ここでは
金融収支は「0」です。なお、第二次所得収支である損害保険料や保険金は
「移転」と考えられ、GNI の一部とはなりません。

　最後に、金（ゴールド）の場合を考えます。0期目においてロビンソン・ク
ルーソーがゴールドを持っているとします。1期目にはロビンソン・クルーソ
ーがゴールドを渡し、フライデーからココナッツを1個購入します。これはゴ
ールドを外貨準備と考えれば、ロビンソン・クルーソーは外貨準備を取り崩し
て輸入をし、フライデーはこれに見合う輸出をします。ロビンソン・クルーソ
ーの貿易収支は「－1」で、国際収支上は外貨準備の純減が「－1」に相当し、
金融収支は「－1」となります（BPM5 における資本収支は「経常収支＋資本
収支＝外貨準備の増減」なので 0 です）。ロビンソン・クルーソーの貯蓄は
「－1」で、外貨準備取崩と同値になります。1期目のロビンソン・クルーソー
の経常収支は「－1」となります。経常収支が「－1」になるのは、ロビンソ
ン・クルーソーが最初にゴールドという対外資産を持っており、それを売却す
る（貯蓄を減らす）ためです。

第**4**章

貯蓄・投資バランスと国際収支

🌐 イントロダクション

　本章では、国際収支を説明する基本的な考え方として、開放経済（国際的に貿易や金融取引をしている経済）における投資と貯蓄のバランス（IS バランス）の議論を紹介します。これは、IMF の主要な刊行物の１つである「対外部門の安定性に関する報告書（External Sector Report：ESR）」で採用されているアプローチでもあります。日本は長い間、貿易黒字国、（対外）債権大国としてしばしば米国をはじめとする諸外国から批判されてきました。国際収支は必ずバランスしていなければならないのでしょうか？　長期間にわたる黒字や赤字は、その国に何かおかしな制度や政策が存在することを意味するのでしょうか？　とくに、黒字や赤字が世界の中で特定の国に集中する場合には「グローバル・インバランス」と呼ばれ、大きな議論を引き起こしてきました。

1 IS バランスの 3 つの要因：
　景気循環要因、構造要因、政策要因

　各国の貯蓄（S）や投資（I）行動が経常収支（CA）の動向を決めること（$CA = S - I$）は、前章で説明したとおりです。この貯蓄と投資の差を **IS バ**ランスといいます。ココナッツの例は、景気循環が各国で異なる状況を表しています。その状況下で、金（ゴールド）や銀行または保険を通じた消費の平準化は、経常収支を景気循環に伴って変動させます。それに加え、ココナッツの例とは違い、現実にはさまざまな構造的な要因があります。構造要因によるマ

クロ経済全体の動き、また、貯蓄・投資行動への影響はマクロ経済学の主要な
トピックであり、この本では深入りしませんが、簡単に論点をまとめておきま
す。

　たとえば、高齢化が進んでいる国では退職後の生活に備えて貯蓄をしている
人が多いと考えられます。一方で、高齢化により引退した高齢者が人口に占め
る割合が増えますから、貯蓄を取り崩す世代が増えるという側面もあります。
また、国内の投資機会が相対的に少ない場合は、対外投資が増加するでしょ
う。このように経常収支の動向を考えるためには、家計や企業による貯蓄や投
資行動についてその構造的要因も含め、深く考える必要性があります。

　経常収支は各国における貯蓄と投資に基づいて決定されますが、各国ごとに
経済構造と景気が異なるため、各国の経常収支が0である状態が必ずしも望ま
しいわけではありません。一国の経常収支赤字は、家計が借入をすることと同
様に考えられます。家計が借入をすること自体を悪いと思う人はいないでしょ
うが、もし将来返済できないほどの借入をすることは、望ましいとはいえませ
ん。また、ある金利のもとで有望な投資先がある場合、企業は借入をしてでも
投資をすることが望ましいことになりますが、銀行がそもそも過度に低利な貸
出を行っている場合は過剰な借入と解釈することができます。

　貯蓄・投資行動は、政策からも影響を受けます。財政政策や金融政策という
「マクロ経済政策」と、銀行規制や失業保険、または年金制度などの「構造政
策」が、2つの柱です（これらの政策すべてがマクロ経済学の主要なトピック
でもありますので、詳細はマクロ経済学の教科書を参照してください）。たと
えば、財政政策は国内消費を増加させ、貯蓄を低下させると考えられますが、
ISバランスは貯蓄（savings）と投資（investment）の差で定義され、経常収支
はマイナスに動きます。こうした政策の影響についてはさまざまな研究が行わ
れていますが、本章ではIMFの枠組みに沿って説明したいと思います。

2 対外バランスをめぐる議論

　2020年初にコロナ禍が始まる前の主要な国際金融政策上の論点は、「対外バ
ランスが偏在しているのではないか？」ということでした。対外バランスは、

フローとしての IS バランス、経常収支、金融収支を総体として指し、時には
ストックとしての対外資産負債残高を指すこともあります。2008 年のリーマ
ン・ブラザーズ破綻を発端とした世界金融危機の原因として、世界の主要国に
おける記録的な対外バランスの偏在と、それに伴って蓄積かつ放置された脆弱
性が、一部で問題視されました。これを、**グローバル・インバランス**（global
imbalances）の問題といいます。たとえば、米連邦準備制度理事会（Federal
Reserve Board：FRB）のベン・バーナンキ元議長やローレンス・サマーズ元
米財務長官は、グローバル・インバランスにより海外の資金が米国に過剰に流
入したことが、米国市場のバブルを招いたと主張しました[1]。そして、IMF に
より発行されている一連の「世界経済見通し（World Economic Outlook：
WEO）」などで示されてきているように、世界金融危機後、各国の政策の影響
もあり、貿易額や国際金融取引額が低迷しています。さらに 2018 年頃からは、
米中間などでは貿易戦争の様相を呈しました。

　Obstfeld（2017）によれば、グローバル・インバランスに伴う最大の混乱は
1920 年代後半から 1930 年代初頭にかけて起きた世界大恐慌です。その前から
あった大規模な黒字国（とくに米国とフランス）と赤字国（ドイツや英国な
ど）との間のインバランスも背景に、平価切り下げ競争や、貿易障壁、国際金
融取引制限など、各国が内向きな政策をとりました。それらはお互いにとって
よくない政策（いわゆる近隣窮乏化政策）であり、スパイラル的にもたらされ
た世界経済秩序の崩壊は、世界大恐慌を恐慌たらしめた一因となりました。そ
のため、第二次世界大戦後に、国際通貨協力の促進と世界諸国の強固な経済構
築および維持に貢献することを目的とした IMF などによるブレトン・ウッズ
体制の設立につながりました（この点については国際経済システムの観点か
ら、第 13 章で詳しく議論します）。

　これらを背景として、世界大恐慌後の各国の保護主義の高まりによる国際経
済の混乱を招いた反省から、自国第一主義の政策運営に対し国際的に歯止めを
かけるために IMF がつくられたという経緯があります。IMF はその設立の経
緯からグローバル・インバランスを注視し、背後にある制度や政策を監視する
ことを主要な業務としています。そのため、IMF は、経常収支の偏在や為替

1）たとえば、Borio and Disyatat（2011）によるレビューなどを参照。

レートのファンダメンタルズから乖離した固定相場（一方的な貿易収支を生み出す要因）など、いわゆるグローバル・インバランスに関して定性的・定量的な評価を行っています[2]。

IMFでは、とりわけ2012年以降、世界の主要28カ国とユーロ圏を対象に、より精緻なグローバル・インバランスに関する年次評価を実施し、その結果を「対外部門の安定性に関する報告書（External Sector Report：ESR）」という報告書で公表しています[3]。それにより、グローバル・インバランスに関連する政策のアドバイスを各国に対して早めに提供することに努めています。なおIMFは、その評価に関する考え方や経済モデルの詳細も、ウェブサイトなどを通じて公表しています[4]。

3 グローバル・インバランスの評価に関する IMF のアプローチ

IMFは、適切な経常収支や為替の水準を推計することで、グローバル・インバランスがどれほどあるのか、また政策などによってどの程度改善できるのか、という観点からグローバル・インバランスの評価をしています。それは、その時々の経済状況だけでなく中長期的な経済構造にも依存するため、経済理論に基づいた定量的な分析が必要になります。

IMFによる対外バランス評価の最大の特徴は、経常収支の水準に対して「ありうべき水準（規範的な水準）」を定めているという点です。第1節でも述べたとおり、経常収支は各国における貯蓄と投資によって決まりますが、各国ごとに経済構造が異なるため、各国の経常収支が0である状態が必ずしも望ましいわけではありません。高齢化が進んでいる国では退職後に向けて貯蓄を行う必要がある一方、国内に相対的に投資機会が少ない場合には、対外投資が増加します。つまり、貯蓄と投資は各国が置かれた経済構造に依存します。これは、家計が借入をすることそのものが悪いわけではなく、家計が置かれた状況

---

2) 本節の記述の多くはObstfeld（2017）に基づいています。
3) それ以前からあった評価方法を大きく改善し、年次で公表するようになりました。
4) IMFウェブサイト「External Sector Reports」（https://www.imf.org/en/Publications/SPR OLLs/External-Sector-Reports）を参照。

に依存することと同じです。それに加えて、その時々の景気にも依存します。しかしながら、自国優先的な政策（たとえば為替介入や国際資本規制など）によって対外バランスが影響を受けていることもあります。したがって、そのような人為的な制度や政策の影響を取り除いた「ありうべき水準」を考える必要があるのです。

こうした対外バランス評価のため、IMF は EBA（External Balance Assessment）という経済モデル（EBA モデル）を用いて経常収支のありうべき水準を推定しています。EBA モデルでは、経常収支に影響を与える変数を、「景気循環要因（cyclical factors）」、「（マクロ経済および構造面での）ファンダメンタルズ（〔macroeconomic and structural〕 fundamentals）」、「政策変数（policy variables）」に分けます。「景気循環要因」は経済が有する循環的要因、「ファンダメンタルズ」は各国の政策には依存しない経済構造などにかかる変数である一方、「政策変数」は各国の政策によって変化しうる変数です。すなわち、各国が政策によって変更可能な部分に焦点を当てて、その政策が適切であるかどうかを検討することにより、ありうべき経常収支の水準について評価を行います。

より詳細にいえば、IMF が考える適切な政策がとられた状態を「ありうべき水準（規範的な水準）」としたうえで、そのもとでの経常収支を推定します。そして、それと現状との乖離を分析することで、インバランスの程度を測ります。ただし、IMF が考える適切な政策といっても、それは加盟国との協議に基づいています。具体的には、IMF 協定第 4 条に基づくいわゆる「4 条協議」がその中心です[5]。

なお、EBA モデルでは為替レートについても分析されていますが、評価の主軸は経常収支の偏在が存在するかです。為替に関しては現在多くの国・地域が変動相場制をとっており、特別大きな介入や規制がない限り、マーケットで決定される水準を否定することは難しいからです（為替制度については次章を参照）。ESR において、多くの国の為替の評価は、経常収支の偏在に関する評価をベースとした簡略な計算による説明にとどまっています。しかしながら、歪んだ制度や政策による適正でない経常収支のフローによって左右される為替

----

5) 4 条協議の詳細については、柏瀬・服部・千田（2019）を参照。

レートもまた、歪んだものとみなされます。

4 IMF による EBA モデルの推定

EBA モデルは**誘導型**（reduced form）と呼ばれる実証的関係に焦点を当てた
モデルであり、シンプルにつくられています。経済学の研究、とくに金融政策
の評価などでは、経済理論と密接に関連している**構造型**（structural form）と
呼ばれる複雑なモデルが用いられることが少なくありません。しかしながら、
EBA モデルがシンプルにつくられている背景には、IMF の分析では多くの国
を同時に分析する必要があり、多くの国からできるだけ長い期間のデータを取
得する必要性があります。また、経常収支のありうべき水準に関する具体的な
数値については、各国から経済実態を反映したさまざまなコメントが出される
ため、変数を追加するなどの柔軟な対応が必要になることもあります[6]。

具体的には、経常収支（Current Account：CA）と実質実効為替レート
（Real Effective Exchange Rate：REER）が他の変数に影響を受けていることを
表現するため、以下の 2 つの式のように、経常収支および実質実効為替レート
が複数の経済変数によって決定されていると想定しています（実質実効為替レ
ートについては第 6 章を参照）。

$$CA = CA(X, Y, r, \Delta R) \tag{4.1}$$
$$REER = REER(X, Y, r, \Delta R) \tag{4.2}$$

CA と $REER$ の中に含まれている変数 $(X, Y, r, \Delta R)$ は、それぞれが経常収
支と実質実効為替レートに影響を与える変数であることを意味しています。
Y、r はそれぞれ国内外の GDP ギャップと金利に相当します。ΔR は外貨準備
の増減です。X は貯蓄・投資・経常収支・資本収支に影響を与える Y、r、

---

[6] EBA モデルは基本的には 3 年に 1 度アップデートされており、定期的にモデルの修正
を行っています。EBA モデルにはいまだ多くの課題があると IMF 自身も認識していま
すが、しばしば感情的になりがちである貿易問題などに対して、経済学に則った分析を
行うことにより、理知的な議論ができるようになることも事実です。実際の ESR では
IMF スタッフらによる一定の調整がなされたうえで、結果が公表されます。

表4.1 EBAモデルにおける説明変数一覧（経常収支）

| **景気循環要因（cyclical factors）** |
| GDP ギャップ（output gap, Y） |
| 交易条件（terms of trade） |
| **マクロ経済のファンダメンタルズ(macroeconomic fundamentals)** |
| 1人当たり GDP（output per worker） |
| 対外純資産（net foreign assets） |
| GDP 成長率の予想（expected GDP growth） |
| 準備通貨としてのステータス（reserve currency status） |
| **構造要因（structural fundamentals）** |
| 人口（demographics） |
| 経済社会制度の質（institutional quality） |
| 石油の輸出（oil exporter） |
| **政策変数（policy valiables）** |
| 財政収支（fiscal balance） |
| 公的医療支出（public health spending） |
| 民間信用（financial excesses） |
| 為替介入（foreign exchange intervention） |
| 資本移動の制限（capital controls） |

（出所）Cubeddu et al.（2019）.

ΔR 以外のさまざまな要因を示しています。経常収支に与えるこれらの要因
は、表4.1のとおりです。

ここでは植田・服部（2019）に基づき、IMF の推定結果を紹介します[7]。主
要な要因の係数の推定結果は、次のとおりになります（表4.2も参照）。推定
に使用されたパネル・データは、1986〜2016年の年次データであり、推定対
象国は49カ国です。データが取得可能な国が対象とされており、この49カ国
で世界の GDP の90％以上がカバーされています[8]。景気がよいときは消費が
旺盛なため（貯蓄が減り）、景気循環要因（GDP ギャップ）による経常収支へ

----

7) IMF のモデルは定期的にアップデートされるため、最新のモデルおよび推定結果は
　IMF のウェブサイトを参照してください。
8) サウジアラビアやベネズエラといった石油輸出への依存度が大きい国は除外されてい
　ます。

表4.2 EBAモデル（2018）による推定結果（経常収支）

対外純資産 /GDP	0.023 ***
対外純資産 /GDP ×ダミー変数[1]	-0.006
1 人当たり GDP/ 上位 3 カ国の 1 人当たり GDP	0.023
（1 人当たり GDP／上位 3 カ国の 1 人当たり GDP）×資本移動に関する指数	0.041 *
石油と天然ガスの貿易収支×資源の一過性（平均との乖離）	0.310 ***
今後 5 年間の実質 GDP 成長率の予想（平均との乖離）	-0.302 ***
公的医療支出 /GDP（平均との乖離）	-0.399 ***
米国株式市場のボラティリティ×資本移動に関する指数	0.020
米国株式市場のボラティリティ×資本移動に関する指数 ×世界の外貨準備残高に占める自国通貨の割合	0.002
世界の外貨準備残高に占める自国通貨の割合	-0.030 ***
GDP ギャップ（平均との乖離）	-0.356 ***
コモディティの交易条件×貿易の開放性	0.161 ***
民間信用 /GDP（トレンドとの乖離）	-0.104 ***
構造的財政収支 /GDP（平均との乖離）	0.329 ***
（為替介入 /GDP）×資本移動に関する指数（平均との乖離）	0.754 ***
ICRG に基づくリスク値（12項目）	-0.047 **
45 ～ 64歳の人口 /30 ～ 64歳の人口（平均との乖離）	0.138 **
45 ～ 64歳の人口の平均寿命（平均との乖離）	-0.005 ***
（45 ～ 64歳の人口の平均寿命）×（将来の「65歳以上の人口 /30 ～ 64歳の人口」）（平均との乖離）	0.013 ***
人口増加率	-0.692 *
65歳以上の人口 /30 ～ 64歳の人口（平均との乖離）	-0.069
定数項	-0.009 ***
サンプルサイズ	1367
対象国	49
R-squared IV	0.524
R-squared Fit	0.550

（注）表内の（1）は、対外純資産 /GDP が▲ 60%より小さければ 1 をとるダミー変数です。*は 10%、**は 5%、***は 1%で有意であることを示します。
（出所）External Sector Report（IMF, 2018）.

　の影響は負と考えられますが、推定結果も −0.356 となっています。

　日本にとって構造要因として最も重要なのは高齢化ですが、その効果には「静的効果」と「動的効果」があると考えられます。静的効果とは、出生率の低下に伴う人口構成の変化により、各世代の貯蓄行動が不変だとしても、高齢化により一国全体の貯蓄率が変わることです。現役世代の中でも、とくに壮年層は貯蓄をする世代です。その人口比を捉えるため、労働年齢人口（30～64歳）の中での各世代のサイズや貯蓄行動の差異をふまえ、「主に貯蓄する年齢層（45～64 歳）の労働年齢人口に占める割合」を変数として入れています。これは理論的には正であると考えられますが、推定結果も 0.138 となっています。

一方、動的効果とは、寿命が延びることにより、現役世代がより貯蓄をするようになることです。この影響を直接捉えるため、「主に貯蓄する年齢層（45〜64歳）の平均寿命」を変数として追加しています。さらに、将来世代に頼ることができれば、それほど貯蓄をする必要はないのですが、高齢化社会ではそれが難しくなります。その影響も考慮するため、「（主に貯蓄する年齢層（45〜64歳）の平均寿命）×（将来の「労働年齢人口（30〜64歳）に対する高齢者人口（65歳以上）」の割合）」という変数（交差項）を追加しています[9]。推定結果はそれぞれ、−0.005 と 0.013 です。

経常収支は為替介入により変わりえますが、その程度は資本移動の制限にもよります。そうした複合的効果を捉えるため、為替介入と資本規制の度合いの交差項を用いており、その推定結果は 0.754 となっています。なお、EBA モデルでは為替介入は0が望ましいと考えられています（為替制度の詳細は次章を参照）。

財政政策では、構造的な財政収支の影響を考慮するため、景気循環要因を調整した値が用いられています。その係数の推定結果は 0.329 です。すなわち、構造的な財政収支が1%改善した場合、経常収支はおおよそ 0.33%黒字方向へ動くということになります。なお前節で述べたとおり、ありうべき水準はIMF と各国の協議を通じて決定されています。

5 IMF によるグローバル・インバランスの評価の推移

IMF は、EBA モデルに基づきつつも、各国特有の状況に鑑み、一定の定性的・定量的な調整がなされたうえで、各国の経常収支がどの程度ありうべき水準から乖離しているかについて、「小さい」「中長期的なファンダメンタルズおよび望ましい政策におおむね沿っている」「大きい」という評価をしています。図 4.1 は、2012 年以降のグローバル・インバランスに対する各国の評価を示

----

9) 回帰分析における交差項とは、そもそもの変数の影響がもう1つの変数の状況によって異なることが考えられる場合に用いられる変数です。ここでは、寿命の貯蓄に与える影響が高齢世代の比率によって変わると考えられています。なお、ここでの労働年齢人口は、一般的に使われる用語ではありません。

図4.1 ESRにおける評価の推移

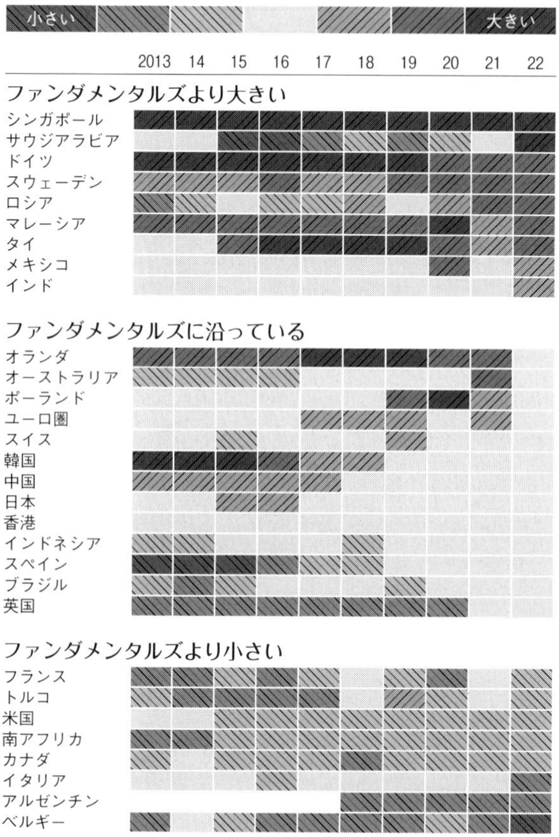

（出所）External Sector Report（IMF, 2023a）.

しています。

　日本については、過去には、2015年および2016年において「若干大きい」という評価がされましたが、2017年以降については「中長期的なファンダメンタルズおよび望ましい政策におおむね沿っている」という評価がなされています[10]。

10） IMFによるグローバル・インバランスの評価の詳細は、植田・服部（2018, 2019）を参照。

他国に関しては、ユーロ圏以外では、シンガポール、タイ、インドなどアジアの国が、経常収支が望ましい水準より大きいとされてきました。一方、ここ数年で望ましい水準より小さいとされてきた主な国は、アルゼンチン、トルコ、南アフリカ、ロシアなど、アジア以外の典型的な新興市場国であり、かつこれまで何度か経済危機に陥ってきた国です。それに加え、米国と英国という国際金融市場の中心国が入っており、これについては盛んに議論が交わされています。とりわけ米国の経常収支赤字は、巨大な財政赤字とともに**双子の赤字**（twin deficits）と呼ばれ、政府も経済も全世界から巨額の借入を行ってきました。米国の一部の実務家や研究者は、黒字国による貸し過ぎが問題であり、それがグローバル・インバランスの原因だとみなしてきました。

ユーロ圏については、それ自体を一国とみれば、日本のようにほぼ「中長期的なファンダメンタルズおよび望ましい政策におおむね沿っている」という評価がなされてきました。しかしながら、ユーロ圏構成国をみると、ドイツなどは、経常収支が望ましい水準より大きいとされてきた一方で、ベルギーなどは望ましい水準より小さいとされてきました。ユーロ圏は圏内各国にとってはかなりめずらしい強固な固定相場制とも考えられ、為替が動くことによる経常収支の調整がなされないという問題点が出ているともいえます。なお、為替および最適通貨圏の議論は次章以降で詳しく説明します。

以上でみてきた IMF による対外部門の安定性の評価は、日本についての評価だけでなく、他国の制度や政策の監視にも役立ちます。たとえば、保護主義の進展により世界全体の経済にマイナスの影響をもたらす場合、ESR の結果を積極的に用いることで、感情的な議論を排除しながら保護主義に対抗することも可能になります。

6 グローバル・インバランスに関する長期的な視点

日本は 1980 年以降、長期的に経常収支黒字を計上し、対外資産を増やしてきました。2024 年現在でも世界 1 位の対外資産を持っており、批判されることも少なくありません。もっとも、世界的な長期のグローバル・インバランスの推移に着目してみると、異なる見方ができます。図 4.2 (a) は、1970 年以降

図4.2 長期でみたグローバル・インバランス

(a) 先進諸国の対外資産の推移

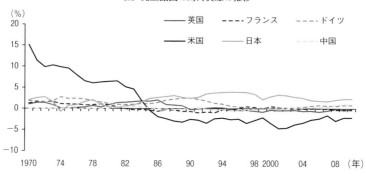

(b) 先進諸国の金保有の推移

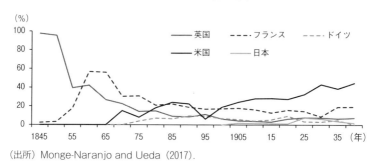

(出所) Monge-Naranjo and Ueda（2017）．

における先進諸国の対外資産の推移を示しています。この図をみると、日本の経常収支黒字が他国を追い抜いたタイミングは1980年代の半ば以降であり、それまで経常収支黒字を長期にわたり享受していたのは米国であることがわかります。これは第二次世界大戦の結果ではないかと思われる方もいるかもしれませんが、この傾向は戦前から続いています。もっとも、戦前はほぼ金本位制だったので、図4.2(b) で示した金の保有に着目してみると、米国も対外資産が常に1位であったわけではないことがわかります。とくに、データのある19世紀中頃には英国が圧倒的に多くの対外資産を持っており、その後、フランスやドイツなどが対外資産を蓄積していたことが見て取れます。米国はその後、20世紀初頭には世界一の金保有国となりました。

　Monge-Naranjo and Ueda（2017）は、これらの現状をふまえて、高度成長軌

道に乗った国が対外資産を積み上げる傾向があることを示す理論モデルを提示しています。この分析に基づけば、日本が現在までに対外資産を積み上げてきた背景には、かつての日本経済の高度成長が要因としてあり、決して経常収支の偏在や為替レートの行き過ぎのせいであるとはいえないでしょう。また、英国や米国が高い対外資産を有していたものの、それが次第に減少していったことを考えると、かつての英国や米国と同じく日本が有する対外資産も、今後経済成長を担う国にとって代わられる可能性が高いことも示唆されます。

Column ④　IMF による為替の評価

　本章では IMF による経常収支の評価の方法を概観しましたが、IMF は経常収支の評価だけでなく、為替の評価も行っています。もっとも、本章で説明した EBA モデルでは為替を説明するモデルを有しておらず、経常収支の為替レートに対する弾力性を用いた簡易的な推計を行っています。具体的には、為替レートの「ありうべき水準」からのギャップ（$REER^{gap}$）について、経常収支のギャップ（CA^{gap}）と弾力性（η）を用い、$REER^{gap} = CA^{gap}/\eta$ という形で簡易的に計算を行っています。IMF は従来、貿易収支と為替の弾力性を推定していましたが、2022 年のモデル改訂で所得収支も考慮して弾力性を推定しています。

　IMF による経常収支の為替レートに対する弾力性の推定の詳細を知りたい読者は、服部・浅尾・冨田（2021）および Hattori, Tomita, and Asao（2023）を参照してください。

第 **II** 部

為替制度と為替レート

第5章　為替制度と為替市場

第6章　財市場と為替レート

第7章　金融市場と為替レート

第8章　日本の為替介入

第5章 為替制度と為替市場

 イントロダクション

　本書では、ここまで国際金融論の基礎となる国際マクロ経済学の中でも、とくに国際景気循環論と国際マクロ開発経済学について解説してきました。本章から始まる第Ⅱ部では、国際金融論の「金融論」に関する部分、とりわけ資産価格理論に対応する部分に焦点を当てて説明します。その中でも重要なのが、「為替相場」です。ただし、為替相場について議論をするためには、為替制度に関する理解が欠かせません。そこで本章では、まず為替制度の概要を説明したうえで、為替市場の概要をデータを交えてみていくことにします。

1 国家の為替制度の概要

1.1 為替制度の変遷

　為替レートについては膨大な研究がありますが、実は日本の為替レートについて政策的にいえることはあまりありません。というのも、日本のように自由な為替市場を有し、かつ、為替介入が稀にしか行われてこなかった国に対しては、政府が為替の水準について言及できることはほとんどないからです。自由な為替市場の為替レートについて経済学者が尋ねられても、「マーケットに聞いてください」と答えるしかありません。毎日数百兆円の売買がなされる為替相場について、その水準が適正であるかどうかについて言及することは極めて

難しいのです。

前章で IMF の EBA モデルを紹介しました。IMF のモデルでは経常収支に加え、実質為替レートについてもモデル化されています。もっとも、IMF の公表する「対外部門の安定性に関する報告書（ESR）」では、為替レートは経常収支の偏在に比べて付随的な問題として扱われており、あまり強調されていません。IMF にとっても自由な市場で決定された為替レートに対しては否定的なコメントをすることは難しいといえます。

世界的には、国の為替制度は大きく分けて 2 つあります。1 つは**変動相場制**（floating exchange rate system）であり、もう 1 つは**固定相場制**（fixed exchange rate system）です。変動相場制は、ある程度、政府が為替の動きを決めているような**管理変動相場制**（managed floating system）と、自由に動くことができる**自由変動相場制**（free floating system）に分けられます。一方、固定相場制も、1 つの国が他国の通貨あるいは複数の国の通貨バスケット（ポートフォリオ）にペッグ（固定）するいわゆる固定相場制と、複数の国で 1 つの通貨を用いる**通貨圏**に大きく区別されます。

歴史的には、第二次世界大戦前の世界大恐慌の際（1930 年代初頭）、それまで金（ゴールド）に対して固定相場制をとっていた金本位制から主要国が離れ、そのまま戦争に突入した後、1944 年のブレトン・ウッズ会議において金と固定の比率で自由に交換ができるドルに対して各国が固定相場を持つブレトン・ウッズ体制の主軸ができました。しかしながら、第 1 章のココナッツの例を用いた解説からもわかるように、金本位制は理論的にもうまくいくものではなく、実際この体制は米国が金とドルとの交換を停止したことをきっかけとして 1971 年に崩れました（ニクソン・ショック）[1]。

日本では、（オリジナルな）ブレトン・ウッズ体制のもとで 1 ドル 360 円に固定されていました。その後一時、主要国間で固定相場制を異なるレートで模索する期間（スミソニアン体制）があり、そのときは 1 ドル 308 円でした。しかし、日本を含む主要国は、1973 年以降、変動相場制に移っていきました。その後、日本を含む主要国が協調して実施した為替介入もありました。有名な

---

1) 往々にして、ニクソン・ショックまでを「（オリジナルな）ブレトン・ウッズ体制」、その後（現在まで）を「ブレトン・ウッズ II 体制」と呼ばれます。

76 | 第Ⅱ部 為替制度と為替レート

表5.1 各為替制度の構成率（%）

為替相場制度	2010年	2015年	2020年	2022年
（1）ハード・ペッグ（Hard peg）	13.2	12.6	12.5	13.4
独自の法定通貨を放棄した為替制度（No separate legal tender）	6.3	6.8	6.8	7.2
カレンシー・ボード（Currency board）	6.9	5.8	5.7	6.2
（2）ソフト・ペッグ（Soft peg）	39.7	47.1	46.9	46.9
通常のペッグ（Conventional peg）	23.3	23.0	21.4	20.6
緩やかな固定相場制（Stabilized arrangement）	12.7	11.5	12.0	11.9
クローリング・ペッグ（Crawling peg）	1.6	1.6	1.6	1.5
緩やかなクローリング・ペッグ（Crawl-like arrangement）	1.1	10.5	12.0	12.4
バンド付きペッグ（Pegged exchanged rate within horizontal bands）	1.1	0.5	0.5	0.5
（3）自由為替制度（Floating）	36.0	35.1	32.8	34.0
自由為替制度（Floating）	20.1	19.4	16.7	18.0
完全自由為替制度（Free floating）	15.9	15.7	16.1	16.0
（4）その他（Residual）	11.1	5.2	7.8	5.7
その他の管理相場制（Other managed arrangements）	11.1	5.2	7.8	5.7

（出所）IMF, Annual Report on Exchange Arrangements and Exchange Restrictions 2018 より抜粋。

例としては、1985年のプラザ合意が挙げられます（第8章の Column ⑧参照）。もっとも、1990年以降大規模な介入が円相場で行われた時期は2003年頃だけであり、2011年にも一時的に実施され、2023年と2024年に久しぶりに実施されました。

実際の為替制度の分類は、IMF の分類が広く用いられており、「為替取極・為替制限年次報告書（Annual Report on Exchange Arrangements and Exchange Restrictions：AREAER)」にまとめられています（IMF の制度や現在の役割については、第13章の Column ⑫を参照）。IMF における分類において、日本は現在、自由変動相場制に整理されています。実は、日本のように自由変動相場制をとっている国は意外と多くありません。表5.1は各国における為替市場に対する体制をみたものですが、自由変動相場制をとっている国が意外に少ないことが確認できると思います。日本以外に、自由変動相場制をとっている国には、米国・英国・カナダなどが挙げられます。

1.2 ハード・ペッグ

表5.1の(1)における「独自の法定通貨を放棄した為替制度」とは、ドルなどを国の通貨として正式に採用するような制度です。たとえば、近年では2002年にインドネシアから独立した東ティモールが、自国の通貨を発行する

ほどの人口も経済力もなかったためにドルを法定通貨として採用した経緯があります。なお、国が正式には認めていなくても、国民の多くが主要な国内の取引や、国内銀行口座でドルを使うといった形で、実質的に**ドル化**（dollarization）している国もあります。ただし、この場合は「独自の法定通貨を放棄した為替制度」とはいいません。たとえば、カンボジアはリエルという独自通貨を持っていますが、現状では銀行預金の8割以上がドル建てです[2]。

表5.1の(1)における「カレンシー・ボード」とは、かつての金本位制のように、たとえばドルを国が保有し、それに裏打ちされた量だけを通貨として発行するものです。国ではありませんが、以前話題になったフェイスブックが発行しようとした暗号資産（デジタル通貨）であるリブラでも同様の仕組みが考えられていました。またカレンシー・ボードは、ハイパー・インフレを克服しようとしたアルゼンチンが1990年代に採用したことでも知られていますが、制度に抜け穴があり、結局は同国の通貨が暴落したことでも有名です。一方、長い間カレンシー・ボードがよく機能している香港のような例もあります。

1.3 ソフト・ペッグ

ソフト・ペッグにおいては、固定している通貨との間にそれほど厳格な仕組みがとられていません。しかしながら、それでも表5.1の(2)における「通常のペッグ」では、国は為替レートの固定を宣言しています。一方で、そもそもある程度為替レートを動かすことを考慮した制度もあります。その動きが少ない方から順に、「緩やかな固定相場制」「クローリング・ペッグ」「緩やかなクローリング・ペッグ」「バンド付きペッグ」という区分がなされます。

なお、国によっては、どのように運用しているかを非公開にしている場合も多々あります。たとえば、中国は主要国の通貨バスケットに対して、「緩やかなクローリング・ペッグ」と区分されていますが、実際どのように運用しているかはなかなかうかがい知れません[3]。

---

[2] 一般には、ドル以外の外国の通貨が使われていても、「dollarization」と呼ばれることがあります。

1.4　自由為替制度

表5.1の(3)自由為替制度は、基本的には為替の決定を市場に任せている制度です。そうはいっても、当局が介入することがあるのですが、それがめったに行われない国（日本を含む）は「完全自由為替制度」としてさらに区別しています。経済学では、前述の管理変動相場制と自由変動相場制に、それぞれ対応します。

一国の固定相場の特殊形態として、**共通通貨圏**（common currency area）があります。たとえばユーロ圏のように、それに属する国で共通の通貨を使うという取り決めです。しかしながら、それは同時に通貨制度であって、その通貨自体（ユーロ）は介入なしに他の通貨と自由に取引されているので、その側面をみれば完全自由為替制度となっています。ただし、経済危機を扱う第III部で議論しますが、一国のマクロ経済からみれば共通通貨を使用することによって各国独自の金融政策を放棄せざるをえないなど、政策上の足かせになっていることがあります。なお、このような共通通貨圏に関する研究は、1961年にマンデルが発表した論文から分析が始まりました（Mundell, 1961）。この点についても、詳細は第III部で説明します。

1.5　為替制度の法制度的側面と現実的側面

法制度的には固定相場制をとっていたとしても、現実には相場の変動が小さいとは限りません。ラインハートとロゴフが2004年に発表した論文によれば、変動相場制の場合、為替レートは市場で決まっているものの、相対的に小さい値幅で動いています（Reinhart and Rogoff, 2004）。その一方、固定相場制の国のほうが、むしろボラティリティ（変動）がある場合もあります。なぜなら固定相場制をとっていたとしても、市場からのアタック（売り込み）を受け、為替を切り下げ（devaluation）ざるをえず、結果的にボラティリティが大きくなってしまうことが多々あるからです。したがって、ロゴフとラインハートは

---

3) 政府・中央銀行が為替相場に介入する場合は、外貨準備が増減します。その増減の理由が開示されていれば、為替相場制度がはっきりとわかります。日本の外貨準備については、IMFの統一基準に沿った形で財務省が公表しています。中国の外貨準備については、中国外貨準備局（State Administration of Foreign Exchange：SAFE）より一定程度開示がなされています。

「そもそも変動相場制、固定相場制という法制度に基づいた分類はあまり意味がないのではないか」と指摘しています（なお、通貨危機に関しては第III部の第10章で説明します）。

2 為替市場の概要

図5.1は、国際決済銀行（Bank for International Settlements：BIS）が3年に一度実施する「外国為替およびデリバティブに関する中央銀行サーベイ（Triennial Central Bank Survey of Foreign Exchange and Over-the-counter〔OTC〕Derivatives Markets）」の結果を示しています。図5.1は世界における為替市場の1日の取引高を示していますが、1990年以降、為替市場における取引高は基本的には拡大傾向にあり、2022年には7兆5000億ドル程度に達しています。図5.1にはそのうち円の取引高の割合も示していますが、1990年以降低下傾向であることもわかります。

為替取引には、たとえば手持ちの円をドルに交換するなどの**スポット取引**があります。それに加え、為替スワップなど、いわゆる**金融派生商品（デリバティブ）**の取引もあります。一般的に金融資本市場は、取引がされる場によって、**取引所取引**と**相対取引**（店頭取引〔Over The Counter：OTC〕）に分けられます。取引所取引では、日本証券取引所などの取引所で集中して取引を行います。相対取引は金融機関（とくに為替市場では銀行）を中心にそれぞれ個々に取引をします。為替取引は、ほぼ相対取引で行われています。為替取引を行いたい顧客は金融機関に注文を出す一方、金融機関は顧客に常時為替の水準（買値と売値）を提示して取引を成立させるという**マーケット・メイク**を行います[4]。

実は、為替スワップなどのデリバティブ市場の市場規模はスポット市場を凌駕しています。図5.2は、前述のBISのサーベイの結果を示していますが、

---

4) 日本では、為替市場は主に金融機関同士で行う**インターバンク市場**と、金融機関と対顧客の間での**対顧客市場**で構成されます。取引所取引の場合、9時から15時など取引時間が決まっていますが、店頭取引の場合、24時間売買がなされます。証券会社における店頭市場に関心のある読者は、服部（2023）の第3章を参照。

図5.1 世界の為替市場の取引高（1日）の推移

（出所）BIS "Triennial Central Bank Survey of Foreign Exchange and Over-the-Counter (OTC) Derivatives Markets in 2022".

図5.2 金融商品別でみた為替市場の取引額（1日）

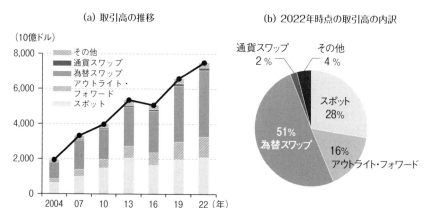

（出所）BIS "Triennial Central Bank Survey of Foreign Exchange and Over-the-Counter (OTC) Derivatives Markets in 2022".

為替スワップの取引高は全体の51％である一方、スポットの取引高は28％にとどまります。そのため、為替市場を考えるうえで、デリバティブ市場の存在も看過できません。デリバティブ市場については、第7章で詳しく説明します。

第6章 財市場と為替レート

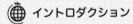 **イントロダクション**

　為替レートを決める理論と実証研究には、大きく分けて3つのアプローチがあります。1つ目は、マクロ経済全体の貯蓄と投資のバランス（IS バランス）から、為替レートは経常収支と同時に決定されるとみなす考え方であり、これは第4章で説明したアプローチです。2つ目は、財市場をベースとして国内外の物価を軸に考えるアプローチであり、これを本章で解説します。3つ目は、金融市場の1つである為替市場における裁定から為替レートを説明するアプローチであり、これは次章で説明します。

1 財市場をベースとした為替レートの考え方

1.1 購買力平価

　前章第1節の冒頭で、自由な為替市場で決まる為替レートについて尋ねられても、経済学者は「マーケットに聞いてください」と答えざるをえませんと述べました。しかしそれでも、長期的な為替レートは**購買力平価**（Purchasing Power Parity：PPP）で決まる傾向にあるということについては、経済学者の間で緩やかなコンセンサスがあります。これまでの実証研究を俯瞰すると、為替レートは短期的には PPP の水準から乖離しますが、その乖離は減衰することがわかっており、長期的には PPP で為替レートが決まるといえるでしょ

う[1]。

PPP の考え方は、たとえば日本と米国において似た財がある場合には「もしその間に十分な裁定があれば、日本と米国の価格が一致するように為替レートが決まるだろう」というものです。PPP を測るものとして、英国の『エコノミスト』誌が公表している「ビッグマック指数」がしばしば挙げられます。日本と米国で売られているビッグマックはほぼ同じ財と考えられますが、もし両者の価格が違う場合、その間で（そのもとである牛肉や小麦などについて）裁定がなされれば（つまり、割高な財は売られる一方、割安な財が買われれば）、その価格が同一になるように調整されるはずです。

このように「同じ財は同じ価格になる」ということを、**一物一価の法則**（law of one price）といいます。経済学の世界では、PPP 以外にも金融資産の価格理論などのさまざまな分野で、この考え方が用いられています。一物一価の法則が成立するためには、同じ財に違う価格が付いた場合、その価格を修正するような人々の行動（裁定行動）が必要になります。

ここで、少しフォーマルに PPP を定義しておきましょう。まず、マーケットで観察される、我々にとってなじみがある名目為替レートを e とします。日本と米国に同じ財を多く入れたかご（バスケット）があるとして、日本の財のバスケットの価格を P とし、米国のバスケットの価格を P^* とします。一物一価の法則が成立するときの為替レートを s（円／ドル・レート）とすれば、PPP の意味は「日本の物価（P）は、為替レート（s）を掛けて円換算した米国の物価（P^*）に等しい」ということです。これを数式で表現すると、以下のようになります。

$$P = sP^*$$

つまり、上記の式の s が PPP です[2]。そのデータは、たとえば OECD など

---

1) Rogoff（1996）を参照。この論文では、実際の為替レートが PPP から乖離しても、いずれ PPP に収束することを示しました。しかし、それには長い時間（半減期は 3～5 年程度）がかかることを指摘し、これを「PPP パズル」と呼びました。なお、同論文では 1.2 項で説明する実質為替レートの変動が大きいことも示しています。

2) OECD では「購買力平価（PPP）とは、各国の物価水準の差をなくし、異なる通貨の購買力を等しくさせうる通貨換算レートのこと」（筆者訳）と説明しています。

図6.1 円/ドル・レートと購買力平価（PPP）

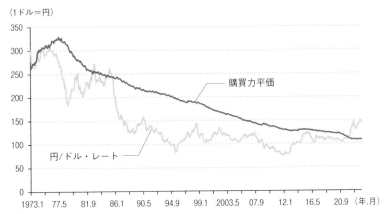

（注）購買力平価の算出には、1973年基準の消費者物価指数を使用しています。
（出所）公益財団法人国際通貨研究所。

のウェブページから取得できます[3]）。

　実際に PPP を計算する場合、国と国の間で消費する財が異なるので、完全に同一の財のバスケットを比較することは不可能です。そのため、それぞれの国の典型的な財のバスケットの物価を考えることが多く、P と P^* を計算するうえで、消費者物価指数（Consumer Price Index：CPI）が用いられることが一般的です。消費者物価指数は、典型的な家計の財のバスケットを家計調査で把握したうえで、その価格を集計することで作成されます。消費者物価指数以外の物価指数、たとえば米国の生産者物価指数（Producer Price Index：PPI）、日本では企業物価指数（Corporate Goods Price Index：CGPI）などが、PPP を計算する際に用いられることもあります。

　図 6.1 が、円/ドル・レートと消費者物価指数で計算された PPP の推移です。これをみると、長期的なトレンドは類似していますが、短期的な動きは異なることがわかります。

　名目為替レート（e）は市場で実際に取引される為替レートですが、これが

---

[3] OECD Data "Purchasing power parities (PPP)" (https://data.oecd.org/conversion/purchasing-power-parities-ppp.htm).

PPP（購買力平価）と同一であるという仮説を、**購買力平価（PPP）仮説**といいます。つまり、$e = s$ が成立するという仮説です。

ただし、PPP 仮説を検証するためには、このままだと少し都合がよくありません。というのも、PPP を計算する際に、国ごとに物価指数の計算で用いられる財のバスケットが異なっていたり、基準年が異なっていたりするため、一定の調整が必要になるからです。そこで、実証分析では多くの場合、物価の変化に注目した**相対的購買力平価**（relative PPP）**仮説**を検証します。以下が、相対的購買力平価の定義式です。

$$\frac{P_t}{P_{t-1}} = \frac{s_t}{s_{t-1}} \frac{P_t^*}{P_{t-1}^*}$$

ここで、t は時点を示す添え字です。なおこれに対し、

$$e_t = s_t \equiv \frac{P_t}{P_t^*}$$

は、**絶対的購買力平価**（absolute PPP）**仮説**とも呼ばれています。

1.2　実質為替レートと購買力平価の関係

実質為替レート（q）とは、名目為替レート（e）に対して物価差の調整を行ったものです（e と同様、q が小さくなることが為替の増価を意味します）。

$$q = \frac{eP^*}{P}$$

この実質為替レート（q）は、PPP の文脈でも解釈することができます。前述のとおり、PPP が成立する場合、$P = sP^*$ が成立するので、q を以下のように定義できます。

$$q = \frac{e}{P/P^*} = \frac{e}{s}$$

名目為替レートが PPP と等しい（$e = s$）場合には、実質為替レート（q）は 1 となります。仮に、物価は変わらず、名目為替レート（e）だけが 1 ドル

＝ 100 円から 1 ドル＝ 90 円へと円高方向に動いた場合、q は低下し、実質為替レートは増価します。一方で、名目為替レート（e）が動かずに、自国の物価水準（P）だけが上昇した場合、やはり q が低下し、実質為替レートは増価したと解釈されます。なお、多くの人が目にする実質為替レートは、日銀が公表する実質実効為替レートと呼ばれるものです（詳細は次節で説明します）。

　現実には、為替レートが刻々と変化するのに対して、通常の財の価格はそんなにすぐには動きません。このことを、経済学で**価格硬直性**（price rigidity）といいます。価格硬直性があるため、$q＝1$ は常には成立しません。なお、外国の物価（P^*）を一定として、為替レート（e）が動いたときにどの程度国内の物価（P）が動くかは、**為替レートのパススルー**（exchange rate pass-through）と呼ばれており、それについては一連の実証研究があります。日本では、これまで 1980〜1990 年にパススルー率が低下したことを示す実証研究が多かったのですが、近年になってパススルー率が上昇しているという指摘がなされています[4]。

　もし長期的に PPP 仮説が成立しているのであれば、実質為替レート（q）が長期的にみて安定する動き（平均回帰的な動き）をすることが予想されます。平均回帰的な動きをする時系列の変数を、計量経済学の用語で**定常過程**（stationary process）といいます。PPP の検証方法の 1 つは、q が定常過程に従うかどうかを検証することで行われます。具体的には、以下のように t 期の q を 1 期前（$t-1$ 期）の q に回帰し、その係数（β）を推定します。なお、このような回帰分析は、とくに**自己回帰分析**（autoregressive analysis）といいます。

$$q_t = \alpha + \beta q_{t-1} + u_t$$

　ここで、α は定数項、β はパラメーター、u_t は誤差項です。q が定常過程に従う場合には、β の絶対値が 1 未満（$|\beta| < 1$）となります。そこで、実質為替レートのデータを用い、上記のモデルを推定することで、推定した $|\beta|$ が 1 未満になるかどうかを検証することで、PPP 仮説が成立しているかどうかを検証します。

　初期の研究では実質為替レート（q）が定常過程に従うことに否定的な研究

4）塩路（2016）などを参照。

もありましたが、データや計量経済学の手法の改善などを背景に、q が定常過程に従うという研究成果も増えています[5]。日本のデータを用いた代表的な研究として、Ito（1997）があります。また、PPP 仮説に関しては、主に長期間にわたるマクロ・データを使った検証が行われてきましたが[6]、パネル・データやミクロ・レベルのデータを使った検証も行われています。たとえば、Abuaf and Jorion（1990）は、1973〜1987 年のパネル・データを使うことでPPP を支持する結果を得ています。

　為替の動きが、PPP が示唆する水準から短中期的に乖離する理由として、貿易障壁やサービス財の存在などが指摘できます。前述のとおり、PPP 仮説が成立するには国内外で活発な裁定活動が必要ですが、その裁定活動に障害があったり、サービスのように輸出入が困難であることもあります（サービスについては次節で扱います）。さらに、Engel and Rogers（1996）はミクロ・レベルのデータでカナダと米国の物価を比較しており、国境をまたぐ場合には一物一価が成立しない可能性を指摘しています。近年では、スーパーマーケットの商品価格など、ビッグデータを用いた検証も行われています[7]。

2 実質為替レートの長期的な動き

　円の実質為替レートは、戦後から 1990 年代半ば頃まで長期的に上昇トレンドにありました。実はこのことには、日本の経済成長が大きく関わっています。

　日本のデータを用いた研究については、前節の最後に紹介した Ito（1997）と、それを発展させた中野・藪（2012）があります。図 6.2 は中野・藪（2012）から引用したもので、1 円当たりのドルの価値（$1/q$）の推移を示して

---

5) PPP 仮説の学術研究の詳細については伊藤（2005）や藪（2007）などのレビューを参照。

6) たとえば、Ito（1997）では 1879 年から 1995 年までのデータを用いて検証しています。

7) たとえば、Cavallo and Rigobon（2016）や Cavallo et al.（2018）などがあります。近年の動向は Burstein and Gopinath（2014）を参照。

図6.2 ドル/円（1円当たりのドル、$1/q$）の実質為替レートの推移

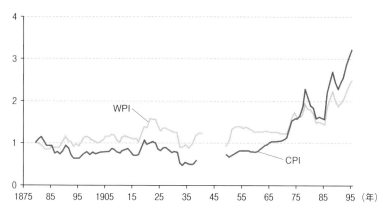

（注）実質為替レートの対数値。卸売物価指数（WPI）ベースの実質為替レートのサンプル期間は、1879〜1938年および1949〜1995年。消費者物価指数（CPI）ベースの実質為替レートのサンプル期間は1879〜1939年および1949〜1995年。
（出所）中野・藪（2012）より抜粋。

います（我々が普段目にする1ドル100円などとは異なり、1ドル当たりの円の価値と逆になることに注意してください。$1/q$の上昇は、実質レートの増価を意味します）。図6.2における$1/q$の動きを見ると、戦前は世界的に金本位制が採用されていたこともあり、非常に安定的に推移しています。

戦後については、$1/q$が上昇傾向にありますが、これは日本の生産性上昇と密接な関係を有しています。歴史的には、ある国が先進国になるということは、往々にして工業化によって資本の蓄積と生産性が高まったということでもあります。そのため、先進国における製造業（貿易財産業）の賃金は高くなります。国内においては労働市場で裁定が働くため、労働集約的で、生産性があまり上がらないと考えられるサービス産業（典型的な非貿易財）の賃金、そしてそのサービスの価格も同時に高くなります。そのため、先進国と発展途上国を比べると、貿易財の価格は同じでも、たとえば理容室のように、同じサービスの料金が異なるわけです。この現象を、**バラッサ＝サミュエルソン効果**（Ballasa-Samuelson effect）といいます[8]。前節で述べたとおり、PPPが成立す

---

8) Balassa（1964）およびSamuelson（1964）。より詳しい教科書としてはObstfeld and Rogoff（1996）などを参照。

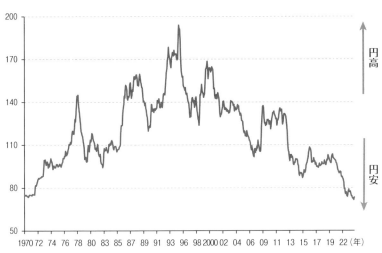

図6.3 円の実質実効為替レート(REER)の推移

(注) 100となる基準年は2020年、貿易額に基づくウェイトは直近3年程度の平均です。ただし、これは定期的に変更されています。
(出所) 日本銀行。

る大前提として一物一価の法則が成り立っている必要があります。しかし、理容室などのサービスは非貿易財であり、国際的な価格の裁定のメカニズムが働きません。日本の高度成長期のように製造業などで生産性が上昇する局面では、バラッサ=サミュエルソン効果のもとで、非貿易財の価格がすでに高かった米国にキャッチアップすることとなり、実質為替レートの増価トレンド（qは減少）を生むことになりました。

なお、これまで日本と米国の関係を考えて実質為替レートの話をしてきましたが、為替レートはいうまでもなく円/ドル・レート以外にも存在します。そのため、円高・円安を総合的に評価するために2通貨以外の為替レートも考慮する必要があります。円/ドル以外のレートも含めて総合的に評価するために、たとえば円とその他の通貨について一定のウェイトをとって1つの為替レートの系列をつくることが考えられますが、このような概念を**実効為替レート**(Effective Exchange Rate：EER)といいます。通常は、主要な貿易相手国との為替レートについて加重平均をとることで実効為替レートを作成します[9]。さらに、物価上昇率の差を補正することで実質化して、**実質実効為替レート**

（Real Effective Exchange Rate：REER）を作成します。なお、名目・実質実効為替レートは日銀から発表されています[10]。

　図6.3は、日銀が発表する円の実質実効為替レート（$1/q$）の推移です。この指数は、増加（減少）した場合、通貨高（通貨安）になるようにつくられています。前述のとおり、1990年代半ば頃までは上昇していますが、その後は下落傾向にあります。このことは、バラッサ＝サミュエルソン効果の議論に鑑みれば、日本の生産性が1990年代以降は相対的に落ちてきたことを示唆します[11]。

3 為替レートと貿易収支の関係

　為替レートと財市場の関係がとくによく現れるのが、貿易収支です。実際、実質為替レートと貿易収支の関係は古くから検証されてきました。たとえば、円安が進めば海外からみて日本の製品が安くなり、海外の製品が高くなるため、輸出・輸入に影響を与えることが予想されます。

　実質為替レートの減価が貿易収支を増加させるか否かは、輸出入が為替の変動に対してどの程度感応的かに依存します。このような価格感応度を、経済学では**価格弾力性**（price elasticity）といい、輸出入の価格弾力性を重視した分析方法を**弾力性アプローチ**（elasticity approach）といいます[12]。加えて、実質為替レートの減価が貿易収支を増加させる条件を、**マーシャル＝ラーナーの条件**（Marshall-Lerner condition）といいます。マーシャル＝ラーナーの条件とは、

---

9) なお、このウェイトは必ずしも貿易量を用いなければならないわけではありません。最近では金融資産を用いてウェイト化するような方法も提案されています。現在の国際金融市場のように、貿易量以上に国際間の資金の動きが大きい場合には、金融市場のデータを用いてウェイトをとったほうが適切に実効化できるのではないか、と考えることもできます（Gelman et al. 2015）。

10) 詳細は日本銀行のウェブサイト（https://www.boj.or.jp/statistics/outline/exp/exrate02.htm/）などを参照。

11) Berka and Steenkamp（2023）は、OECD諸国において、実質実効為替レートの推移はバラッサ＝サミュエルソン効果でよく説明できることを示しています。

12) 輸出の為替弾力性は、為替が1%変化したときに、輸出が何%変化するかを表すものです。

実質為替レートに対する輸出の為替弾力性と輸入の為替弾力性の合計が1を超えることです。詳細は、Column ⑤で説明しています。

なお、急に円安が起きたとき、中長期的には、国際競争力が上がり輸出が増加すると考えられますが、短期的には、契約や運輸上の都合から輸出量はすぐには増えないでしょう。一方で、輸入量もすぐには減らないかもしれませんが、輸入財の価格は円建てですぐに上昇するので、当初は貿易赤字が拡大します。しかし、徐々に輸出入の数量面での調整がなされ（輸出が増加、輸入が減少）、最終的には貿易収支が黒字になることが予想されます。このように、急な円安によって、短期的には貿易赤字が生まれるものの、その後徐々に貿易黒字に転じる動きは、その形が"J"に似ていることから、**Jカーブ効果**（J curve effect）と呼ばれています。

近年の日本の特徴として、貿易収支と為替の相関が低下していることが挙げられます。日本企業はプラザ合意以降、長期にわたる円高傾向に伴い、生産拠点を海外に移転させてきました。これは、金融市場を使わずにリスクを軽減しており、ナチュラル・ヘッジ（natural hedge）と呼ばれます。そのため、円安が進んだからといっても輸出が増えるとは限らない構造が生まれています[13]。Jカーブ効果についても、従来よりも効果が小さくなってきているという研究もあります[14]。

なお、為替の変化以外に重要なものとして、**交易条件**（terms of trade）があります。交易条件とは、自国と外国の取引における価格比のことであり、輸入財と輸出財の価格比（輸入物価指数と輸出物価指数の比）として、以下のように定義されます。

$$交易条件 = \frac{輸出財の価格}{輸入財の価格} \left(= \frac{輸出物価指数}{輸入物価指数} \right)$$

この式をみると、交易条件が改善する（値が大きくなる）ことにより、輸出入量が同じでも、輸出総額は輸入総額に比べて増加することがわかります。な

----

[13] 日本の生産拠点の変化などは清水他（2024）を参照。

[14] 日本における先駆的な研究としては植田（1983）を参照。また、最近の研究については清水・佐藤（2014）などを参照。貿易収支と為替レートの弾力性に関するサーベイについては服部・浅尾・冨田（2021）の補論を参照。

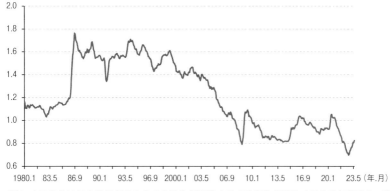

図6.4 交易条件の推移

（注）交易条件は日本銀行が公表する企業物価指数より「輸出物価指数／輸入物価指数」で算出しています。
（出所）日本銀行。

お、定義からわかるように、交易条件は為替レートからも影響を受けますが、とくにドル建ての国際価格の変化に注目する用語です。為替レートが不変でも世界市場で石油価格が上昇する場合などでは交易条件が悪化します。

図6.4は日本の交易条件の推移を示しています。交易条件は1985年のプラザ合意後に急上昇していますが、日本で金融危機が起こり、アジア金融危機も発生した1998年頃からは悪化傾向にあります。もっとも、2010年代はほぼ横ばいとみることができます。これらの背景には、日本経済の生産性の低迷や石油価格など外国製品価格の上昇などが考えられます。前述のように、交易条件は為替レートに影響を受け、また内外の物価は実質実効為替レートの計算にも使われるため、両者の推移はある程度似た動きとなります（図6.3で示した円の実質実効為替レートの推移も参照）。

Column ⑤　マーシャル＝ラーナーの条件の導出

マーシャル＝ラーナーの条件の導出過程を確認するため、ここでは貿易収支が実質為替レートに対してどのような影響を与えるかを考えます。貿易収支（TB）が輸出（X）と輸入（M）の差額（$TB = X - qM$）で定義されるとします。これを実質為替レート q で微分すると、以下が得られます。

$$\frac{\partial TB}{\partial q} = \frac{\partial X}{\partial q} - M - q\left(\frac{\partial M}{\partial q}\right)$$

X/q に注目すると、上の式はさらに以下のように変形できます。

$$\frac{\partial TB}{\partial q} = \frac{X}{q}\left[\frac{q}{X}\frac{\partial X}{\partial q} - \frac{q}{X}M - q\left(\frac{q}{X}\frac{\partial M}{\partial q}\right)\right] = \frac{X}{q}\left[\frac{\partial X/X}{\partial q/q} - 1 - \frac{\partial M/M}{\partial q/q}\right]$$

ここで、現時点で貿易収支（TB）がバランスしており、$TB = 0 \leftrightarrow X = qM$ が成立しているとして、$qM/X = 1$ としています。

輸出の為替弾力性 $\eta_X\,(>0)$ を $(\partial X/X)/(\partial q/q)$、輸入の為替弾力性 $\eta_M\,(>0)$ を $-(\partial M/M)/(\partial q/q)$ と定義すると、上の式は以下のように表すことができます。

$$\frac{\partial TB}{\partial q} = \frac{X}{q}(\eta_X + \eta_M - 1)$$

そのため、「$\eta_X + \eta_M - 1$」がゼロ以上、すなわち、輸出と輸入のそれぞれの為替弾力性の和（$\eta_X + \eta_M$）が1以上であれば、マーシャル＝ラーナー条件が満たされているといい、q が上昇するとき（実質為替レートが減価するとき）、貿易収支が増加します。

4 所得収支の重要性

　近年の日本の重要な特徴としては、第3章1節でも述べたとおり、経常収支に占める第一次所得収支の割合が増えてきたことがあります[15]。図6.5では日本の経常収支の内訳をみていますが、2008年の世界金融危機以降は、ほとんどが第一次所得収支になっており、貿易収支の割合が低くなっています。貿易収支に所得収支などを加えた経常収支は、前章でも説明したように、マクロ経済における貯蓄・投資バランス（ISバランス）で決まり、財市場の貿易とは異なる動きをするわけです。第一次所得収支には対外資産から得られる利子や配当金などが含まれますが、日本の所得収支が増えていった背景には、日本の対外投資が増えて対外資産が蓄積されていったことがあります。このような構造変化も、貿易収支の為替レートに対する感応度を低下させていった一因と

15） BPM5では所得収支であり、BPM6では第一次所得収支のことを指しています。

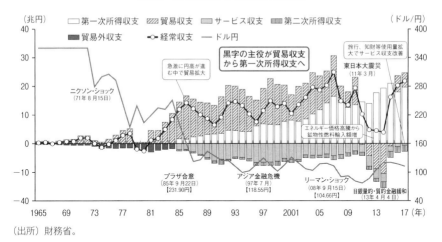

図6.5 日本における経常収支の内訳

(出所) 財務省。

考えられます。

　なお、第4章のグローバル・インバランスの議論で説明したように、経常収支の偏在がある程度長期にわたれば、対外資産も偏在することになり、それに伴って所得収支が増加します。したがって、日本に限らず所得収支の重要性が世界的にもより増してきています。実際、資本フローを重視したグローバル・インバランスに関する学術論文も近年発表されています[16]。

　外国への出稼ぎ労働者が少ない日本では、所得収支を構成するのは主に証券投資や直接投資からの収益です。このうち、直接投資は工場の移転など、財市場・貿易の問題にも関係します。しかし、証券投資と直接投資の違いは保有する議決権の割合などに依存し、いずれの場合も金融的な投資が中心です。そこで次章では、金融市場との関係から為替市場をみていきます。

---

[16] 資本フローの動きに注目した最近の研究として、Burger, Warnock, and Warnock (2018) が挙げられます。同論文では Tille and Wincoop (2010) や Devereux and Sutherland (2011) の理論研究をベースに、各国の資金フローの望ましい水準を共和分などのフレームワークで分析しています。なお、同論文では2010年代の日本の対外バランスが望ましい水準にあることを示しています。また、日本の所得収支を分析した論文として、Hattori, Tomita, and Asao (2023) があります。

第**7**章

金融市場と為替レート

🌐 イントロダクション

　前章では、為替レートを決める理論と実証研究の２つ目のアプローチとして、財市場をベースとして輸出入の観点から考察し、日本の経常収支においては貿易収支よりも所得収支、中でも金融的な投資に関連する収入が重要なことを指摘しました。本章では為替レートに関する３つ目のアプローチとして、金融市場の１つである為替市場における裁定の観点から解説します。また、為替リスクのヘッジ手段などとして広く使われているデリバティブについても説明します。

1 為替市場の効率性

　第５章１節の冒頭で、自由な為替市場で決まる為替レートについて、現在の水準が適正であるかどうかを判断することは極めて難しいという話をしましたが、実際、為替レートはランダムに近い動きをします（Meese and Rogoff, 1983）[1]。このように価格がランダムに動くことを、「人々がランダムに歩く」ことをイメージして**ランダム・ウォーク**（random walk）といいます。Meese and Rogoff（1983）では、ランダム・ウォークを仮定した計量経済モデルと、

1） Meese and Rogoff（1983）では、ドル / ポンド、ドル / マルク、ドル / 円、それぞれの実質実効為替レートで検証しています。

その他の動きを仮定したモデルのどちらがより現実のデータを説明するかを検証し、ランダム・ウォーク・モデルよりもよいモデルをみつけることはできなかったと述べています。これは、為替レートが将来どういう動きをするかを予測するのは非常に難しいということを意味します。

為替レートがランダムに動く一因として、為替市場には多くの投資家の意見が反映されていることが挙げられます。仮に過去の経験則で為替レートを予測できるならば、投資家はそれを利用してさまざまな取引をするはずですから、為替レートにはあらゆる情報がすでに反映されてしまっているということになります。こうした考え方は、為替レートのみならず、すべての資本市場に当てはまります。資本市場が各時点での情報を十分に反映して価格形成をしていることを、**効率的市場仮説**（Efficient Market Hypothesis：EMH）といいますが、為替市場はその典型であり、効率的に価格形成がなされていると考えられます。

効率的市場仮説はさまざまな市場で成立することが検証されてきた一方で、市場の効率性に疑義を投げかける実証研究もあります。前述のとおり、自由な市場においても為替レートは一時的に大きな変動を伴うことが多く、適正な水準から乖離しているようにみえることもあります。また、為替レートは年次データなど頻度の低いデータを用いた場合には、前章で説明したように購買力平価（PPP）に向かったり、循環的な要因を持つなどの実証結果も得られています[2]。とはいえ、現在の為替レートの水準が効率的市場での水準から乖離しているといえるほどの強い証拠があるかというと、それには否定的な意見が多いのが現状です。

2 カバーなし金利平価（UIP）

2.1 円資産と外国資産の裁定取引

前節では、ランダム・ウォークという時系列的な動きをふまえて為替市場の効率性について議論しましたが、ここでは2国間の金利差の観点から為替市場

2）詳細は伊藤（2005）によるレビューなどを参照。

に裁定が働いているかを考えます。日本では、多くの人が円で投資資金を持っており、日本だけでなく、海外への投資をしています。ここでは、①日本国債に1年間投資することと、②米国債へ1年間投資することを比較します。日本国債と米国債は両方とも安全性が高く、同質性が高いとしましょう。この場合、①と②の投資は同じリターンをもたらすはずです。PPPを考えるうえで一物一価の法則を考えましたが、国際的な投資についても同じことがいえます。すなわち、①と②が同じリスクを持つ投資なのに違うリターンを生み出すとすると、そこには裁定機会が生まれるわけです。むろん、為替市場が効率的であれば、世界中の投資家は裁定機会がなくなるまで投資を行うはずです。

　図7.1のように100円を保有している読者が、以下の2つの方法で投資を行うことを比較するとします。

① 保有している円を1年満期の日本国債に投資する
② 保有している円を外国為替市場でドルに変換したうえで、1年満期の米国債に投資して、1年後にまた円に戻す

仮に日本国債の金利が1%で、米国債の金利が2%だとしましょう。読者が①で投資した場合、為替変動のリスクがないため、100円投資したものから金利が1円得られ、満期に元本の100円が戻ってきます。一方、②の場合、現在スポット市場の為替が1ドル100円とすると、読者はまず100円を1ドルに変換したうえで、1ドルを米国債に投資します。その結果、1年後に、0.02ドル（2セント）の金利と、元本の1ドルを受け取ります。

　重要なポイントは、円のまま日本国債に投資する①に比べ、ドルに変換して米国債に投資する②の場合、1年後にそのときの為替レートで再び円に変換する必要がある点です。もし仮に、為替レートが1ドル＝100円のままであるとします。この場合、1.02ドルを102円に変換することができるため、円ベースでの投資では101円しか得られないことを考えると、①より②の投資のほうが収益が高いことになります。このことは、もし読者が②の投資時点で1年後1ドル100円になると期待していた場合、①と②は両者とも同じ安全資産にもかかわらず、違うリターンを生むことを想定しているため、裁定機会が発生していると解釈できます。

　一方、たとえば読者が1年後には1ドル99円になるように円高が進行する

図7.1 為替ヘッジを付さない円資産と外国資産の裁定行動のイメージ

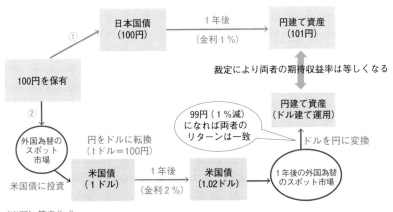

（出所）筆者作成。

と予想していたとしましょう。この場合、1年間保有していた1ドルの価値が、100円から99円に減価するわけですから、1年で1円の損をすることになります。このことは、②による投資は金利でみれば2％という高い金利が得られるものの、為替レートでは1％損をすることになるため、為替を含めたリターンは（おおよそ）1％ということになります。見方を変えれば、投資家にとって①と②のリターンは同質性が高く、十分な裁定が働けば、市場は日米の安全資産の円建てでのリターンを均衡させるような為替レートを予想するということになります。

このことをもう少しフォーマルに表現してみます。ここで国内の金利を i_t、海外の金利 i_t^*、スポットの為替 S_t、t 期における翌期の為替レートの予測を S_t^e と表現すれば、**金利平価**（interest rate parity）は以下のように表現できます。

$$(1+i_t) = \frac{S_t^e}{S_t}(1+i_t^*)$$

さらに、両辺に自然対数（ln）をとって、$\ln(1+i) \simeq i$ という近似式を利用し、$s_t = \ln(S_t)$ と表すと、

$$i_t = i_t^* + s_t^e - s_t \tag{7.1}$$

と近似できます。このことは、円ベースの金利である i_t とドル・ベースの金利である i_t^* の期待リターンが一致するような、為替レートの変化 $(s_t^e - s_t)$ を予測することを意味します。

なお、国際金融市場では、為替変動のヘッジ手段が存在しますが、それを利用せず、リスクをカバーしていない状況での裁定なので、(7.1) 式を**カバーなし金利平価**（Uncovered Interest Parity：UIP）と呼びます。

ここで、人々が合理的期待形成をするという経済学では典型的な仮定を置けば、予測された為替レートの動きが平均的に実現することになります。つまり、$s_t^e = s_{t+1}$ が成立するため、(7.1) の式は

$$s_{t+1} - s_t = i_t - i_t^* \tag{7.2}$$

という形へ変形することができます。このことは、内外金利差で為替レートの動きが説明できるということを意味します。

ちなみに、右辺の内外金利差が突然変わった場合（たとえば米金利の上昇）、将来（s_{t+1}）は円高になるといえますが、現時点の為替（s_t）が急に円安になるとも考えられます。日米金利差が開いた場合に円安に進むという現象は、このようなケースとも考えられます。

2.2 カバーなし金利平価の実証

これまでの研究の結果によると、UIP は成立していないと説明されることが多く、この関係が成立していると考えている研究者は少数派だといえます。UIP に関する初期の研究では、(7.2) 式をもとに「金利差の動きで実際の為替レートが説明できるか」についての検証が行われていました[3]。

もっとも、(7.2) 式のような関係が必ずしも成立していないことは、為替レートをみれば簡単に確認できます。たとえば、アベノミクス開始前後を図 7.2 で見てみましょう。2013 年以降、日銀による量的質的金融緩和により円金利

---

3) ドル／円レートを用いた研究としては、Ito（1988）などが挙げられます。Ito（1988）では、UIP は 1973 年から 1978 年については成立していないものの、1981 年以降については成立していることを指摘しています。

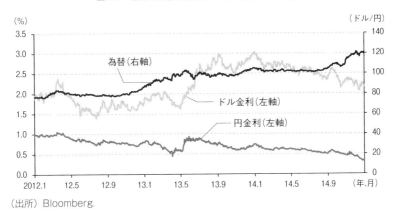

図7.2 日米金利と為替レート（2012〜14年）

（出所）Bloomberg.

が低下し、日本の金利が米国の金利より低い状態、つまり、$i_t - i_t^*$ がマイナスになる状態が続きました。その場合、(7.2) 式に基づけば、金利の損を為替差益で補うため、基本的には円高に推移するはずです。しかし実際には、2012年から 2014 年にかけて、為替は円安に推移していますし、日米金利差はむしろ拡大していることが確認できます。このことからも、UIP が成立していないことが確認できます。

しかしこの議論には、UIP が成立しているかどうかに関する仮説だけでなく、合理的期待形成が成立しているという仮説も含めて検証を行ってしまっているという問題があります。これにより、この関係が成立しない場合に、どちらの仮説が成立していないかを特定することができません[4]。そこで、その後の研究では翌期の為替レートの予測 s_t^e を、市場参加者に対するアンケート調査を用いて直接検証する試みがなされました。もっとも、こちらでも UIP については否定的な研究が少なくありません。

このように、UIP については否定的な研究が多数を占めるものの、長期においてもこの関係が成立していない場合、高金利通貨への投資（いわゆる「キャリー・トレード」。本章 3.6 項参照）に伴う高い利益が続くことになります。

---

4) Ito（1990）は、国際金融情報センターで取得できる為替予想に関するアンケート調査を用いて合理的期待形成の仮説を検証していますが、この仮説に対して否定的な結果を示しています。

そのため、UIPは「非常に長い期間をみれば緩やかに成立している」と考える研究者もいます。実際、マクロ経済学のモデルではUIPが成立すると仮定されていることも少なくありません。また、「国内投資に比べ、ヘッジなしの外債投資は為替変動のリスクを負うため、リスク・プレミアムを得ているのだ」と解釈する研究者もいます。これが正しければ、リスク・ヘッジをしたうえでの金利平価（カバー付き金利平価）が成り立っていると考えることもできます。これらを次節でみていきましょう。

> **Column ⑥　オーバーシューティング・モデル**
>
> 　前章において、為替レートは、長期的にはPPPに従って動く傾向がみられることを説明しました。為替レートについて知られているその他の傾向として、短期的には大きな変動が生じることが挙げられます。為替レートをみていると、統計の発表や金融政策などに関するニュースなどで一瞬にして数円の変動が起こることはめずらしくありません。円／ドル・レートについては、2012年末のアベノミクス以降急速に円安傾向が進んだ際や、2022年以降、米国での金利上昇に伴い急速に円安が進んだときのように、1年で20％以上の変動が生じることもありえます。
>
> 　為替レートが短期的に大きく動く理由としては、さまざまな要因が考えられます。ここではその理由として、ドーンブッシュの**オーバーシューティング・モデル**（overshooting model）を紹介します[5]。まず、金融緩和政策が実施されて金利が低下したとしましょう。このとき外国の金融政策に変化がないとすれば、UIPを通じて、前述のメカニズムにより、為替レートが短期的に円安へ動くことになります。もっとも、金利差の拡大は将来的に円高をもたらすため、為替レートは円安から円高へと徐々に戻っていくことになります。このように、当初は為替レートが大きく動くものの、その後徐々に戻っていくような動きを、**オーバーシュート**といいます。

5）詳細はObsfeld and Rogoff（1996）を参照。

3 カバー付き金利平価（CIP）

3.1 **為替リスク**

　第5章2節で述べたとおり、為替市場で最も取引量が多いのは為替スワップですが、為替スワップの典型的な使用目的は為替リスクの軽減（ヘッジ）です。ここでは、銀行による典型的な為替スワップの使用方法を考えることで、為替ヘッジにかかるコストがどのように決定されているかについて考えてみましょう。

　米国債の金利が日本国債より高かったとしても、たとえば投資の1年後に1ドル100円から1ドル90円へと円高が進行した場合、戻ってくる元本はもはや100円ではなく、90円になってしまいます（10%の損失が発生します）。このように日本で暮らして、日本円を使って生活する人にとって、外債投資には為替リスクがあります。

　対外投資に伴う主な別のリスクとしては、発展途上国通貨に関しては、主要な資産である当該国の国債がデフォルトを起こすというデフォルト・リスクもあります。ただし、円とドルではそのようなリスクはほとんどないと考えられています。したがって、ここでの為替リスクは、各国の経済状況の変化に応じたものや、政策の変更（金融政策や為替介入などを含む）に起因する為替相場の変動です。

3.2 **為替リスクのヘッジ**

　為替リスクをヘッジする1つの方法は、現時点で将来の為替レートを確定させてしまうことです。この手段としては、次節で説明するように、為替スワップや通貨スワップなどがあります。

　為替ヘッジをしたうえでの日本国債と米国債への投資を考えてみましょう。ここでは、以下の2つの方法で投資を行うことを比較します。

① 保有している円を1年満期の日本国債に投資する
② 将来の為替レートを予約することで為替ヘッジをしたうえで、保有してい

る円を 1 年満期の米国債に投資する

前節での UIP についての議論と同様、日本国債と米国債が両方とも安全性が高く、同質性が高いとしましょう。ここでは、UIP のときより少し話が複雑になるのですが、それは為替ヘッジを付しながら米国債に投資を行う場合、外国為替のスポット市場だけでなく、デリバティブ市場も介さなければならないからです。①の場合、前節と同様、保有している円を用いて日本国債へそのまま投資すればよいのですが、②の場合、まずは持っている円をドルに変換するために外国為替のスポット市場を利用する必要があります。それと同時に、1 年間の投資によって発生する為替リスクをヘッジするために、1 年後にドルを円にする取引を予約する必要があります。図 7.3 では邦銀が、日本国債に投資するケースと、為替リスクをヘッジしたうえで米国債に投資するケースを考えています。

図 7.3 では現状 100 円を持っており、日本国債を購入し 1 年間 1% で運用した場合、1 年後に 101 円になることを示しています（図 7.3 の上側のフロー）。これは UIP のケースと同じ想定であり、①に相当します。一方、②の場合、米国債へ投資するため、まず為替市場で 100 円を 1 ドルに両替すると同時に、1 年後 99 円でドルから円に転換することをデリバティブで予約します。今手にした 1 ドルで米国債を購入すると、2% で運用できるため、1 年後 1.02 ドル持つことになります。これを事前に予約した 1 ドル 99 円で転換すると、（おおよそ）101 円の円建て資産が得られます。

ここでは将来の為替レートを予約した時点で、今持っている 100 円が、1 年後 99 円になることが確定するので、△1 円（99 － 100 円）は運用者にとって為替ヘッジに伴うコストとして即時に認識されます。そのため、この予約した為替の現時点からの乖離率は、**為替のヘッジコスト**と呼ばれます。このヘッジコストは、スポット取引と予約取引（フォワード取引）のプライスの差でもあることから、**フォワード・プレミアム**〔forward premium〕とも呼ばれます。

ここでは米国債も日本国債もそれ自体は同質な安全資産と考えられるので、唯一の違いは用いられている通貨が異なる点です[6]。そこで、為替スワップを用いて為替リスクをヘッジした場合、裁定が働いているとすれば、「日本国債の利回り ＝ ヘッジ付きの米国債の（円建て）利回り」が成立します。このと

図7.3 為替ヘッジを付した円資産と外国資産の裁定行動のイメージ

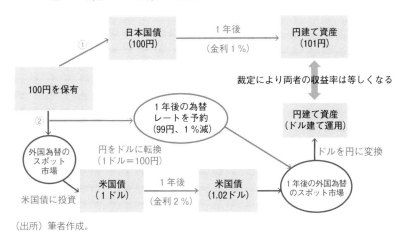

(出所)筆者作成。

き、「ヘッジ付きの米国債の(円建て)利回り」は「米国債のドル建て利回り」と「為替のヘッジコスト」で構成されるので、

$$為替のヘッジコスト = 日本国債の利回り - 米国債の利回り(内外金利差)$$

が成立します(この式は後ほど示します)。近年は日本の金利が米国より低い状況が続いていたので、為替ヘッジを付しながら外債へ投資する日本の投資家は、基本的には為替のヘッジコストを負担していたことになります。

3.3 カバー付き金利平価の定義

このように、為替ヘッジにかかるコストが、裁定の結果として内外金利差で決まることを**カバー付き金利平価**(Covered Interest Parity：CIP)といいます。これは、外債投資を行ううえで、為替リスクをヘッジした場合(カバーした場

---

6) 日本と米国はともに国家破産がおそらくない(デフォルト・リスクがない)と考えられること、また円とドルはともに国際通貨として信認が厚く市場も厚いこと(流動性リスクがない)、という2点で同質性が高いといえます。当然のことながら、たとえば発展途上国の国債と日本の国債ではこの2点のリスクが異なるので、この議論はストレートには成立しません。

合）、同質性の高い国内の金利とバランス（平価）した利回りになることを意味しています。フォーマルに記述すれば、t 期の国内の金利を i_t、海外の金利 i_t^*、スポットの為替 S_t、フォワード価格（為替ヘッジを行う際の価格）F_t とした場合、以下が成立します。

$$(1+i_t) = \frac{F_t}{S_t}(1+i_t^*)$$

ここで、UIP の (7.1) 式と同様に $\ln(1+i) \simeq i$ という近似式を利用すると、上の式は、

$$i_t = i_t^* + f_t - s_t$$

と近似できます。$f_t - s_t$ がフォワード・プレミアム（ヘッジコスト）になります。$f_t - s_t = i_t - i_t^*$ より、ヘッジコストが内外金利差で決まることが表されていることが確認できます。

3.4　カバー付き金利平価の実証

　従来の国際金融のテキストでは、「CIP は成立している」と記載されることがほとんどでした[7]。しかし、世界金融危機以降のデータでは、CIP は必ずしも成立していません。このようなとき、為替リスクをヘッジした後での利回りの裁定が働いていないので、

$$\text{為替のヘッジコスト} = \text{日本国債の利回り} - \text{米国債の利回り} + \alpha$$

と書くことができ、α がゼロでないということになります。この場合、α が CIP からの乖離を表します。この α は、**通貨ベーシス**（cross currency basis）と呼ばれます。

　CIP からの乖離をみるためのデータとしては、LIBOR や無担保コール翌日物金利（TONA）などの民間金融機関の間でよく利用される短期金利が用いられています（LIBOR や TONA は Column ⑦を参照）。図 7.4 は、対ドルでみた

----

[7] たとえば、Ito（1986）は、ドル／円レートについて「為替ヘッジコスト＝内外金利差」の関係を調べ、1970 年から 1980 年代に規制緩和が進む中で、CIP が成立するようになったことを示しています。その他の研究については服部（2017）を参照。

図7.4 各主要通貨の通貨ベーシス（対ドル、5年）の推移

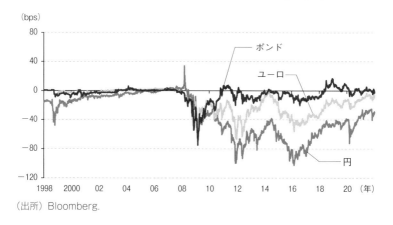

（出所）Bloomberg.

　各主要通貨のCIPからの乖離（通貨ベーシス）を、LIBORを用いて示しています（この図は通貨スワップのデータに基づいていますが、通貨スワップについては次節を参照してください）[8]。この図からわかるとおり、2008年の世界金融危機まではCIPからの乖離はほぼゼロで推移していました。しかし、世界金融危機時に大きくマイナスに振れ、その後もマイナスで推移しています。なお以前にも、1997年頃に日本で銀行危機が発生しましたが、その際もCIPからの乖離が大きくなりました。

　LIBORは銀行間取引の金利ですが、為替スワップなどの契約を結んだ場合、契約を結んだ金融機関が、1年後の取引の約束などの契約を履行せずに破綻してしまう可能性があります。これを**カウンターパーティ・リスク**（counterparty risk）といいます[9][10]。世界金融危機時には、リーマン・ブラザーズの破綻に象徴されるように、多くの金融機関が破綻する懸念がありました。そのため、当時はカウンターパーティ・リスクを考慮しないCIPが成り立っていなかっ

---

8) 図7.4では現在停止されたLIBORに紐づく通貨スワップの α をみています。その理由は、LIBOR公表停止以前、通貨スワップで用いられる短期金利としてLIBORが最も用いられており、ここでは1990年代後半以降のCIPからの乖離をみたいからです。

9) 1990年代後半は邦銀の信用リスク（カウンターパーティ・リスク）が上昇していたことから、為替スワップなどでドルを調達する場合、追加的なプレミアムが求められる局面が続きました。これは「ジャパン・プレミアム」と呼ばれました。

106　第Ⅱ部　為替制度と為替レート

た（αがゼロではなかった）と考えられます[11]。

　ところが、図7.4をみると、2010年代後半おいても、CIPからの乖離があります。これについては近年、活発な研究と議論がなされてきました。現時点では世界金融危機以降の金融規制の強化により、金融機関の裁定行動に制限が課せられたためだろうと考えられています[12]。具体的には、金融危機以降、流動性規制、OTCデリバティブ規制、レバレッジ比率規制など金融機関に対する規制が増えました。このことは、金融機関にとって、規制にかかるコスト（規制コスト）が看過できなくなったことを意味します。したがって、デリバティブのプライスもそのコストを反映することとなり、これがCIPからの乖離を生んだと理解されています。

　ちなみに、CIPが成立している場合に、目を引くような高金利の国の国債に投資するときは、その意味を熟慮すべきです。というのも、仮に高金利の外債があり、それが日本国債と同様、安全性が高いとしても、為替スワップにより為替リスクをヘッジし、デフォルト・リスクに対する保険（クレジット・デフォルト・スワップ）の購入などで追加のリスクヘッジを行った場合には、結局は日本国債と同様のリターンを生むことになります。これは、リスクを増やさなければ追加的な収益を得られないという当然の事実の示唆でもあります。

3.5　フォワード・プレミアム・パズル

　UIPとCIPの両者が成立していれば、$s_{t+1}-s_t = f_t-s_t$が成立します[13]。この式は、「フォワード・プレミアムが為替レートの将来的な動きを平均的に反映している」ことを示唆していると解釈できます。しかし、この関係式についても実証的には否定されることが多く、これを**フォワード・プレミアム・パズ**

---

10) カウンターパーティ・リスクは相対取引（Over-the-Counter：OTC）において生じる一方、売買を集中して行う取引所取引では、起きにくいものです。そのため世界金融危機後は、とりわけ相対取引が中心だったデリバティブを対象に、中央清算機関（Central Counterparty Clearing House：CCP）による取引所取引をより積極的に利用するよう、国際的に議論が深まりました。なお、カウンターパーティ・リスクの実態は富安（2023）などを参照してください。

11) たとえば、Baba and Packer（2009）などがこのような実証結果を示しています。

12) Du, Tepper, and Verdelhan（2018）や服部（2017）を参照。

13) ここでは合理的期待形成も仮定します。

ル（forward premium puzzle）といいます。

このパズルは、CIP が成立しているとすれば、UIP が成立していないことの証拠とも解釈できます。また、これは「ヘッジなしで調達した円を外貨に換えて海外へ投資する」というキャリー・トレードが利益を生む要因でもあります（キャリー・トレードについては次項を参照）。当然、為替リスクをヘッジせずに海外資産に投資することは為替変動リスクを負っているので、フォワード・プレミアムは為替変動に対するリスク・プレミアムであると説明されることもあります[14]。

フォワード・プレミアムが実際の為替レートの変動を予測できるかを検証するには、

$$s_{t+1}-s_t = \alpha + \beta(f_t-s_t)+u_t \tag{7.3}$$

という回帰式を推定します。CIP が成立している、すなわち、フォワードの価格が内外金利差で決まる場合は、(7.3) 式の内外金利差でスポット・レートを予測するモデル、すなわち UIP に関する (7.2) 式と同じことを検証しています。もし UIP と CIP が両方成立していれば、$\alpha = 0$ と $\beta = 1$ という結果が統計的に有意に出るはずですが、多くのデータではこのような結果が得られず、理論と実際の状況が乖離していることがわかっています。これが、フォワード・プレミアム・パズルです。

とくに Froot and Thaler（1990）によれば、$\beta = 1$ どころか、$\beta = -1$ というまったく逆の結果が出ることがあります。その論文が発表された 1990 年頃は、CIP が成立していたので、このパズルは UIP に関するものと考えられていました。

一方、将来の為替レートに関する現時点での契約であるフォワード f_t は確定しているため、リスクがありません。したがって、リスク・プレミアムを π_t とすれば、理論的には (7.3) 式で $\beta = 1$ とした場合に生じる右辺と左辺の差を埋めるように

$$s_{t+1}-s_t = \alpha + f_t - s_t + \pi_t$$

---

[14] フォワード・プレミアムについては、福田・齊藤（1997）によるレビューを参照。

が成立すると考えられます。

3.6 キャリー・トレード

　前述のとおり、UIP は必ずしも成立しているとはいえません。UIP が成立していないということは、円資産を保有する投資家は為替リスクをヘッジせずに高金利の外債へ投資した場合、平均的に超過収益を得られる可能性を持ちます。この収益をねらった取引は、**キャリー・トレード**（carry trade）と呼ばれます[15]。

　もちろん、キャリー・トレードはリスク・ヘッジをしていないので、常に収益を上げられるわけではありません。つまり、金利の低い円で調達して、為替ヘッジをせずにドルに転換して、金利が高い米国債で運用した場合、内外金利差は得られるものの、円高が進むことにより為替で損をするという為替リスクを負うことになります。

　さらに、キャリー・トレードには、稀に多額の損となる、いわゆるテール・リスクの存在も指摘されています。たとえば 2000 年代、日本の個人投資家は金利が高かったオーストラリアの債券へ積極的に投資を行っていました。この間、円安・豪ドル高が進んでいたため、キャリー・トレードは収益を上げていました。しかしながら、世界金融危機により大幅な円高が進み、短期的に 1 豪ドル 100 円から 1 豪ドル 60 円へと急速に円高が進みました。その結果、キャリー・トレードを行っていた投資家は巨額の損失を計上しました。2024 年 8 月にもドル / 円について同様の急激な円高がありました。

　なお、近年、年限の短い日本国債における外国人投資家の保有比率は増加していますが、CIP からの乖離により、それを利用した外国人投資家による日本国債への投資が行われることが背景にあります。これについては、為替リスクをヘッジしているため、厳密な意味では UIP を基にしたキャリー・トレードということはできませんが、似たような取引とみなせます。

　具体的には、金融危機以降、CIP で想定されるよりもフォワード価格が円高にプライシングされており（金利差以上にヘッジコストが大きく）、基本的に

15） こうした取引を積極的に行う日本の個人投資家が少なくないことから、世界の市場においてそうした個人投資家は「ミセス・ワタナベ」と呼ばれています。

ドルの余裕資金がある投資主体にとって有利な状況が発生してきました。先ほどの例では1年後の予約価格は1ドル99円でしたが（ヘッジコストは1円）、たとえば、1年後の予約価格が98円になるなど（この場合、ヘッジコストは2円）、金利差以上にヘッジコストが発生するということです。実際、前掲の図7.4をみると、CIPからの乖離は一時、マイナス方向に1%近くにも及んでいるため（この状況はドルの保有者が1%近く支払を抑えられる点は後述します）、ドルを多く保有する信用度の高い外国人投資家は日本人投資家に対してドルの出し手になるだけで、国内外の為替リスクをヘッジしたうえでの金利差以外にさらに1%のリターンを得ることができました。

そこで、ドルを有している外国人投資家からすれば、仮に日本国債の金利がマイナスであっても、それ以上にプレミアムがもらえるのであれば、最終的な収益は高くなり、日本国債への投資が正当化されます。財務省が毎年発行する「債務管理リポート」でも、通貨スワップや外国人による国債購入について、コラムなどを通じて解説がなされています。詳細なメカニズムは、服部（2023）を参照してください。

4 為替市場のデリバティブ

4.1 為替スワップ

ここまでUIPとCIPを軸に説明してきましたが、実務的には、為替デリバティブの具体的な取引を理解する必要があります。そこでここでは為替スワップおよび通貨スワップについて説明します[16]。

為替スワップ（FX swap）とは、まず円とドルを交換し、一定期間後にあらかじめ決められた為替レートでその逆の取引を行う契約です。第5章で確認したとおり、為替スワップは最も流動性が高い為替商品であり、銀行が外債を運用する際のドル調達の手段などでよく使われます。典型的な為替スワップの仕組みは、図7.5のようなものになります。

---

[16] 本節について国債との関係性で理解したい読者は、服部（2023）の第12章を参照してください。

図7.5 為替スワップ（FX swap）のイメージ

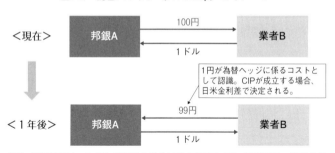

（注）この図では、1ドル100円の場合に円を保有している銀行が、業者からドルを調達するケースを考えています。
（出所）筆者作成。

　たとえば邦銀が1年間為替ヘッジを付して外債に投資をしたい場合、まず、自らが保有している円を渡す代わりにドルを受け取ります（円とドルをスワップします）。邦銀は調達したドルを使って米国債などへ投資するわけですが、1年後に為替スワップの満期が訪れます。この際、契約当初定められていた為替レート（この例では1ドル99円）で円を受け取る一方、1ドルを渡します（満期を迎えた米国債の償還金を用いて受け渡します）。

　この例では当初100円を渡して1ドルを調達し、1年後の満期（エンド）で1ドルを返済して99円を受け取っているため、この差額の1円がドルを調達するコストになります。これは為替リスクをヘッジすることに伴うロスですから、為替リスクのヘッジコストです。

　為替市場でフォワードという場合には（買い戻しのある）為替スワップ取引が行われていることが多いのですが、買い戻しや売り戻し条件を付けずに将来時点で一定の価格で受渡をする契約（予約取引）は、それと区別して**アウトライト・フォワード**（outright forward）と呼ばれます。

4.2　通貨スワップ

　一方、金融機関が中長期でドルを調達したり、外国人投資家がドル建てで日本国債に投資したりする場合は、**通貨スワップ**（cross currency basis swap）と呼ばれるスワップ契約が使われることが少なくありません。そこで、為替スワップと同様、邦銀Aが通貨スワップを通じてドル調達を行うケースを想定し

図7.6 通貨スワップ（cross currency basis swap）のイメージ

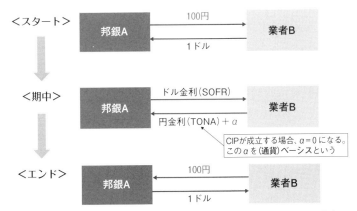

（注）わかりやすさを重視するため、この図では1ドル＝100円を考えています。
（出所）筆者作成。

て、通貨スワップの説明を行います（図7.6を参照）。当初は為替スワップと同様、邦銀Aが1ドルを受け取る一方で、100円を支払います。期中では、邦銀Aはドルを受け取っているため、ドル金利を業者Bに支払う一方、業者Bは円を受け取っているため、邦銀Aに円金利を支払います。最後に邦銀Aが100円を受け取り、1ドルを支払うという契約時当初の為替レートでの受払を行います[17]。

通貨スワップと為替スワップが異なる点は、期中金利の受渡があるかないかという点です。通貨スワップは、スタート時点とエンド時点で1ドル100円という同じ為替レートでの受渡をする一方、期中に金利の受払をしています。通貨スワップでは、当初円の出し手は円を貸して、ドルを借りていると解釈できます。そのため、期中の金利の受払は、各々が借りた通貨の金利を支払っています。円の出し手はドルを借りて円を貸しているため、ドル金利を支払い、円金利を受け取ります。

金利の受払に関しては、かつては商慣行で3カ月物のLIBORを金利として活用していましたが、LIBORの公表停止に伴い、円金利はTONA、米金利は

---

[17] 実際のマーケットで取引されている通貨スワップでは、図7.6と経済性が同じになるよう、定期的に時価評価し、現在価値を受け渡しています（このような通貨スワップをMark to Marketタイプといいます）。

SOFR に代替されています[18]。図 7.6 では、業者側の支払金利に追加分のアルファ（α）が記載されていますが、これが本章の 3.4 項で説明した通貨ベーシスです。通貨スワップでは、為替ヘッジを行うために期中、内外金利差の受払をしますが、α は内外金利差から乖離する部分ですから、CIP からの乖離分と解釈できます。また、この α がマイナスの場合、ドルの出し手は、支払を抑えることができるので、α がマイナスになることは、ドルの出し手にとって有利であるということがわかります。

　読者に注意を促したい点は、為替スワップと通貨スワップは、本質的に同じ取引である点です[19]。為替スワップは、将来の予約価格（先ほどでいえば 99円）とスポット価格（先ほどでいえば 100 円）との乖離（先ほどでいえば -1円）で価格が提示される商品です。一方、通貨スワップは、通貨ベーシス（α）で価格が提示される商品です。CIP が成立することを想定すれば、為替スワップにおけるフォワードの価格（先ほどでいえば 99 円）が金利差で決まる一方、通貨スワップではエンドにスポット価格と同様の価格で交換し、期中に内外金利差を受払する（通貨ベーシスがゼロになる）商品性になっています。為替スワップは短い期間の取引、通貨スワップは長い期間の取引で使われる傾向があります。

4.3　為替スワップを用いた円資産と外国資産の裁定

　3.1 項で示した図 7.3 では、予約取引（アウトライド・フォワード）を用いて、為替予約をしながら外債に投資するケースを紹介しました。しかし上述のとおり、実際の金融機関が為替リスクのヘッジを行う場合には、流動性の高い為替スワップを用いる傾向があります。為替スワップは現時点で円を保有している投資家が円を渡し（本文では 1 ドル＝ 100 円で交換）、ドルを受け取る一方で、一定期間後（たとえば 1 年後）、あらかじめ合意した為替レート（本文では 1 ドル＝ 99 円で交換）でドルを渡し、円を受け取る取引です。図 7.7 に示しているとおり、これはスポットの取引とアウトライト・フォワードを同じ

---

[18]　TONA とは無担保コール翌日物金利、SOFR とは米国レポ金利（オーバーナイト）のことです。詳しくは Column ⑦を参照。

[19]　通貨スワップと為替スワップの間に裁定関係があることは天達・馬場（2007）などを参照。

図7.7 為替ヘッジを付した円資産と外国資産の裁定行動のイメージ
（為替スワップを用いたケース）

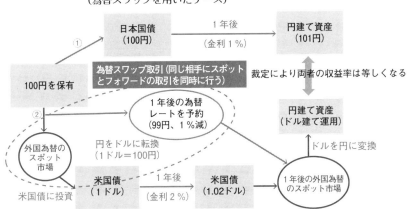

（出所）筆者作成。

相手に同時に行っている（すなわち為替スワップの取引を行っている）と解釈できます。

5 国際金融のトリレンマ

　これまで説明したように、自由な資本移動があり、国内外で裁定取引がうまく働いている状況において、UIPやCIPの観点から金利の変化が為替レートに影響を与えます。このことから、金利を動かす金融政策と為替介入は同時には独立に目的を果たせないことがわかります。

　これは以前から知られており、「自由な資本移動」「自由な金融政策」「為替レートの固定（安定）」の3つを同時に実現することは不可能であるとされています。これを、**国際金融のトリレンマ**（impossible trinity または trilemma）といいます。

　日本は自由な資本移動と自由な金融政策を選択しており、固定相場制ではなく、変動相場制を採用しています。中国の場合、以前は自由な資本移動を放棄する一方で、固定相場制を採用してきましたが、その後、資本の自由な移動と為替レートの変動を徐々に認めてきています。1997年に起きたアジア金融危

機は、為替レートをペッグしながら自由な金融政策および自由な資本移動を維持したことから、次第にそれが維持できなくなり大幅な為替安を招いたと指摘されることもあります。金融危機については第Ⅲ部で改めて解説します。

Column ⑦　LIBOR とその代替指標

　LIBOR（London Interbank Offered Rate：ロンドン銀行間取引金利）とは、ロンドン市場における銀行による短期資金の融通に紐づいた指標金利であり、長い間金融市場において最も重要な指数の1つでした。LIBOR は貸出の際に用いられるだけでなく、金利スワップなどデリバティブでも広く用いられていました。しかし、2000 年代後半に起きた LIBOR 不正問題以降、LIBOR に代わる金利指標が模索されました。LIBOR の多くは 2022 年より公表が停止されました（ドル LIBOR については 2023 年 6 月末に公表停止）。

　そもそも、LIBOR とは、レファレンス・バンク（パネル行）と呼ばれる大手銀行に、ロンドン時間午前 11 時時点で銀行へ無担保で貸出をする金利（オファー・レート）を提示させ、各行が提示したレートの上下 25％を除いた残りの 50％の平均値を計算することで「ロンドン時間の午前 11 時時点の金利」を計算する金利指標です。もっとも、LIBOR の重要な特徴は実際の取引に基づいた金利ではなく、あくまで各銀行によるオファー・レート、すなわち、銀行が提示する金利により構築される指標金利である点です。その意味で、LIBOR には構造的に操作される余地が存在し、いずれ表面化する問題を抱えていた指標とみることもできました。当時 LIBOR は、ドル、ユーロ、ポンド、スイス・フラン、円という5つの通貨について上述のメカニズムで算出されていました。

　LIBOR に対する問題が表面化したのは、2008 年頃です。背景には、世界金融危機において LIBOR 提示行の行動に歪みが生じていたことがあります。当時、大手行はデフォルトする可能性が高くなっており、銀行のデフォルトの可能性が上がることは銀行の調達金利の上昇を意味するため、銀行の調達金利が上昇した場合、自行の信用力が落ちているというシグナルを市場に発することになりました。銀行の調達金利を表す LIBOR は前述のようなメカニズムで決まっていたため、パネル行は、信用力が低下していることを隠すため、自らの金利を低く提示し、LIBOR が低くなるように誘導するインセンティブを有していました。

　また、世界金融危機後に規制が強化されるまでは、金融機関が巨大な自己勘定での投資ポジションをつくることが可能だったことに加えて、金利スワップ

など LIBOR を基準として価値が上下する金融商品が多くありました。そのため、2000 年代はデリバティブが発展する中で、パネル行で共謀して LIBOR を実態より低くするインセンティブが発生しやすい環境にありました。

　実際、一部のトレーダーが自分の投資ポジションを有利に誘導するため、関係者を巻き込み金利を操作していたこともありました。この LIBOR の不正操作は、発覚後すぐにスキャンダルになり、巨大な取引の指標金利である LIBOR について改革の必要性が生まれました。最終的には LIBOR の公表停止が決定され、実際の取引に基づいた指標が導入されることになりましたが、そのような決定がなされるまでに、LIBOR を構築するうえでできるだけ実態の取引に合わせるなどして LIBOR を維持しながら改善する取り組みがなされました。結局、LIBOR の公表が停止された背景には、インターバンク市場の流動性の低下などにより、売買に立脚した LIBOR を構築することが困難であったことなどが挙げられます。

　日本では、LIBOR に代わる金利として **TONA**（Tokyo Overnight Average rate：無担保コール翌日物金利）が採用されました。TONA は、金融機関同士が無担保で実際に取引した際のオーバーナイト（1 営業日）の金利に相当します。金融機関の間で 1 営業日貸し出す金利であり、ほとんど信用リスクがない金利と解釈できます。LIBOR の代替金利という観点でみると、TONA の最大の強みは、1 日当たり平均 5 兆円を超える取引に基づいた点です。その意味で、日本では操作の余地がない代替指標が選択されたといえます。

　ドルについては、LIBOR の代替金利としてレポ金利（国債を担保とした場合の調達金利）に立脚した **SOFR**（Secured Overnight Financing Rate：担保付翌日物調達金利）が代替金利として採用されています。ユーロについては、**ESTR**（Euro Short-Term Rate：ユーロ短期金利）が採用されており、これは TONA と同様、無担保コールレートです。LIBOR 改革の詳細や各種代替金利については、服部（2021a, b）を参照してください。

第8章 日本の為替介入

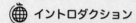 **イントロダクション**

　本章では、市場参加者などの間でしばしば話題になる為替介入について、日本の事例を中心に説明します。第5章で述べたように、日本の為替相場は完全な変動相場制とみなされ、為替介入は行われたとしても例外的なものであるとされています。その一方で、為替介入は巨額であることから、世間一般で話題にのぼることも少なくありません。本章では、そのような例外的な為替介入は、どのようなときに行われてきたのか、その結果どのような影響がみられてきたのかを解説します。

1 為替介入とは

　日本の為替制度は、第5章で紹介した IMF の分類では「完全自由為替制度」に位置付けられますが、為替介入が行われることもあります。**為替介入**（foreign exchange intervention）とは、政府・中央銀行が為替市場で為替レートに影響を及ぼすことを意図して行う為替の売買を指します。日本については、為替介入は財務省が決定し、日本銀行がその代理人として民間金融機関との間で外貨を購入または売却します。

　多くの国では、為替介入といえば自国通貨防衛のために行われますが、日本では、（2022年以前は）その逆がほとんどであり、円売り・ドル買いが行われ

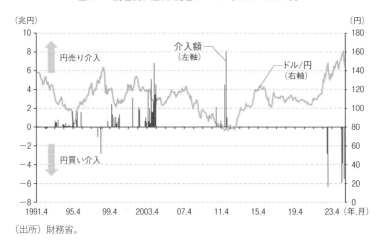

図8.1 為替介入額と為替レート（1991～2024年）

（出所）財務省。

てきました。図8.1は日本における為替介入額と為替レートの推移を示しています[1]。日本の為替介入の特徴は、為替介入が集中して行われたタイミングと行われていないタイミングがはっきりと分かれているという点です。円売り・ドル買い介入がとくに大規模に行われたタイミングは、2003～04年や、2011年における東日本大震災に伴う急激な円高の進行時です。これは政府が、「円高が行き過ぎだ」とみなしての対応です。

その一方、円買い・ドル売りの介入もあります。円買い・ドル売り介入についてとくに有名な事例は、1985年のプラザ合意です。日本はその合意に従い、当時のG5各国（日・米・英・西独・仏）と協調してドル売りを行いました。プラザ合意とは、当時の経済実態（ファンダメンタルズ）からみて過度であると思われたドル高を是正するため、G5各国が主に円とドイツ・マルクをターゲットとして、外国為替市場で協調介入を行うことに合意したものです（詳細はColumn⑧参照）。1990年以降は、円売り・ドル買いの介入が大部分を占めました。2012年以降の約10年間は為替介入がまったく行われてきませんでしたが、2022年には、今度は政府が「円安が行き過ぎている」とみなして、円買い・ドル売り介入を行いました。また、2024年前半にも円安の行き過ぎを

---

1) 財務省（以前は大蔵省）は、1991年4月以降の為替介入額を公表しています。

抑制するための大規模な介入がありました。

　為替介入を考えるうえで重要な点は、為替市場の規模が莫大なので、為替介入の規模は相対的に小さいということです。たとえば、渡辺他（2023）によれば、日本における外為取引高は、1営業日当たり4,325億ドル（為替レート次第ですが約50兆円規模）にのぼります（このうちドル/円の取引が6割以上）。それに対して、図8.1からわかるとおり、為替介入の規模は大きくても数兆円程度の規模です。2024年前半の過去最大規模の介入でも、月次で10兆円弱でした。その意味で、為替市場に対して、為替介入により量的な観点で圧倒することは困難であるという事実を認識しておくことも大切です。

　日本の為替介入は、日本単独で行われることもありますが、G7などの関係国に確認ないし了解を得ることが通例です。先ほど協調介入の事例としてプラザ合意を紹介しましたが、2011年の東日本大震災後の円高に伴う為替介入においても、G7電話会議が行われ、円売りの介入を協調して実施することに合意しました。なお、単独で介入する場合を**単独介入**、各国と協調して行う介入を**協調介入**といいます。

　為替介入のタイプとして、**覆面介入**と呼ばれるものもあります。これは、財務省が為替介入を行ったことをそのときに明示しない介入です。介入の実施については、一定の期間をおいて財務省が公表しているため、いずれは明らかになるのですが、短期的には市場に介入の有無を明らかにしないことで、市場を「疑心暗鬼」に陥れることなどを通じて、介入の効果を強めることが企図されています[2]。

　なお、**口先介入**と呼ばれ、実際に介入をする前に、政府が為替相場に懸念を示すことで、為替市場に影響を与えようとする試みもあります。典型的には、財務大臣や財務官によって為替相場が行き過ぎていることに対してコメントがなされます。また日本では、2016年以降、財務省、金融庁、日本銀行の間で、「国際金融資本市場に係る情報交換会合の声明」（いわゆる「三者会合」）が実施されることもあります[3]。

2）ただし、効果が強まっているかは明らかではありません。
3）日銀が為替取引できる価格を銀行為替ディーラーなどに尋ねることを「レート・チェック」と呼びます。これが行われると、為替介入の準備段階であると市場に解釈される傾向があります。

図8.2 円/ドル為替レートの推移

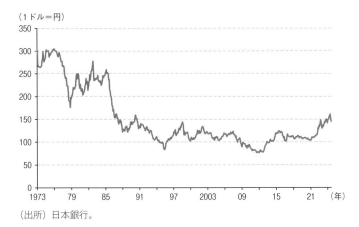

（出所）日本銀行。

Column ⑧　プラザ合意

　図 8.2 は、1970 年代以降の日米為替レートの推移を示しています。1985 年時点では 250 円台で推移していたものの、わずか 2〜3 年で 120 円前後まで円高が進んだことがわかります。財務省財務総合研究所財政史室（2004）によれば、米国側から「近い将来に 10〜12％のドル下方修正」という案が提示され、当時の竹下登大蔵大臣はこれを支持したとされています[4]。プラザ合意に伴い劇的に円高が進行したのは、国際的な協調によるものだったと理解できます。

　プラザ合意とその後の日本経済の浮き沈みを考えると、「国際政策協調が常によいものとは限らないのではないか」という疑問が出てきます。Hamada (1985) は複数の国による政策の決定について、寡占市場のゲーム理論的解釈を援用して、ナッシュ均衡によって選ばれる政策は必ずしも世界全体にとって最もよい政策であるとは限らないことを示しました。また浜田（2001）は、プラザ合意そのものについて、米国が先手をとり、日本は後手をとったいわゆるシュタッケルベルク均衡となり、日本はとくに損をしたのではないかと指摘をしています[5]。

---

4) 財務省財務総合研究所財政史室（2004）によれば、その資金は米国と日本がそれぞれ 30％、西ドイツが 25％、フランスが 10％、イギリスが 5％を負担するというものでした。

2 為替介入とその効果

2.1 不胎化介入と非不胎化介入

　仮に、中央銀行が自国で自国通貨を売って外国通貨を買う場合、自国の貨幣量（マネタリー・ベース）が増加し、金融緩和と同じ効果が出ます。そこで、為替介入は、「不胎化介入」と「非不胎化介入」に分類されます。**不胎化介入**（sterilization intervention）とは、為替介入を行ったうえで、マネタリー・ベースが変化しないように金融調節を行う介入を指します。一方、為替介入に伴い、変化したマネタリー・ベースを完全には金融調節しない介入を**非不胎化介入**（unsterilized intervention）といいます。

　前述のとおり、日本の為替介入は財務省が決定し、日本銀行がその代理人として民間金融機関との間で外貨を購入または売却します。たとえば、円売り・ドル買い介入のときの典型的な方法は、財務省が外国為替資金特別会計（外為特会）を通じ、政府短期証券（Financing Bills：FB）である外国為替資金証券（為券）を発行し、それを日銀に直接引き受けてもらうことで円を調達します[6]。図8.3の左図を参照していただきたいのですが、円売り介入を行うため、①円を借り入れ（FBの発行）、②その円を元手に円売り・ドル買いを行い（為替介入）、③その取引で得たドルを運用します。日銀は、あくまで財務省の代理人としてその執行を行うという位置付けになります。一方、円買い・ドル売り介入の場合は、逆に財務省がドル建ての外貨準備を売却し、政府短期証券（為券）を償還します（図8.3の右図参照）。

　円売り・ドル買い介入の際にはマネタリー・ベースが増えますが、これはインフレを促す金融政策と同じ効果を持ちます。不胎化介入では、マネタリー・ベースの増加を避けるため、政府短期証券を市中に売却（売りオペ）し、同額

5）なお、日本はプラザ合意による急激な円高で景気が一時的に悪化し、それに対応するために金融政策・財政政策が積極的にとられ、バブルが生じたとよくいわれます。これらの議論についてはさまざまな研究がありますが、ここでは割愛します。

6）日本が保有する外貨準備は、外国為替資金特別会計として、財務省が管理しています。これに加え、日銀保有の外貨資産を含みます。

図8.3 為替介入時の資金の流れ

(出所) 財務省「関税・外国為替等審議会 (平成19年度)」資料。

の円を吸収することなどでマネタリー・ベースの増加を相殺します[7]。

図8.4は不胎化介入と非不胎化介入に関して外為特会（財務省）と日銀のバランスシートがどのように変化するかを示しています。前述のとおり、財務省は外為特会を通じてFBを発行し、調達した円を用いて、外貨資産（ドル資産）を保有します（図8.4の左上）。そのFBは日銀によって保有されるとすると、日銀の資産は拡大しますが、その支払は日銀券ないし（民間銀行による）準備預金増加によって対応されるため、負債サイドでは日銀券・準備預金が増えます。この場合、マネタリー・ベースが増えていることになりますので、非不胎化介入です。一方、FBなどを市中で売却することにより、マネタリー・ベースを変化させないことが可能です（図8.4の右下）。これが不胎化介入です。

2.2 外貨準備の運用

第1節で述べたとおり、日本では主に円売り・ドル買い介入が行われてきた

---

[7] 外国為替資金証券など、短期的に資金を融通するための国の債券は「政府短期証券 (FB)」と呼ばれ、財政赤字の補填などに用いられる短期国債（割引短期国債：TB）とは、財政法上は区別されています。市中の証券としても、それらは長年区別されてきました。しかし、2009年からはFBとTBは、一体化してどちらも国庫短期証券 (T-Bill) として発行されるようになっています。

図8.4 不胎化介入と非不胎化介入のバランスシートの変化

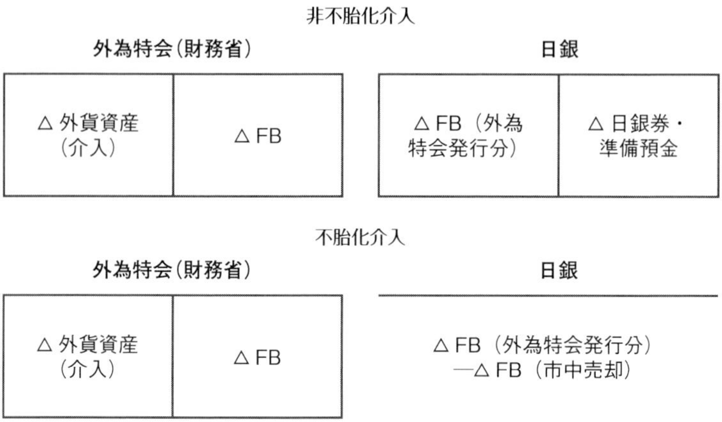

非不胎化介入

外為特会（財務省）

△ 外貨資産（介入）	△ FB

日銀

△ FB（外為特会発行分）	△ 日銀券・準備預金

不胎化介入

外為特会（財務省）

△ 外貨資産（介入）	△ FB

日銀

△ FB（外為特会発行分）
―△ FB（市中売却）

（出所）伊藤（2003）などに基づく。

ことから、外為特会は、円建ての短期借入を行うことで外貨資産を保有するファンドのような側面を有しています。図8.5では、日本の外貨準備の推移を示しています。これをみると、2000年以降、外貨準備は増加傾向にあることがわかります。しかし、為替介入が行われていなかった2012年から2022年頃の期間などは横ばいに推移しています。なお、図8.6では、政府と民間を合わせた日本の対外純資産の推移を示していますが、民間の対外資産はより増加の度合いが大きいことがわかります。

　外貨準備は2024年3月末時点で1兆2,906億ドル（およそ200兆円）あり、その運用にしばしば注目が集まります。もっとも、これまで説明してきたとおり、外為特会が保有する外貨準備は為替介入に伴うものであり、その大部分が外貨建証券です。外貨準備の運用は、為替介入のための資金であるがゆえに、ドル建ての運用を中心にすることに加え、安全性および流動性に十分配慮したうえで収益を上げることとされています[8]。外貨準備の内訳は、金（ゴールド）と外国債などの大まかな種類に関しては公表されていますが[9]、通貨構成

8）ここでの記述は浅川（2020）を参照しています。
9）財務省ホームページ「外国為替資金特別会計の外貨建資産の内訳及び運用収入の内訳等」（https://www.mof.go.jp/policy/international_policy/reference/gaitametokkai/index.html）を参照。

図8.5 日本の外貨準備の推移

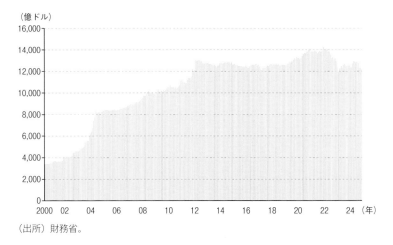

(出所) 財務省。

図8.6 日本の対外純資産の推移

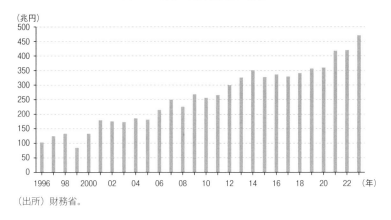

(出所) 財務省。

などの詳細は、為替市場への影響を配慮して公表されていません。なお、財務省は為替介入のタイミングや規模について、一定の期間をおいた後で公表しています（市場参加者は介入が疑われたタイミングですぐにその規模を推定しますが、その詳細は Column ⑨を参照してください）。

2.3 為替介入の効果：ポートフォリオ・リバランス効果とシグナリング効果

　マネタリー・ベースが変わらなくても、不胎化介入による効果が現れる場合があります。その効果として、しばしば「ポートフォリオ・リバランス効果」と「シグナリング効果」の2つが指摘されます。為替市場に対して円売り・ドル買いの不胎化介入を行う場合、国内市場の円建ての債券の供給量が増加するとともに、財務省はドル買いによりドル建ての債券を買うことになります。国内の投資家は、それまでは内外資産で最適なポートフォリオを有していると解されますが、介入の結果として内外資産の供給量が変化するため、それまで最適であったポートフォリオを調整する必要があり、その調整が為替レートに影響を与える可能性があります。これを、**ポートフォリオ・リバランス効果**（portfolio rebalancing effect）といいます。

　一方、**シグナリング効果**（signaling effect）とは、各国の政策当局者が為替レートへの懸念を表明するなどして、介入を行う可能性が高まっていることを示すことで、市場参加者の為替レートの将来の予測、とくにそれに影響を及ぼす金融政策などが実施されるかどうかの予測が変化することにより、為替レートが変化することを指します。この場合、少額の介入のみ、または、実際には為替介入がなかったとしても、為替レートが動くことになります。G7のような各国の協調介入の場合には、シグナリング効果が強まる可能性があります。

　なお、日本の為替介入（円売り・ドル買い）について、実際に効果があったのか、すなわち、本当に円安に進んだかどうかの検証が数多く行われてきましたが、その効果は不確かです[10]。たとえば、Kearns and Rigobon（2005）は1991〜2002年の日次データを用いて、1兆円の円売り・ドル買い介入は為替レートを1.5%円安方向へ誘導できたという結果を示していますし、Chen, Watanabe, and Yabu（2012）は1991〜2002年の1時間レベルの円/ドル・レートのデータを用いて、1.8%円安方向へ誘導できたとの結果を得ています。しかし、1980年代のデータや月次データによる諸外国の分析では、介入効果に懐疑的なものも少なくありません。Takagi（2014）は日本の為替介入に関する研究のレビューをしていますが、多くの研究は、円売り・ドル買い介入についておおむね効果的であったものの、介入効果は1日以上持続せず、介入のインパクト

---

10) ここの記述は伊藤・藪（2017）を参考にしています。

は介入が行われる条件によって異なることを指摘しています。

> **Column ⑨　為替介入の有無およびその規模の推定**
>
> 　本文でも述べたとおり、財務省が為替介入をした場合、その詳細は一定期間後に開示されます。覆面介入が実施された場合、短期的に大幅に為替レートが動き、市場参加者の中でその有無が議論されます。市場参加者は介入の有無やその規模を、日銀当座預金における「財政等要因」の変動を用いて推測します。「財政等要因」は日銀当座預金の中でも国との財政資金などの受払によって変動します。たとえば、円買い・ドル売り介入を行った場合、市場の資金が一時的に吸収されることで、2営業日後の日銀当座預金の財政等要因が下振れすることになります。日本では、事前に、短資会社が（為替介入の影響がない）「財政等要因」の予測を出しているため、日銀が公表する「財政等要因」との差分をとることで介入規模を推定することが可能であり、この手法は市場参加者やメディアなどで広く使われています。もっとも、この方法では短資会社の予測が正確ではないことなどを理由に数千億円規模で誤差が生じえます。

第 **III** 部

経済危機と国際金融システム

第 9 章　データから見た経済危機の特徴

第 10 章　通貨危機・国際収支危機

第 11 章　国家債務危機

第 12 章　複合的な危機

第 13 章　国際経済システムの変遷と課題

第**9**章

データから見た経済危機の特徴

🌐 イントロダクション

　第Ⅲ部では、マクロ経済の3つの事象のうち最後の1つである、「経済危機」
に焦点を当てて解説します。本章では、はじめに経済危機や金融危機とは何か、
その定義を確認します。そのうえで、危機に関するさまざまなデータを俯瞰し
ながら、危機が持つ多様な特徴について解説していきます。

1 経済危機・金融危機の定義

　経済危機（economic crisis）といえば、GDP が大きく下がることを指しま
す。その原因の1つ目は、経済にとって外生的（exogenous）で巨大な攪乱で
す。たとえば、震災や大型台風などといった自然災害があります。新型コロナ
ウイルスのような感染症の蔓延もそうです。人災として、対外的な戦争や内戦
などによる経済危機もあります。また、一国経済だけに着目すれば、石油ショ
ックのような必需品の世界価格の乱高下も外生的な攪乱要因であり、それによ
って起こる経済危機もあります。

　それに対し、日々の経済活動を営んでいる間にどうしたわけか歪みが生じ、
それがあるときはじけるような、内生的（endogenous）で巨大な攪乱があり
ます。それは広い意味での金融市場において起こるため、**金融危機**（financial
crisis）と呼ばれます。金融危機というと、銀行危機（banking crisis）や金融市

場の危機（financial market crisis）を思い浮かべるかもしれません。これらは狭い意味での金融危機です。広い意味では、国際金融市場や国債市場で起きる金融危機も含みます。たとえば、新興市場国の通貨が暴落したといったニュースをときどき目にすることがありますが、これは**通貨危機**（currency crisis）と呼ばれます。また、外国人投資家が急に新興市場国への投資を引き揚げてしまうような危機もあり、これは**国際収支危機**（BOP crisis）といいます。これら2つは一国の対外経済部門で起こるので、**対外部門危機**（external sector crisis）と総称されることもあります。

国債市場では、ほとんど誰も国債を買わなくなるような危機が起こることもあり、これは**国家債務危機**（sovereign debt crisis）と呼ばれます。とりわけ、海外投資家が手を引くことが多く、また新興市場国の国債は外国人向けにロンドンなどの国際金融市場で多く売り出され、取引されていることから、国家債務危機は国際金融の中心的な問題として認識されてきました。

銀行危機、通貨危機、国家債務危機などが複合的に発生することもあります。この場合は、**複合危機**（twin / triple crisis）と呼ばれます。また、一国に限らず多くの国で同時期に起こることもあります。たとえば、1997年に起きたアジア金融危機や、2008年に起きた世界金融危機が挙げられます（詳しくは第12章を参照）。

1970年代以降、世界のどこかで、10年に1度以上の頻度で複数国にまたがる経済危機が起きています。そうした多くの危機に対して、各国は国際的に協調して対応してきました。その一方で、先進国の通常の景気循環や発展途上国の経済成長といった、伝統的なマクロ経済学が研究対象としてきた事象と比べると、経済危機については、相対的に研究の蓄積が少ないといえるでしょう。銀行危機に対しては金融論の分野で研究されてきましたが、他の広義の金融危機は伝統的に国際金融の分野で研究されてきました[1]。とりわけ世界金融危機以降、金融危機の研究は活発になってきました。

以下ではまず、実証的な調査・研究からわかってきたさまざまな金融危機の特徴を紹介します。その後、金融危機の定義をしたうえで、金融危機の共通性

1）銀行危機や金融市場の危機など、狭義の金融危機については植田（2022）を参照。本書では、その他の広義の金融危機にフォーカスして説明します。

130 | 第Ⅲ部 経済危機と国際金融システム

や予防について議論します。そして、理論や実証的な研究から導かれる望ましい政策についても説明します。

2 さまざまな金融危機の特徴

前節ではさまざまなタイプの金融危機があることを概観しましたが、実は金融危機を定義すること自体、必ずしも容易なことではありません。また、金融危機が発生したとしても、必ずしも経済危機につながる（GDP が大きく下がる）とは限りません。

たとえば、多くの場合、為替が1年で15%より大きく減価したら「通貨危機」であると定義されています（詳しくは、第3節参照）。しかし、円/ドル・レートはボラティリティが非常に大きいため、この定義を厳密に適用すると、円はしばしば通貨危機が起こっていることになってしまいます。ですが、日本の現状が通貨危機であるといわれても、違和感を覚える人は多いはずです。なぜなら、日本の場合、円高や円安になって困ったと嘆く人は多いものの、たとえば、アルゼンチンやギリシャのように、GDP が10%下がったというような経済危機は、敗戦直後を除けばこれまで起きていないからです。

ラインハートとロゴフによれば、図9.1のように1900年から世界の国々はたびたび金融危機に襲われました（Reinhart and Rogoff, 2014）。縦軸は銀行危機、通貨危機、国家債務破綻（デフォルト危機）、インフレ危機を各国の所得で加重平均して指数化した複合危機指数（Composite Regional and World Crisis Indices：BCDI）を示していますが、第二次世界大戦前には世界レベルでの金融危機が何度も起きていることがわかります[2]。第二次世界大戦後しばらくは、金融危機があまり発生しませんでしたが、1970年頃のニクソン・ショックおよび石油ショックを境に再び頻度が上昇傾向にあるように見えます。とりわけ、2008年の世界金融危機は、1929年に端を発した世界大恐慌にも匹敵する世界レベルでの危機でした。

---

2) 広義の国家債務危機は国家債務破綻（デフォルト）だけでなく、高インフレによる国家債務の実質的な軽減（インフレ危機）を含みます。図9.1では、この2つを区別して指数化しています。

第 9 章　データから見た経済危機の特徴

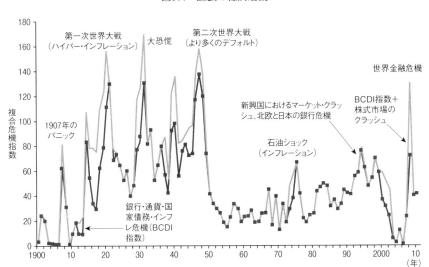

図9.1　過去の経済危機

（注）黒い線は BCDI 指数を示している。BCDI 指数とは、銀行危機、通貨危機、国家債務破綻、インフレ危機を各国の所得で加重平均して指数化したもの。グレーの線は、BCDI 指数に株価の暴落を加えたもの。詳細は Reinhart and Rogoff（2014）を参照。
（出所）Claessens et al.（2014）, Figure 3.1.

　1970 年以降でよく知られている金融危機としては、1980 年代のラテンアメリカを中心とした国家債務危機、1990 年代前半のラテンアメリカを中心とした通貨危機とハイパー・インフレーション、1997〜98 年のアジア金融危機などが挙げられます。これらは、多少飛び火はしていますが、基本的には1つの地域にかなり限定されたものでした。また、それぞれの国に特有な金融危機は多数発生しています。図 9.1 にも示したように、1990 年代の日本の銀行危機がその例です。なお、波及関係はないはずですが、同じ時期に北欧でも銀行危機が起こっています。こうした国や地域に限らず、世界レベルで危機が起きたことが 2008 年の世界金融危機の1つの特徴です。

　金融危機ではありませんが、世界規模で経済危機が発生することもあります。1973 年と 78 年に発生した石油ショック、2020 年 3 月からの新型コロナウイルスの蔓延による経済危機、さらに 2022 年 2 月からのロシアによるウクライナ侵攻に伴う高インフレからの経済危機などが、その例として挙げられます。

　上述の金融危機は 1970〜2011 年に限っても、国家債務危機、通貨危機、銀

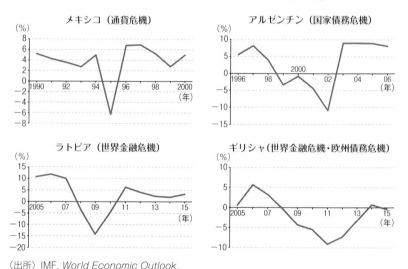

図9.2 過去の金融危機のベン図

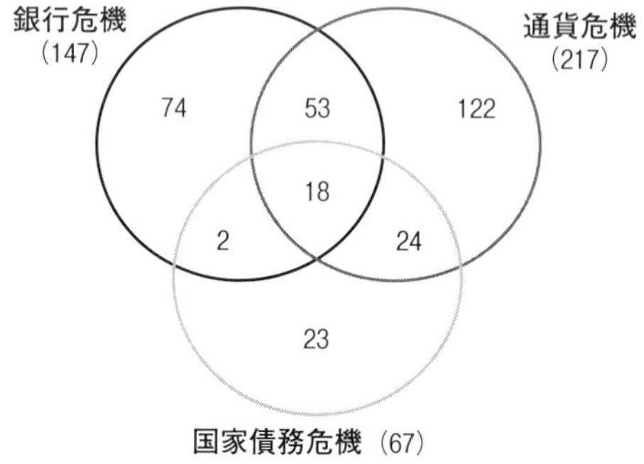

（注）サンプルは181カ国。期間は1970〜2011年。
（出所）Claessens et al. (2014), Figure 1.5.

図9.3 金融危機における実質GDP成長率の推移の例

（出所）IMF, *World Economic Outlook*.

行危機などが単独で起こるだけでなく、同時に複合的に発生することもよくありました。図9.2をみると、全体で銀行危機が147、通貨危機が217、国家債務危機が67ある中、3つの危機が同時に起きているケースは18あり、2つが同時に起きているケースは79あります。

　金融危機は多くの場合、実質GDP成長率を大きく下げ、いわゆる経済危機

をもたらします。図 9.3 では 4 つの例を挙げていますが、いずれの場合も危機時に GDP 成長率が大きく落ち込んでいることが見て取れます。

3 さまざまな金融危機の定義

前節で解説したさまざまな金融危機については、研究者によってそれぞれ厳密に定義されています。ここでは、通貨危機、国際収支危機、銀行危機の定義を紹介します。国家債務危機の定義については、第 11 章で詳しく解説します。

3.1 通貨危機の定義

通貨危機の定義は研究者によって多少異なりますが、著名なものとしては以下の 2 つがあります。

(1) Reinhart and Rogoff（2009）では 1 年で 15％以上の通貨の減価
(2) Frankel and Rose（1996）ではより深刻な危機にのみ注目し、1 年で 25％の通貨の減価が起こり、かつ少なくとも前年よりその減価率が 10％以上大きいこと

これらの定義によれば、近年でも 2013 年、2015 年、そして 2022 年には日本でも通貨危機が起きているということになります（図 9.4 を参照）。しかし、だからと言って経済危機が起きているわけではありません。

3.2 国際収支危機の定義

一般的に、外貨準備が少なくなり、輸出もそれほど見込めないと、輸入ができなくなり、企業活動や国民生活に支障をきたすようになります。このような状況が国際収支危機ですが、通常これが起きるのは、海外投資家が急速に資金を引き揚げるときです。また、国内資産家も急速に海外に資金を逃避させることも多いです。このような動きを**サドン・ストップ**（sudden stop）といいます。この場合、海外からの財・サービスの輸入を裏付ける（BPM5 での）資本収支が急速に赤字になります。さらに、第 3 章で説明したように、(3.1) 式（BPM5）で $CA + KA = \Delta R$ なので、外貨準備がなければ輸入ができなくな

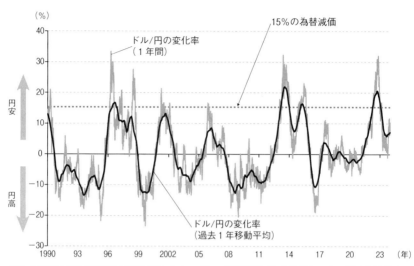

図9.4 為替レート（ドル/円）の変化率（年率）

（注）1年間は250営業日で定義しています。グレーの実線は日次の為替レート、黒の実線はその1年間の移動平均です。
（出所）Bloomberg.

り、経常収支に制限がかかります。

Becker and Mauro（2006）および Calvo, Izquierdo, and Mejía（2008）では、サドン・ストップの定義は、1年あるいはそれ以上の期間において、平均的な資本流入に比べて2標準偏差以上、流入が細ることです。その始まり（終わり）の基準は、「平均的な資本流入に比べ、1標準偏差分平均から乖離したとき」とされています[3]。

国際収支危機についても同じように資金流出のデータを用いることが通例です。ただし、より広い概念の国際収支危機については、経常収支赤字を定義に用いるようなものもありますが、結果的に、サドン・ストップと同じ国が該当する傾向があります[4]。

---

3) Calvo, Izquierdo, and Mejía（2008）では、1992年から2004年の月次ベースのデータを用い、貿易収支に一定の調整を加えたもので資本フローの代理変数を構築し、そのデータを用いて標準偏差（分散の平方根）を計算しています。標準偏差は変数のばらつきを表す代表的な統計量です。2標準偏差分が平均から乖離する現象は、ほぼ5％の確率でしか起こりません。

3.3 銀行危機の定義

ラインハートとロゴフは、銀行危機を次の2つの出来事をベースに定義しています（Reinhart and Rogoff, 2009）[5]。

(1) 銀行の閉鎖、合併、国有化につながるような取付騒ぎ
(2) 取付騒ぎが起きていない場合、重要な金融機関の閉鎖、合併、買収、大規模な政府支援がなされ、他の金融機関についても同様の措置がとられている状態

研究者によって、危機が発生する時点の判断に多少違いが生まれますが、研究者間でスタンダードなものとして使われている定義では、ラインハートとロゴフと似たような定義がなされています（Laeven and Valencia, 2014, 2018）。しかし、危機の発生に関する判断基準は若干異なっており、たとえば日本の銀行危機の始まりは Reinhart and Rogoff（2009）では 1992 年とされていますが、Laeven and Valencia（2014, 2018）では 1997 年とされています[6]。

株価の暴落や住宅価格の低迷は、それだけでは金融危機とはみなしません。たとえば、1990 年代の終わりに米国では IT バブルがあり、IT セクターの株価が急騰しました。その後、IT バブルが崩壊して 2000 年にはナスダック総合指数は 80％以上下がりました。しかし、米国の GDP にはほとんど影響がありませんでした。株価の大きな変動は金融危機にあまりつながらない一方、地価の大きな変動は金融危機になりやすいことを示す研究もあります（Claessens et al., 2014）。これは、どの国でも（米国でさえ）株式への投資は比較的富裕な層に限られていることに対し、住宅や事業用土地は幅広く国民に保有されているからと考えられます。

---

4) たとえば、Forbes and Warnock（2012）を参照。
5) 銀行の相対価格（市場全体の値動きに対する株価）も危機のよい指標になるものの、過去のデータや途上国のデータが得られないことが指摘されています。
6) Laeven and Valencia（2014, 2018）は 1970 年からの銀行危機について調べ直している一方、Reinhart and Rogoff（2009）は 1800 年からのさまざまな危機をカバーしています。Reinhart and Rogoff（2009）によれば、日本は、① 1872〜76 年、② 1882〜85 年、③ 1901 年、④ 1907 年、⑤ 1917 年、⑥ 1923 年、⑦ 1927 年、⑧ 1992〜97 年に起きた銀行危機が該当します。

4 さまざまな金融危機の共通性

広義の金融危機には、ある程度の共通性がみられます[7]。

(1) 金融危機による経済の低迷は、通常の不況に比べ、より深く回復が遅いという特徴を持つことが、実証的に示されています。すなわち、通常の景気循環の不況とは異なる「経済危機」を引き起こすわけです

(2) 金融危機に先立って、(銀行貸出などによる) 信用の異常な増加 (credit boom) が起きている場合が多いことも、実証的に示されています

(3) 政策対応としては、金融危機が頻繁に起きている新興市場国では、主に構造的な根本要因への対応が行われます。しかし、2008 年の世界金融危機は主に先進国における危機でしたが、先進国では構造改革が遅れがちになり、その分財政・金融政策が実施されました

(4) 金融危機は、ほとんどの人にとっては、突然起きたように思われているようです。しかし、現在は平穏な状況に見えていても、経済のファンダメンタルズに何らかの問題が生じていて、対応がなされなければ、いつか突然市場が反応し危機が発生します

以下では、(4) のように突発的に見える市場の反応について、過去の典型的な金融危機前後の例を挙げます。

4.1 通貨危機の例

1995 年にメキシコで通貨危機が起こりましたが、その原因は典型的な固定相場制への投資家によるアタック (売り込み) でした。1995 年までは固定相場制を維持していましたが、突然為替レートを大きく減価せざるをえなかったのです。図 9.5 をみると、1995 年における急激な減価が確認できます。1 カ月程度の間にメキシコ・ペソ (対ドル) は 3 ペソ台半ばから 6 ペソへとおおよそ 100％弱の下落をし、1 年ほどで累積的に 8 ペソ弱 (250％弱) まで下落しまし

---

7) これは Claessens et al.（2014）に示されています。

図9.5 メキシコ・ペソ（対ドル）の推移

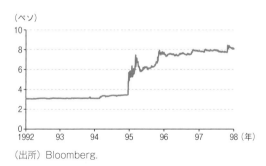

（出所）Bloomberg.

図9.6 コロナ禍における為替レートの推移（トルコ、南アフリカ、ブラジル）

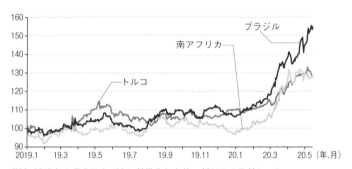

（注）2019年1月2日を100に基準化した値。対ドルの為替レート。
（出所）Bloomberg.

た。

　新型コロナ・パンデミックは、2020年初頭に世界に広がりました。図9.6は新興市場国の中でも、トルコ、南アフリカ、ブラジルの為替レートの推移を示していますが（2019年1月2日を100に基準化）、2020年3月に入り、急激な為替安、すなわち通貨危機を経験したことが見て取れます。

4.2 国際収支危機の例

　図9.7は世界金融危機とコロナ禍におけるサドン・ストップを示しています。コロナ禍における新興市場国からの資金流出は2008年の世界金融危機と同水準であることが確認できます。図9.8は非居住者のポートフォリオの資金

図9.7 新興市場国の債券ファンドの資金流出入（週次ベース）

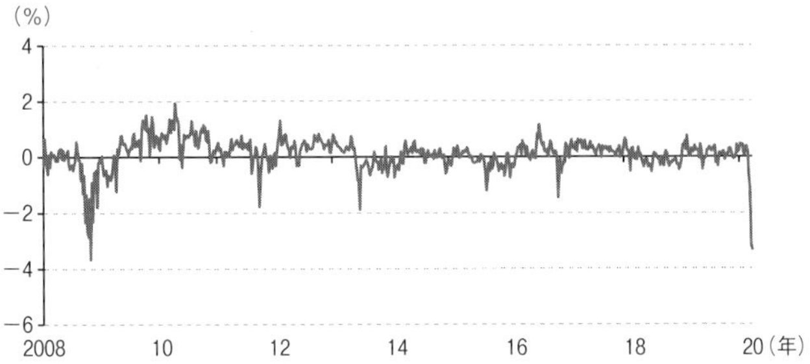

（出所）Emerging Portfolio Fund Research.

図9.8 非居住者のポートフォリオの資金流出入

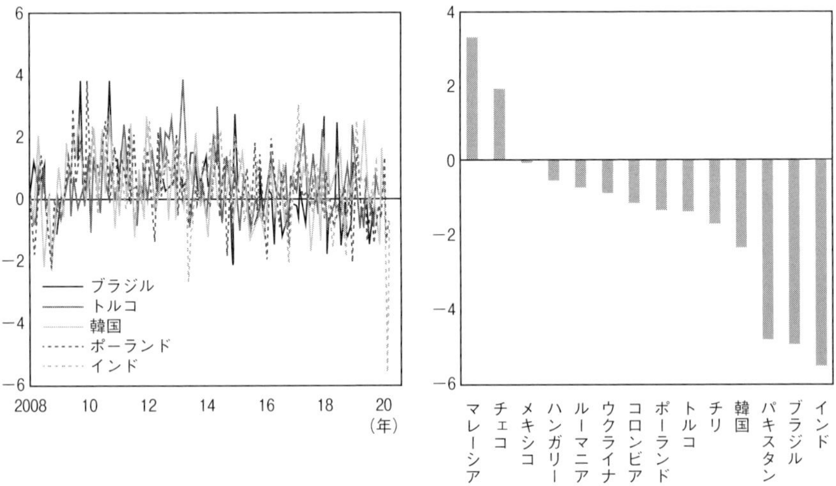

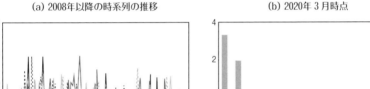

(a) 2008年以降の時系列の推移　　(b) 2020年3月時点

（注）非居住者の資金流出入を2010年1月以降の標準偏差で調整している。(a)は月次ベース。(b)は2010年1月から2020年3月における非居住者の資金流出入を過去の標準偏差で割った値。
（出所）Institute of International Finance.

流出入をみていますが、ブラジルやインドなどの影響がとくに大きいことが確認できます。

4.3　銀行危機の例

　日本では、1997年に山一證券や北海道拓殖銀行が破綻するなど、銀行危機

図9.9　ジャパン・プレミアムの推移

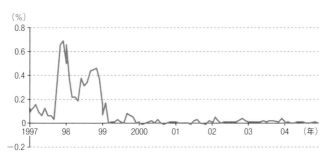

（出所）日本銀行ホームページ（https://www.boj.or.jp/statistics/stop/premium/index.htm）。

図9.10　米国金融機関の株価の推移

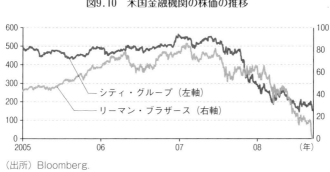

（出所）Bloomberg.

が起こりました。国際金融市場はロンドンが最も発展しており、通常であればロンドン市場における指標金利であるLIBORで金融機関は取引ができるはずです（第7章のColumn ⑦を参照）。しかし、当時は日本の金融機関の信用が低下したため、日本の金融機関が国際金融市場で取引する際にLIBORより高い金利（つまり追加的なプレミアム）を求められました。これが第7章で紹介したジャパン・プレミアムです。図9.9はジャパン・プレミアムの推移ですが、1997年後半にプレミアムが急騰していることがわかります。

　図9.10は米国で発生したサブプライム・ローン危機の前後の、シティ・グループおよびリーマン・ブラザーズの株価推移になります。この際に起きたリーマン・ブラザーズの倒産（いわゆるリーマン・ショック）を機に、世界金融危機が起こりました。

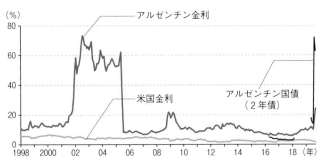

図9.11 アルゼンチンと米国金利の推移

（注）米国金利は10年債。アルゼンチン金利は、簡易的にスプレッドを金利にするため米国金利を足し上げている。
（出所）アルゼンチン金利は Emerging Markets Bond Index、米国金利およびアルゼンチン国債（2年債）は Bloomberg。

4.4 国家債務危機の例

アルゼンチンではしばしば国家財政が破綻しますが、近年では2000年代初め、それから2019年、2020年にかけてデフォルト（債務不履行）をしています。このように頻繁にデフォルトを起こすアルゼンチン国債ですら、実際のデフォルト・リスクが反映されるのはその直前です。図9.11をみると、2001年と2019年に金利が急騰していることがわかります。ピークでは70％以上の金利を付けています。

また、図9.11をみると、2005年半ばに国債金利が低下していることもわかります。2005年に民間債務について大部分の債券元本削減を内容とする再編を実施し、そのうえで国際金融市場に復帰し、新しく国債を発行できるようになりました。

2008年に発生した世界金融危機時には、「欧州債務危機」と呼ばれる危機が欧州で起きていました。その典型例がギリシャです。図9.12をみると、それまでドイツと似通った金利であったものの、2010年年初から金利が急騰しはじめ、ピークには40％近くもの金利を付けていることが確認できます。

次章以降では、これらの金融危機の背景にある経済学的な考え方を、国際金融市場の危機として通貨危機、国際収支危機、国家債務危機の順に説明していきます。

図9.12 ギリシャとドイツ金利の推移

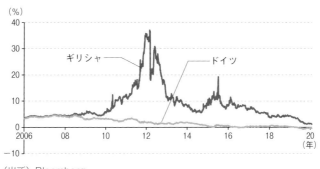

(出所) Bloomberg.

5 金融危機の予防

　金融危機は多くの場合、GDP を大きく下げる経済危機につながるので、各国とも「できれば避けたい」という点では一致しています。各国政府、IMF などの国際機関、民間の金融機関、また大学の研究者なども、金融危機の予測をし、予防しようと努めています。

　しかし、状況を複雑にしている要素が 2 つあります。1 つ目は、実際に危機を予防できた場合、危機は起きていないので、危機が予防できたという事実が伝わらないということです。実際、予防できた金融危機はかなり多いのではないかと筆者たちは思っています。この点は、台風などの自然災害と異なります。

　2 つ目は、どのような種類であれ金融危機のトリガーは市場の反応になりますが、危機は似たような状況だからといって必ずしも同じときに現れるとは限らないということです。火山の例でいえば、金融危機は噴火であり、噴火に向けてマグマがたまってきている状態が、金融危機が近いという状況に対応します。地震の例でいえば、金融危機は地震それ自体であり、地震の前にプレートの歪みが強くなっている状態が、金融危機が近いという状況に対応します。つまり、金融危機には火山噴火や地震と同様の側面もあり、危機につながる歪み

が強くなっているということがわかっても、危機自体がいつ起きるかは予知ができません。したがって、実務家や研究者は、危機につながる歪みをモニターしています。

たとえば、IMFでは4条協議や世界経済白書、国際金融安定性報告書などの分析に加え、内部での脆弱性分析（vulnerability exercise）を通じて、とくに危機につながる歪みを明らかにしようとしています。これらの主要な結果は、**金融安定理事会**（Financial Stability Board：FSB）という国際的な金融システムの安定を目的とする、主要国によって世界金融危機時に設立された組織と共同で、早期警報措置（early warning exercise）として発表するなどの対応をしてきました。

金融危機がいったん起きてからは、緊急的な措置としての政策が必要であり、また、それが終わってからは正常化に向けた措置が必要となります。それぞれの段階で、政策がある程度大きく変わることは認識しなければいけません。たとえば、非常に緩和的な財政は平時に継続的に行うべきではありませんが、危機のときにはある程度の財政出動はやむをえません。しかしそれも、1〜2年後には、正常化に向かわなければならないでしょう。また、銀行の救済も同様です。このように、平時と危機時では異なった対応がとられるということを理解しておく必要があります。たとえるなら、木造家屋に水を掛け続けるという行為は、火事のときには行うべきですが、平時にそれをすると家屋の構造を腐らせかねません。

第10章
通貨危機・国際収支危機

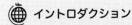 **イントロダクション**

前章で説明したように、広義の金融危機のうち、一国経済からみて対外部門危機 (external sector crisis) として、「通貨危機」と「国際収支危機」と呼ばれる2つの危機があります。両者は密接に結びついているため、同時に起こることが多いとされています。本章では、この2つの危機に関する理論と実証研究を紹介します。

1 第1世代モデル

通貨危機 (currency crisis) の理論は、よく第1世代、第2世代、第3世代に区分されます[1]。第1世代の理論は、ポール・クルーグマンが提唱したモデルから始まりました (Krugman, 1979)。このモデルでは、政府がファンダメンタルズから乖離した固定相場制をとっていると想定します。したがって、政府は必要なときには為替介入をして、固定相場制を維持しています。主に為替下落圧力に面している新興市場国を対象として考えているモデルなので、ここでの為替介入は、ドルを売って自国通貨を買い支えるということです。

為替市場で政府がドルを売るということは、外貨準備が減少していくという

---

[1] Jeanne (1999)、Lorenzoni (2014) のように「世代」の区分に焦点を当てず、危機のメカニズムに焦点を当てて分類されることもあります。

ことです。ここで、投資家は為替相場がファンダメンタルズから乖離していることを知っているため、外貨準備が枯渇していくこと、すなわち為替介入は続かないことに気づくはずです[2]。さらに、投資家は、場合によっては明日、他の投資家によって為替が売り込まれ、固定相場が維持できなくなる可能性があると、どこかの時点で疑念を持つでしょう。そうであれば、今日のうちに自分は為替を売り込んでおいたほうが得です。これを皆が行うと、為替の売り込みは外貨準備がまだある程度残っているうちから起こります。つまり、その政府にとってはまだまだ外貨準備があると思っている段階で自国通貨が売り込まれてしまい、固定相場を維持できずに危機が起こるというモデルになっています。トリガーは投資家の行動ですが、根本的には「政府がファンダメンタルズと乖離するような誤った政策をとっているため危機が発生する」と考えている点が、このモデルの特徴です。

　なお、為替が売り込まれるということは、現地通貨建ての資産が売り込まれ、代わりに海外資産が買われていることになります。それは（BPM5で）資本収支が減少（資本流出）する方向になります。そこで、第3章の（3.1）式（BPM5）において $CA + KA = \Delta R$ なので、固定相場を維持するためには政府は外貨準備を減少させて対応することになります。しかし前章で述べたとおり、外貨準備が少なくなり、輸出もそれほど見込めないと、輸入のための外貨準備が枯渇し、企業活動や国民生活に支障をきたすようになります。このような状況が、国際収支危機（BOP crisis）です。現実には多くの場合、海外投資家による投資の急激な引き揚げ（サドン・ストップ）が端緒となります。外貨準備が豊富にない場合、変動相場制でも、サドン・ストップ、そして国際収支危機が起こることがあります。

　ファンダメンタルズとの関わりにおける、ある程度複雑なメカニズムも考えてみましょう。政府は為替レートを固定しているとします。同時に、政府は慢性的な財政赤字を抱えており、それを国内外からの借入ではファイナンスできず、中央銀行が国債を買うことでその赤字をサポート（財政ファイナンス）しているとします。今固定されている為替レートが購買力平価とほぼ等しいとす

---

2) 第8章で述べたように、日本の為替介入は、むしろ逆のことがほとんどでした。すなわち、円高を抑えるために円を売ってドルを買う介入であり、そのため外貨準備も増えることになります。この場合は、為替介入に予算制約的な意味での制約はありません。

れば、そのファンダメンタルズに基づいた固定相場を維持するためには、インフレを安定化させる必要があります。このモデルでは、中央銀行が貨幣供給量（マネー・サプライ）を一定にすることでインフレを安定化させることができると仮定します[3]。

ここでは政府が恒常的に財政赤字を出しており、貨幣供給を増やして国債を購入するとインフレが起きます。したがって、為替は減価することが予測されるので、市場でその通貨に売り圧力がかかることになります。この状況で、固定相場を維持するには、外貨準備であるドルを売って、自国通貨を買わざるをえません。別の見方をすれば、これはマネー・サプライを一定にするために、外貨準備を減少させていることになります。すなわち、外貨準備を用いて固定相場を維持している状態です。しかし、いつかは外貨準備の枯渇を招き、固定相場制を放棄することになります。

その典型的な事例は、ペルーのケースです[4]。ペルーは1980年前半に国債のデフォルトをした結果、新しい借入ができなくなり、中央銀行が財政赤字を補填することになりました。ペルーは1982〜84年には変動相場制を採用していましたが、マネー・サプライが増加し、インフレが進み、通貨が減価していました。経済の悪化に伴い、ペルー政府は1985年に自国通貨をドルに対して固定相場にしました（ドルにペッグしました）。それと同時に、インフレをコントロールし、財政ファイナンスをやめる努力をしました。この政策は、当初はうまくいったものの、財政赤字および財政ファイナンスが続く中で国内の信用は膨張していきました。ドルにペッグするためにはマネー・サプライを一定に維持する必要がありますが、このことは中央銀行の保有する外貨準備が減少していく方向へ働きます。結局、市場の圧力もあり、外貨準備が枯渇する前に、1988年にペルーはドルへのペッグを放棄せざるをえませんでした。図10.1は、この期間の為替レートと外貨準備の変動を示しています。

---

3) マクロ経済学では、一般的にマネー・サプライがインフレを左右すると仮定されてきました。ただし、金融政策に関する研究では、この仮定がどの程度成立しているのかについての研究が現在もなされます。

4) 諸外国、とりわけ発展途上国では、為替の安定そのものがインフレを抑えるためのアンカーとして使われるなど、金融政策の重要な1つとなっていることも少なくありません。そのため往々にして、中央銀行が為替政策も担っているケースが多くみられます。

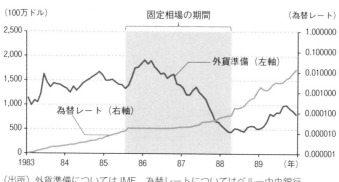

図10.1 ペルーにおける為替レートと外貨準備の推移

(出所) 外貨準備についてはIMF、為替レートについてはペルー中央銀行。

2 第2世代モデル

　第1世代のモデルでは、政策のミスにより危機が発生するという点が特徴でした。しかし、通貨危機に襲われた当局は、往々にして通貨危機は投資家のせいだといいます。それを弁護するような示唆をもたらすのが、第2世代の理論です。このようなモデルでは、政策のミスがないにもかかわらず通貨危機が起こりえます。本節では、第2世代の典型的なモデルであるObstfeld (1996) に基づいて解説します。

2.1 通貨危機の自己実現モデル

　ある国が固定相場制をとっており、政府・中央銀行（当局）にはある程度の外貨準備（ドル資産）があると仮定します。通常は、財の輸入に際して現地通貨（仮にペソとします）を当局に持ち込みドルに替えて、そのドルで外国から財を購入します。このように、ドル需要が一定程度ありますが、ほぼ同時に輸出を通じてドルを稼いでいるので、急激なドル需要がなければそれほど多くの外貨準備は必要ありません。

　ここで、国全体で輸入に必要なドルを対GDP比でαとします。つまり、多少輸出がうまくいかなかったとしても、αの外貨準備があれば、当局はドル需

第10章　通貨危機・国際収支危機　*147*

表10.1　通貨危機の自己実現

(a) 通貨危機が起こるケース：外貨準備（α）が小さい

自分　　　　　その他大勢	ペソを保持	ドルに交換（ペソ売り）
ペソを保持	$(0, 0)$	$\left(-\dfrac{1}{2}, -\dfrac{1}{2}(1-\alpha)\right)$
ドルに交換（ペソ売り）	$\left(-\dfrac{1}{4}, 0\right)$	$\left(-\dfrac{1}{2}(1-\alpha), -\dfrac{1}{2}(1-\alpha)\right)$

(b) 通貨危機が起こらないケース：外貨準備（α）が大きい

自分　　　　　その他大勢	ペソを保持	ドルに交換（ペソ売り）
ペソを保持	$(0, 0)$	$\left(0, -\dfrac{1}{4}\right)$
ドルに交換（ペソ売り）	$\left(-\dfrac{1}{4}, 0\right)$	$\left(-\dfrac{1}{4}, -\dfrac{1}{4}\right)$

（出所）筆者作成。

要に応えることができ、固定相場を維持できるとします。ただし、外貨準備を上回るドル交換（ペソ売り）需要があると、当局は固定相場を維持できなくなり、いわゆる通貨危機が発生することになると考えます。

　輸入量を考えれば、α の外貨準備で問題ないように思われます。しかし、実はこの状況は通貨危機が発生する可能性をはらんでいます。仮に他の大勢の人々が、急に現地通貨（ペソ）を大量にドルに交換したいと殺到している状況を目にしたら、どうするでしょうか。この状況を、以下のような仮定を置いた表10.1に表現しています[5]。

　外貨準備が（多くの国のように）それほど多くはないとすれば、大勢の国民

----

5) この表は一般的な2人ゲームの利得表に似ていますが、異なるものです。この表では全員が「ペソを保持」、または、全員が「ドルに交換（ペソを売る）」という対称均衡になりうる利得を、左上と右下のセルに表しています。また、その均衡の近傍で、1人がその均衡戦略から逸脱する場合のその本人とその他大勢の利得を、左下と右上のセルに示しています。

148　第 III 部　経済危機と国際金融システム

がドルを売ることで外貨準備が枯渇し、通貨危機が起きると考えます。これを表 10.1 (a) で表します。とくに右側の列は、（その他）大勢がペソを売ってドルに替えようとすることで通貨危機が起きています。

- 通貨危機が起きていない場合、現地通貨を余分に外貨に替えると日常的に不便なので、ペソ売りをしたときの 1 人当たり利得は $-1/4$ と仮定します
- 通貨危機が起きる場合、現地通貨を外貨に替えるときの相場は大きく下がり、（輸入財価格の急上昇など）コストが大きいと考えられますが、それを仮に 1 人当たりの利得（対 GDP 比）で $-1/2$ とします。ただし外貨準備がある限りは、元の為替レートが維持され、同じ日に両替をしたら等しく外貨準備のドルを利用できるとし、その分（α）は人々の利得が低下しないと考えます
- 外貨準備が非常に大きい場合はその他大勢の人がペソ売りをしても通貨危機が起こらないと考え、表 10.1 (b) で表されます

ここで、外貨準備が小さいとき（表 10.1 (a)）のゲームの均衡は、以下のようになります。

- その他大勢の人がペソ売りをしなければ、自分もペソ売りをしないほうが得なので、ペソを保持することが最適反応となり、表の左上のセルが均衡となります
- 一方、その他大勢の人がペソを売る場合、自分もペソを売ってわずかでも外貨準備のドルの一部を入手するほうが得なので、表の右下のセルが均衡となります

すなわち、外貨準備がそれほど大きくないときは、**複数均衡**が存在することになり、ファンダメンタルズが同じ場合でも、世間の噂などにより良い均衡から悪い均衡へ移り変わり、急に通貨危機が起こる可能性があります。しかしながら、外貨準備が十分に大きければ、その他大勢の人がペソ売りをしても、当局は固定相場を維持できる状況であり、通貨危機は発生しません。これは表 10.1 (b) で表された状況であり、ペソを保持すること（左上のセル）が唯一の均衡となります。

なお、ここで説明したモデルは、2022 年にノーベル経済学賞を受賞したダ

グラス・ダイアモンドとフィリップ・ディビッグが提唱した、預金を取り扱う銀行への取付騒ぎ（銀行危機）のスタンダードな理論（Diamond and Dybvig, 1983）を、通貨危機に応用したものです[6]。ただし、世界金融危機の際に問題となったのは、伝統的な預金を取り扱う銀行ではなく、投資銀行や保険会社を含む大きな金融機関でした。これは**大きくて潰せない**（Too-Big-To-Fail：TBTF）**問題**と呼ばれ、これによるモラル・ハザードで金融機関や金融市場の危機（狭義の金融危機）が起きることも知られています（モラル・ハザードについては後述）。狭義の金融危機については、植田（2022）を参照してください。同様に、危機に陥った国を助ける IMF がモラル・ハザードを招いているという批判もあります。

2.2 第2世代モデルの示唆

前項で見たように、通貨危機の第2世代モデルは、政府が固定相場制（クローリング・ペッグなども含む）を維持しているときに、風評などで通貨が投資家から売り込まれるというものです。第1世代のモデルでは、政府が維持不可能な政策など誤った政策をとった結果、通貨危機が起こることを想定していましたが、第2世代のモデルの考え方に立つと、「通貨を売り込まれた政府は誤った政策をとっているわけではなく、通貨危機の発生は悪徳投機家のせいだ」と主張することがあります[7]。

その1つの例としてよく挙げられるのが、1992年に発生した英ポンド危機

---

[6] Obstfeld（1996）のモデルの構造は Diamond and Dybvig（1983）の銀行危機モデルとほぼ同じです。大きな違いは、ダイアモンド＝ディビッグ・モデルにおける銀行預金が、Obstfeld のモデルでは外貨準備となっている点です。

　ただし、ダイアモンド＝ディビッグ・モデルにおいても、銀行が中央銀行に準備預金を多く積めば銀行危機はなくなると考えられますが、そうすると銀行の重要な機能である信用創造が失われ、世界経済全体に負の影響が及んでしまいます。そのため、準備預金を多く積むという対策は現実的なものではありません。一方、固定相場を維持するために外貨準備を多く持つ場合、その分だけその国の通貨発行益が失われますが、その分だけ他国（ドルの場合は米国）に移転するので、世界経済全体では損失はありません。そのため、固定相場制における通貨危機の予防として、外貨準備を十分に持つことが推奨されます。

[7] 多くの経済学者は、投機家と投資家に違いはない、また悪徳か否かの判断はできないと考えています。

です。ユーロが導入される 1999 年以前の欧州には「欧州為替相場メカニズム（European exchange Rate Mechanism：ERM）」があり、各国の為替相場の変動幅を±2.25％以内に抑えることを原則としていました。英国も為替相場の変動幅を±2.25％以内に抑えていましたが、1992 年に投資家によるポンド売りを受け、為替のペッグを維持できず、変動相場制に移行しました[8]。

　このような第 2 世代のモデルは、政府側には落ち度がないことを裏付ける理論ともいえ、「通貨危機はすべて投機家のせいだ」という主張を裏付けるものでもあります。しかし、投機家と呼ばれる人たちも利益を求めているので、ファンダメンタルズから大きく乖離した通貨の売り込みはしないはずです。そのため、外貨準備のレベルをファンダメンタルズと捉えることもできます。その水準によっては、ある拍子に急に良い均衡から悪い均衡に移ることで通貨危機が起こると理解することもできます。ポンド危機も、外貨準備が十分であれば防ぐことができたかもしれません。そして、アジア諸国では 1997 年のアジア金融危機以降、外貨準備を積み増す傾向がみられるようになります。

3　第3世代モデル

　第 2 世代モデルは、政府には落ち度がないというモデルでした。しかし、危機に陥った国々をみてみると、外貨準備の水準だけでなく、制度や政策にさまざまな問題があったと思われるケースが少なくありません。もっとも第 1 世代モデルが想定しているような、明らかにファンダメンタルズから乖離した政策というのも多くはみられません。そこで、第 2 世代のモデルのように複数均衡を考えつつも、その理由をより明確に描き出すという第 3 世代のモデルが興隆しました。

　そもそも、複数均衡は理論的には正しいとしても、実際にはどの均衡が選ばれるかわからないため、現実との整合性が不明瞭であり、実証研究に適用しにくいという批判が向けられてきました。それに対して、ゲーム理論では均衡を

8）ERM は 1979 年からありましたが、英国が入ったのは 1990 年です。2 年ほどで離脱となりました。このときに有名になったのは、ヘッジファンドのマネージャーであるジョージ・ソロスです。

絞り込むという努力が行われています。通貨危機の理論に関しては、**グローバル・ゲーム**（global game）に基づくモデルが有名です（Morris and Shin, 1998）。これは純粋なゲーム理論である Carlsson and van Damme（1993）のモデルを応用したものです。また、2.1 項で述べた Obstfeld（1996）のモデルをさらに深く考察しているものとも解釈できます。Obstfeld（1996）のモデルでは、外貨準備の水準によっては複数均衡が発生していましたが、そのうちどの均衡が選ばれるかについて、外貨準備の水準との明確な関係は理論的に不明でした。しかし、グローバル・ゲームの考え方を使うと、均衡が1つに定まり、外貨準備の水準がさらに意味を持つようになります。

Morris and Shin（1998）のモデルでは、政府や中央銀行が有する外貨準備の水準はどの投資家も正確にはわかっておらず、投資家によって外貨準備に対する事前の予測値が異なるとします。ただし、他の投資家がある通貨を売り込むという行動は観察でき、その行動によって外貨準備の水準の予測を更新することになります。つまり、通貨を売り込んだ投資家が、政府が有する外貨準備は少ないと思っていることを知るわけです。すべての人の事前の予測が、外貨準備の真の値とは多少の誤差があるところで決まっているとすれば、人々は他の投資家の行動をみて、その誤差を是正しようとします。ある程度の投資家がある通貨を売り込むという行動をみると、自分の事前の予測は楽観的過ぎたと感じ、外貨準備の水準に関する予測を切り下げるわけです。均衡では、ある特定の外貨準備の値を閾値として、それより多ければ誰も売らず、それよりも少なければ全員が売り込み、通貨危機が起こることになります[9]。このようにして、複数均衡が消滅して均衡が1つに絞られることになります。そして、外貨準備を十分に持つという政策をとっていれば危機を防ぐことができることがわかります。

また、第3世代のモデルでは、銀行危機や国家債務危機なども内包して通貨危機や国際収支危機を説明するものが多く、通貨危機のモデルの範疇には収ま

9）その閾値より外貨準備が多い場合にも、通貨を売り込む投資家は一定数存在しています。ただし、その売り込みの数が政府に固定相場を放棄させるには十分ではありません。各投資家は、自分が受け取った外貨準備に関するノイズ付きの私的シグナルに従って行動を決定し、均衡では、各投資家が個別に受け取るシグナルが、ある閾値より低ければ、投資家は売り込みを行うこととなります。

らないことが往々にしてあります。ここで、銀行危機と通貨危機が同時に起きる Burnside, Eichenbaum, and Rebelo（2001, 2004）の議論を紹介しますが、その前に、その前提となる銀行危機の解説を簡単に行います。

2.1 項で紹介した Obstfeld（1996）のモデルのもととなっている Diamond and Dybvig（1983）の銀行危機モデルでは、預金者が（外貨準備ではなく）銀行預金の引き出しに殺到することで生じる銀行取付が、複数均衡の1つとして起こります。しかし、預金保険（および中央銀行の最後の貸し手機能）があれば、いざというときに政府が預金を保証するので銀行危機が理論的には起こらないことが知られています。ただし、そのような政府の保証があることで、銀行がきちんと経営を行わない可能性が生まれます。これを**モラル・ハザード**（moral hazard）の問題といいます。

このように預金保険には2つの相反する理論予測がありますが、それらのどちらが正しいかを検証するため、実証研究が多数行われました。たとえば、1980 年代には預金保険がない国が発展途上国を中心にたくさん存在したため、クロスカントリーのパネル・データを使った回帰分析を行うことができます。とくに、基本的には銀行危機の発生と預金保険は関係がないことを示した著名な分析があります（Demirgüç-Kunt and Detrageache, 2002）。

また、否定的な結果が得られている研究もあります（Calomiris and Jaremski, 2019）。米国の連邦預金保険公社（Federal Deposit Insurance Corporation：FDIC）は 1929 年の世界大恐慌の後にできた制度であり、大恐慌の前には預金保険がある州とない州が存在していました。この研究では、預金保険があった州となかった州とで大恐慌が GDP に与えた影響を推計していますが、預金保険があった州の GDP が大きく低下しているということが明らかになりました。すなわち、預金保険が経済にマイナスの影響を与えることがデータから示されたわけです。

まとめれば、Diamond and Dybvig（1983）のモデルで予期される結果が非常に明快なため、預金保険が（銀行には落ち度がない）風評被害による銀行危機を防ぐことは明らかでありながらも、実証結果でそうはなっていないので、預金保険はモラル・ハザードも同時に起こしているということを示しています。

似たようなことを、通貨危機の背後にある問題点としても捉えることができ、Burnside, Eichenbaum, and Rebelo（2001, 2004）などはマクロ経済モデル

として精緻化した理論を示しました。そのような第3世代の理論が当てはまると考えられる例は、1997年にタイや韓国などで起きたアジア金融危機といえるでしょう（アジア金融危機については第12章を参照）。

アジア金融危機に見舞われた国では、危機前は固定相場により外国からドルで国内銀行が資金を調達し、現地通貨で貸し出していました。固定相場なので、為替リスクのヘッジのための市場もありませんでした。そうした中、経常収支赤字が続いており、どこまで固定相場が保てるか徐々に疑問を持つ投資家も増えていました。そしてあるとき、その投資家たちは急に為替を売り込みました。通貨が急速に減価すれば、銀行にとっての収入は現地通貨建て、債務はドル建てなので、銀行は経営破綻します。すると、経済が悪化し、銀行救済なども考えれば、財政も悪化するでしょう。ここで投資家が通貨を売り込むことで、実際に銀行危機が生じ、景気が悪化し、財政危機も生じるという状況になり、売り込んだ後の為替レートはひどくなったファンダメンタルズを十分に反映しているという悪い均衡が起こりうるのです。そして、実際にそれが起きたのがアジア金融危機という複数均衡にファンダメンタルズを絡めた説明ができます。

ここで銀行は、債務が外貨建てであることに対して、収入が現地通貨建てというリスクを負っていますが、上述の政府による固定相場という保証があるために、そのリスクをヘッジするインセンティブがないというモラル・ハザードがあるわけです。また、その結果政府が銀行危機への対応として多くの財政支出をせざるをえなくなり、国家債務危機に陥る可能性も高まります。このように、銀行危機をもとにして通貨危機や国家債務危機など、複合的に危機が発生する可能性があります（Burnside, Eichenbaum, and Rebelo, 2001, 2004）。

こうした研究結果に鑑みれば、アジア金融危機は往々にして投資家のせいだといわれることもありますが、政府が行うべきだったのにできていなかった政策もいろいろとあります。たとえば、十分な外貨準備を持つこと、固定相場制でなく変動相場制にすること、固定相場のもとでの銀行に対して外貨建ての負債を持つことへの規制（カレンシー・ミスマッチの解消）、恒常的な経常収支赤字を生み出したマクロ経済政策の是正などです。なお、通貨危機や国家債務危機の研究者の間では、外貨建ての負債を持つこと自体が最も根本的な問題点、すなわち**原罪**（original sin）であるとよくいわれています。

第 III 部　経済危機と国際金融システム

　ちなみに、ここでは固定相場制における通貨危機について説明してきました
が、変動相場制においても外国からの投資が突然に止まること（サドン・スト
ップ）があります。これが国際収支危機であり、通貨危機と似たような分析が
できます[10]。一方、閉鎖経済でも起こりうる急激な投資の減少のモデル
（Kiyotaki and Moore〔1997〕に始まる一連の担保制約のもとでの景気循環論）
を開放経済へ応用した理論もあります。これは国際収支危機とそれに伴う経済
危機を景気循環の拡張として捉えるものです[11]。

　このように国際金融危機は、理論的にもミクロ経済学的な基礎付けがなされ
てきており、実証でも国内の構造要因に目を向けるようになってきています。
そのため、予防的な政策として、国内の構造政策やマクロ経済政策の問題点を
改善していくところに主眼が置かれています。

　一方、いったん危機が始まってからの対応としては、特定の問題を急速に収
める必要が出てきます。たとえば、2008 年における世界金融危機時の米国や
英国など、主に国内の家計や企業による過重債務問題から引き起こされた金融
危機への対応として、それらの債務を早く大幅に削減するような政策がとられ
ました[12]。つまり、日本でいえば民事再生法のような考え方に基づく倒産を
急がせたわけです。これは、経済学者の間でも世界的にコンセンサスが得られ
ている考え方です（Claessens et al., 2014）。コロナ禍後は、金融安定理事会
（FSB）を中心に膨張した民間債務の速やかな減免・再生が提唱されました
（Financial Stability Board, 2022；Diez et al., 2021）。もちろん、このような制度
改正は不良債権を増加させますが、それはそもそも脆弱であるために、公的保
護とそれに伴う資本規制等がなされている銀行に集中させることで、銀行危機
時の銀行への対応として対処すべき問題です[13]。一般の企業には、そのよう
な保護や規制は、基本的に不必要です。

10）詳細は Végh（2013）の教科書などを参照。
11）より詳しくは、Mendoza（2010）などを参照。
12）たとえば、IMF（2013）の第 2 章を参照。
13）この点についての詳細は、植田（2022, 2023）を参照。

第**11**章

国家債務危機

🌐 イントロダクション

　広義の金融危機として位置付けられる「国家債務危機」は、国際金融において古くから実務でも研究でも中心的な課題でした。近年も、2008年に発生した世界金融危機において、多くの国、とりわけ欧州において国家債務危機が起き、「欧州債務危機」と呼ばれる事態に陥りました。また2020年からのコロナ禍、2022年からのロシアによるウクライナ侵攻に起因するエネルギー価格と食糧価格の高騰、2022年以降の米国金利の上昇を経て、IMFによれば2023年には発展途上国の6割が国家債務危機に陥ったといわれています。日本の財政も危機的な状況にあり、この問題に対して決して他人事ではいられません。本章では国家債務危機について、理論と実証の両面から解説します。

1 倒産と過重債務問題

　第1章で、A島とB島でのココナッツの取引において、借用書（IOU）を通じてリスク・シェアリングをするケースを考えましたが、その前提として「契約はきちんと履行される」と想定していました。しかし、世の中には貸したお金を返してもらえないケースもあり、その点を想定しておくことが現実的であるといえます。ただ、貸したものが返ってこないことが予想されると、そもそも貸したくない、ということになってしまうため、リスク・シェアリングができなくなってしまいます。

156 第Ⅲ部 経済危機と国際金融システム

　お金の貸し借りについては、2つの対立する考え方があります。1つは「借りたお金は返すのが当たり前だ」という考え方です。それに対してもう1つは、「返せないものは返せない」という考え方です。通常のケースなら、もちろん借りたお金は返すべきですが、たとえばある国家が過重債務に陥った場合に、国家に対して返済を義務付けると、長い間、高い税負担や金利負担を強いることになってしまいます。こうなってくると、企業は事業を拡大するインセンティブを失いますし、労働者も働く気がなくなります。その結果、過重債務によりGDPがどんどん下がってしまう可能性があり、そのことが債務の返済をさらに困難にしてしまう可能性があります。このように過重債務が経済にマイナスの影響をもたらすことを、**デット・オーバーハング**（debt overhang）といいます[1]。

　このような状況では、一部債務を削減することにより、税負担などを下げ、企業の投資意欲や人々の労働意欲が回復するよう働きかけることが考えられます。そのうえで、債務削減をした後に残る負債についてはしっかり返済してください、と主張したほうが貸し手にとっても得であるといえます。すなわち、「全部返すか、全部返さないか」ではなく、中間地点で折り合っているわけです。これは国家のケースだけでなく、企業のケースでも起こっています。たとえば、企業を完全に潰してしまうよりは、企業がまだ生産力を持っているならば、債務を減免して存続させたほうが、最終的な返済額が増える可能性があります。

　このような過重債務問題は昔から存在しますが、国家債務の問題に関して非常に有名なエピソードがあります。ケインズは、第一次世界大戦後のパリ講和会議に英国の代表として参加しました。第一次世界大戦後、戦勝国が敗戦国であるドイツに対して、賠償金を要求したわけですが、それまでは戦争に負けると多額の賠償金を払うことが当たり前の時代でした。これに対して、ケインズは反対しました。その主張は1919年に出版された『平和の経済的帰結（*The Economic Consequences of the Peace*）』（Keynes, 1919）に記載されています。

　ケインズが反対した理由は、賠償金があまりに過酷だったためでした。過酷な賠償金を求めると、ドイツ人を長く貧困状態にとどめることになるでしょ

1）Krugman（1988）、Bulow and Rogoff（1991）を参照。

う。当然、国民が不満を持って、その後で政変が起き、ヨーロッパでまた戦争が起こるかもしれません。ケインズはこのことを 1919 年に出版した書籍に記載しているのです。歴史を見れば、そのとおり、ドイツ国民の不満が鬱積し、ヒトラーが台頭して第二次世界大戦が勃発しました。また、こうした事態への反省が、第二次世界大戦ではドイツに賠償金が要求されなかった一因となったといわれています。これは、第二次世界大戦の敗戦国であった日本にも大きな恩恵をもたらしました[2]。

2 主権免除

現在は、国家が破産した場合に対する国際法上の取り決めはほとんどない状況ですが、その中で重要な役割を果たすものが、**主権免除**（sovereign immunity）という考え方です。主権免除とは、「基本的に国家は他国の裁判権に服さない」という裁判権免除に加え、「国家政府の財産は他国による強制執行の対象とならない」という強制執行からの免除という原則です[3]。たとえば、ギリシャが破綻しても、債権者がギリシャの島や神殿を取り上げることはできない、ということです。

国家の持っている財産が不可侵になったのは比較的近年からです。それまでの歴史をみると、借款を根拠に領土を拡大していくという行為が多くみられました。たとえば、英国は借款をきっかけにエジプトの植民地化を進めましたし、第一次世界大戦後に請求された多額の賠償金をドイツが支払っていないことを理由に、フランスはルール地方を占領しました[4]。ただ、このようなことをすると、最終的には戦争になってしまいます。そこで、主権免除の原則が国際的な慣習法として確立したわけです[5]。

過重債務に陥ると、一方的に債務不履行（デフォルト）宣言する国も現れま

---

2) 本書執筆時点の 2024 年 8 月現在、ロシアによるウクライナ侵攻は続いていますが、戦後のロシアへの賠償に関する議論はすでに欧米諸国の間で始まっています。歴史をふまえた、冷静な議論が必要であると思われます。

3) 詳細は、千明（2019）を参照。

4) イースタリー（2009）や深尾（2012）などを参照。

す。これは企業や個人にたとえれば、「夜逃げ」という債務者の一方的な借金逃れに当たると考えられます。しかし、企業や個人と異なり、国の場合は逃げる必要はなく、一方的な債務不履行ができるわけです。たとえば、ギリシャが借金を返さないと宣言したところで、他の国の人は誰も資産を差し押さえることができません。これは、「債務不履行宣言をしたとしてもあまり不利益がない」と解釈することもできます。一方、日本で企業や個人が破産する多くの場合は、債権者により資産のほとんどが差し押さえられることになります。これはある意味では、債権者（裁判所）による破産宣告です。しかし先述のとおり、これは国家に対してはできません。つまり、国家の破産においては、債務国が債権国に対して強い交渉ができるということです。

　もっとも、一方的な債務不履行宣言にはデメリットも存在します。そうした国の国債は当面誰も買わず、銀行も新規融資をしないからです。しかし、債務不履行宣言をした後、その国家の経済が再生していくためには追加的な資金が必要なことも多々あります。そこで、一方的な債務不履行を宣言するときは、オプションを比較したうえで選ぶ、場合によっては本当に困っているときではなく、新規融資が得られなくとも影響の少ない、むしろ景気が比較的よいときを選ぼうとします。これを、**戦略的債務不履行**（strategic default）といいます。Eaton and Gersovitz（1981）などから始まったこの考え方が、理論的には現在のスタンダードとなっています[6]。これらの理論では、国家の債務不履行宣言

---

5) 国際法における主権免除は、19世紀には慣習法として確立し、免除される範囲が制限されるトレンドを辿ってきました。ただし、最近でも、その範囲が完全に確定しているとはいえません。たとえば、アルゼンチンの2001〜2002年のデフォルトの際には、米国の一部のヘッジファンドが米国内のアルゼンチンの資産を要求するなどニューヨークの裁判所において法廷闘争があり、アルゼンチン政府がヘッジファンド側に一定額の返済を求めることで合意しました（細かい法律的議論は割愛します）。なお、当然のことながら、国家資産の不可侵という意味での主権免除は、戦時時には適用されません。また、米国がイラクをテロリスト国家と認定した2000年代初めからは、テロリスト国家と認定される場合も主権免除は適用されません。なお本書執筆時点では、ウクライナ侵攻による経済的措置として、欧米諸国に存在するロシアの資産は凍結されていますが、没収はされていません。没収をすれば、宣戦布告と同義になります。

6) そのほかにも、Thomas and Worrall（1994）、Cole and Kehoe（1996, 2000）などがあります。最近のレビューとしては、Aguiar and Amador（2014）やUribe and Schmitt-Grohé（2017）を参照してください。

は、当面の間、国際金融市場にアクセスできないというデメリットを考慮しつつ、それでも債務不履行のメリットのほうが大きいときに自ら選択するものとされています。実際、過去のデータをもとにした実証分析によって、債務不履行は必ずしも景気が悪いときだけに起こるわけではないことが確認されています[7]。

　いずれにせよ、過重債務に陥った国と債権者が、互いに納得のうえで適切に債務を削減することで、その国家が再び経済成長できるようにし、融資した資金がある程度返済されるようにするほうが双方にとって得でしょう。企業債務でいえば、第2章でも触れた「チャプター・イレブン（米連邦破産法第11章）」という米国の法律がこうした考え方に基づいた制度の代表例になります。このような考え方は、日本では民事再生法でとられています。国家債務でいえば、これは一方的な債務不履行ではなく、**秩序ある債務削減**（orderly workout）と呼ばれます[8]。

　チャプター・イレブンのもと、企業が過重債務を抱えており、その債務削減を行ったとしましょう。その場合でも、企業は依然としてまだ返済しなければいけない債務を抱えています。その一方で、再生のためには新規融資が必要で、それがなければ企業が再生していくことはできないことも事実です。もし仮に銀行がそのための融資をしたとしても、資金がすべて既存の債務者への返済に充てられてしまうのであれば、融資が再生のために使われなくなります。そうすると、誰も貸す人がいなくなるという悪い循環となってしまいます。そこでチャプター・イレブンには、債務削減直後の企業がおぼつかない状況にあるとき、企業に対して資金援助を行うための、「DIP（Debtor-In-Possession）ファイナンシング」と呼ばれる制度が付随して規定されています。DIPファイナンシングとは、再生のための融資を行った銀行の債権が最優先で返済されるという考え方です[9]。なお、日本でも民事再生法や会社更生法に基づく裁判の判例として、この制度が確立しています。

----

7) Tomz and Wright（2007）などを参照。
8) 正確には、国家の倒産は裁判手続によらないので、国内の企業に関する比較としては、これらはすべて裁判外手続（out-of-court workout）であり、また代替的紛争解決手続（Alternative Dispute Resolution：ADR）と呼ばれるものに対応します。
9) 企業や家計の過重債務問題については、植田（2022）を参照。

通常は、債権者を平等に取り扱う（パリパス；pari passu）原則があります。破綻した場合も、本来であれば新しく貸した人もこれまで貸していた人も公平に取り扱わなければなりません。しかし、過重債務を抱えた企業を再生させるための融資が、もし公平に取り扱われるならば、（既存の債務の返済のために使われる可能性があるため）誰も新たに貸出をしません。そのため、再生のための融資については、優先的に返済される仕組みが必要になるわけです。なお、この融資に先立って、まずは十分な債務削減が必要であることも事実です。十分な債務削減がなされていないと、またすぐ過剰債務に陥り、その企業が再び潰れてしまう懸念が生まれ、そもそも誰も融資をしたがらないからです。

　このような観点で考えれば、国家経済の再生を行う際、IMF のような国際機関が必要になることも理解できます。一見すると国家が過剰債務に陥り、その再生を行う際についても、たとえば民間の金融機関が貸し出してもよさそうです。しかし、国家の破綻に関する国際的なルールが決まっていない以上、破綻後に融資をしたとしても、既存の債務の返済に使われてしまうかもしれません。一方、IMF からの融資は、国の債務の中で最も優先的に返済しなければいけないという決まりを 190 カ国のメンバー一同が承認しているため、事実上、IMF が DIP ファイナンシングを行うことが可能になっているといえます。それにより、国家経済の再生が可能になるわけです。

　国家経済が破綻するとき IMF が大きな役割を担うことがしばしばありますが、その理由はここにあります。IMF による貸出への返済は最も優先されるため、IMF は安心して貸出を行うことができ、日本や米国など債権国は安心して IMF に出資できるという仕組みになっています。

　ここで重要なことは、あくまで IMF が融資する前に当該国で十分な債務削減がなされており、IMF はその後の経済再生のために融資を行うということです。言い換えれば、IMF への債務の返済にめどが立たない場合は、このような仕組みを利用すべきではないということも意味します。実際、これまで IMF が融資を行う場合、過重債務がある場合は返済のめどを立ててから実行されています。たとえば、IMF は第 3 節で述べる「債務持続可能性分析（Debt Sustainability Analysis：DSA）」という手法を用いて、各国の債務が持続可能であるかについて分析を行っています（Column ⑩参照）。その分析で、

第11章　国家債務危機　*161*

債務が持続可能であるということが示されないと、IMF が貸出をすることは
できないことになっています。

3 国家債務危機の定義

国家債務危機には、大きく分けると以下の 3 つの定義があると考えられま
す。

(1) 非常に狭義には、債務国家による国家債務の直接的な削減
(2) 債務国家による国家債務の一方的な実質的削減
(3) 広義には、国家債務残高（対 GDP 比率）が雪だるま式に増える予想が
　　立っているとき

3.1 定義 (1) のケース

定義 (1) については、危機の時点が定義しやすいことから実証研究でしばし
ば使われてきました。もっとも、最近ではより広義な定義を使う方向になって
きています。以下では、定義(1)のケースでとられる対応を説明します。

■ 直接的な債務削減

直接的な債務削減には、一方的な延滞と不履行、または合意による削減があ
ります。前節で述べたとおり、国家の財産は主権免除で保護されているので、
一方的に返済しないという開き直りのような対応ができます（国内で一般の個
人がそれを行えば「夜逃げ」のようなものです）。ただし、このような対応を
行った場合は、当面の間、その国に貸付をする（外資系）銀行やその国債を購
入する投資家はいなくなるでしょう。そのようなペナルティを覚悟したうえ
で、一方的な債務不履行宣言をすることになります。

その一方、債権者と合意のうえで債務を削減できれば、当面の間、IMF か
らのローンの他、国債を国際金融資本市場で発行しドル資金を調達することに
も問題はさほど起きないでしょう。したがって、借入を海外に頼っている多く
の過重債務国ではこの方法がスタンダードになってきています。

162 　第Ⅲ部　経済危機と国際金融システム

しかしながら、日本のように国債がほぼ国内の投資家によって保有（2023年末時点で90％以上[10]）されている状況、とくに銀行・保険などを通じて保有されている状況では、国家債務削減は国内金融機関のバランス・シートを毀損させ、狭義での金融危機を引き起こすことが必至です。その意味では、日本のような国ではこの方法はとることができないと思われます[11]。

3.2　定義 (2) のケース

国家債務危機の定義 (2) については、国家債務の膨張に対して何らかの対応がとられているので、その対応をみて、その国が国家債務危機に陥っているかどうかを判断することができます。定義 (1) の直接的な債務削減と合わせて、5 つの対応が考えられます（Reinhart and Rogoff, 2014）。以下、筆者らの考えも交えてそれらの説明をします。

■ 経済成長の過大評価

国家債務危機にある国は、往々にして、将来の経済成長率を高く見積もることで、国家債務残高（対 GDP 比率）をある程度のレベルにとどめることができると主張しがちです。たとえば、後述するとおり、ギリシャは 2010 年にIMF などから国際的な融資を受けましたが、その際、2％の高い経済成長率を仮定していました。なぜ 2％が高過ぎると判断できるかといえば、ギリシャのIMF が精査した文書によれば 1984〜2014 年の成長率は平均 1％程度であり（IMF, 2015d）、それに比べれば 2％は実現がほぼ不可能な高い数字と解釈できるからです。なお、ほぼ同時期の日本の「骨太の方針（経済財政運営と改革の基本方針）」でも、バブル崩壊後 1991〜2014 年の平均成長率が 1％程度なのに対して 2％程度の成長率を仮定しています。もちろん、その想定どおりの高い成長率を実現できれば問題ないのですが、かなり楽観的なシナリオであること

----

10) ここでは、国庫短期証券を含めていません。

11) 逆にいえば、破綻が近づいていると思われる国の国債にはあまり外国人投資家が投資をしません。実際、ギリシャ国債の民間外国人保有率は 2010 年以降、1〜2 年間で急速に低下しました。ギリシャ国債について民間外国人部門（foreign private creditors）の保有残高（対 GDP 比率）は 2008 年に 50％以上でしたが、2012 年は 10％程度に低下しました（Cheng, 2020）。

が少なくありません。そのため、これはまともな対応方針とはいえません。

■ 高インフレ

ハイパー・インフレーションまたは高インフレーションにより、名目債務の不履行はしないのですが、実質的には債務不履行と同様の状況になります。Reinhart and Rogoff（2009）によれば、年率40％以上であれば高インフレと考えられます。ちなみに、戦後の日本のインフレ率はほぼ300％でした（この場合、定義によりますが通貨発行益は対GDP比50〜80％程度に達しました）[12]。

高インフレは、敗戦後の日本やドイツのようなケースばかりではなく、たとえばラテンアメリカ諸国で頻繁に起きています。高インフレになる場合、往々にして国の財政が通貨発行益に依存します。理論的には、通貨発行益はあらゆる財・サービスにかかる税金のようなものなので、「インフレ税」と呼ばれます。同じく、あらゆる財・サービスに係る消費税と理論的にはほぼ同じものになります。ただし、どこの国でもそうですが、資産家には株・土地・預金などインフレをヘッジする手段があるのに対して、貧困層は現金中心の生活をしているため、インフレ税は消費税に比べ、とくに貧困層に厳しい税であると考えられます。

ただし、Aizenman（1987）やVégh（1989）から始まる研究によると、ラテンアメリカ諸国などでは徴税機構（日本の国税庁・税務署に当たる）がうまく機能していないため、インフレ税のほうが消費税よりも徴税の効率性が高いとも考えられます。頻繁に起こるラテンアメリカの高インフレは、インフレ税の多用による、ある意味で当然の帰結かもしれません[13]。

■ 金融抑圧

日本では、国債の価格が入札で決まるようになるまでは、銀行を中心とする引受団と交渉して決定した価格で国債を発行するシステムをとっていました[14]。1980年代前半まで、銀行はその国債を市場で売却することもできませんでした[15]。日本は、そのようにして国債を低利で発行し、国家債務残高が

---

12) Hattori and Oguro（2016）などを参照。
13) 近年のレビューとして、De Fiore（2000）を参照。
14) 服部（2023）を参照。

増加しないようにできたのです。その一方で、当時「護送船団方式」と呼ばれたさまざまな規制によって、銀行には経営の自由があまりない中で、国債を購入する原資を確保しなければなりませんでした。そこで、政府が銀行に有利になるように預金金利と貸出金利を決めてしまうことで、銀行は確実に利鞘がとれ、本業で利益が上がるようになっていたわけです。これは預金者からみれば、本来の市場で決まる預金金利よりも低い金利で資産を預けており、借り手からみれば市場金利より高い金利で借金をしていることになります。その差は、預金者と借り手双方からみて「隠れた税金」といえます。つまり、これは金融システム全体を抑圧して、目にみえない形で国家が資金を吸い上げるシステムだったと解釈することもできるのです。

このシステムは、貸出先のコントロールも政府が行うなど、産業政策の要とされてきました。そうした産業政策も含めて、日本においてこのシステムは「1940年体制」と呼ばれており、戦時中から始まっていたといわれています（岡崎・奥野, 1993）。このシステムは、実は第二次世界大戦前後から、戦争に伴う国家債務の増大を解消する手段として、米国やヨーロッパ諸国でも広くとられていました。

それらが徐々になくなっていったのが、いわゆる金融の自由化・国際化と呼ばれる1970年代後半からの世界的な潮流でした。1990年代半ば頃までに、先進国では、金融の自由化・国際化はほぼ成し遂げられたといってよいでしょう。日本でもその頃までにはすべての金利が自由化されました。金融の自由化・国際化は世界経済におおむねよい影響を及ぼしてきたことが知られています[16]。そのため日本や欧米諸国が今から以前のような「護送船団方式」に戻ろうとすれば多大なコストがかかりますし、現実的でもないでしょう[17]。

■ 財政の大幅な黒字の想定

結局のところ、基礎的財政収支（プライマリー・バランス）を毎年黒字にし

----

15) 1984年に大蔵省が銀行等金融機関に国債のディーリングを認可しています。

16) 詳しくは、植田（2022）を参照。

17) 規制はしないものの、単に長短金利を低くとどめている最近の中央銀行の金融政策を指して、金融抑圧と呼ぶ研究者もいます。しかしながら、これは本来的な金融抑圧とは異なるものと考えるべきでしょう。

て少しずつ国家債務を減らしていくことが王道でしょう[18]。しかしながら、これを逆手にとって将来的に財政が大幅な黒字になることを仮定し、国家債務の現状は問題ないと示すことが多々あります。たとえば後述するように、ギリシャへの2010年の国際協調融資に際しては、かなりの期間、基礎的財政収支でプラス4%を達成可能であると想定し、国家債務の現状を楽観的に推測していました。これは当然のことながら痛みを伴うので、市民による暴動が起きたわけです。

このギリシャの状況は、ケインズが第一次世界大戦後のドイツの賠償金が過酷すぎると指摘した状況と、財政上の負担という意味ではよく似ていました。ドイツの賠償金の規模は大戦前のGDPの約2〜3倍で、当面年当たりGDPの5%程度に相当する支払でした[19]。一方、ギリシャの財政黒字は外国への債務支払に充てられることとなっていました。つまり、財政黒字は必要なのですが、基礎的財政収支においてプラス4%を超えるような黒字を長く続けることは、国民の不満を考えるとおそらく現実的ではないでしょう。それにもかかわらず、そのような想定をして、国家債務がすべて返却できるかのようにみせるべきではありません。ちなみに、日本の「骨太の方針」では基礎的財政収支をゼロにすることを中期的な目標にしていますが、目標年は徐々に後ろ倒しにされており、1993年以来、基礎的財政収支は赤字のまま推移してきました。

> **Column ⑩　IMFによる債務持続可能性分析**
>
> 　IMFは、**債務持続可能性分析**（Debt Sustainability Analysis：DSA）の目的として、(1) 現在の債務状況について、満期構造、金利の水準や種類（変動・固定）などの契約、その保有者などを把握すること、(2) 債務構造あるいは政策の中長期的なあり方（ポリシー・フレームワーク）の脆弱性について特定化すること、(3) 利払いなどに困難が起きた場合（あるいは起ころうとしている場合）、債務を安定化させる政策を実施した際のインパクトを評価すること、という3点を挙げています。
>
> 　DSAでは、まず政府の現行の政策によって予測されるマクロ経済状況を前提

---

18) 基礎的財政収支とは、税収・税外収入から、国債の利子支払いを除く歳出を引いた収支のことを表します。
19) なお、ドイツは2010年に第一次世界大戦の賠償金を完済しています。

図11.1 IMF 4条協議（2024）による日本の国家債務残高（対GDP比率）の推移

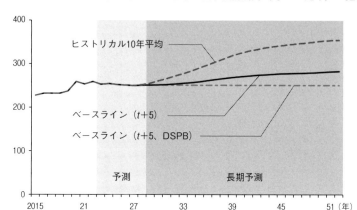

（注）DSPB とは、Debt-Stabilizing Primary Balance の略であり、国家債務残高（対 GDP 比率）を安定化させるのに必要なプライマリー・バランスを指します。
（出所）IMF Japan Report 2024.

に、ベースライン・シナリオがつくられます。また、ベースライン・シナリオに基づき感応度分析がなされ、異なる政策がとられた場合の、国家債務残高（対 GDP 比率）の今後の推移を導出します。また、別のシナリオとして、経済環境が急激に悪化した場合の国家債務残高（対 GDP 比率）の今後の推移も導出し、国家債務危機に関する各国の脆弱性を評価しています[20]。

ちなみに図 11.1 に、2024 年の DSA に基づく日本の国家債務残高（対 GDP 比率）の推移を示しています。図からわかるとおり、財政再建に向けた政策をとらず、過去の平均のまま推移していけば国家債務は雪だるま式に増えていくことが予想されます。前述の定義 (3) によれば、これは国家債務危機そのものとも解釈されます。

なお、これ以外にも、国家債務について満期構造が変化する場合のシミュレーションのほか、さまざまな外的なショックがある場合の評価（いわゆるストレステスト）も行われ、それらの結果も公表されています。なお、日本に対する DSA については毎年の 4 条協議（第 4 章 3 節参照）で実施されており、IMF による構造的プライマリー・バランスの改善に関する提言は DSA に基づいています。

Column ⑪　中央銀行の独立性と金融政策ルールの重要性

　政府は、国債発行時にはインフレを抑制することを約束し、人々にそうした期待を持ってもらいたいと考えています。しかし、いったん大量に国債を発行した後は、高いインフレを起こすことで実質債務残高を低くできます。それをふまえると、人々は国債発行時においてすでに高いインフレ期待を持ちます。インフレ期待が高い場合には国債の金利がかなり高くなり、そもそも国債を発行できないか、発行したとしてもすぐに国家債務危機に陥りかねません。そこで、インフレを抑制するためには、中央銀行は政府の影響下で将来にわたり財政をファイナンスすることがないよう、政府からは独立しているべきだ（中央銀行の独立性の確保）という理論的帰結が導き出されます（Kydland and Prescott 1977；Barro and Gordon 1983）。加えて、テイラー・ルールなどの金融政策のルールの確立の必要性も導かれます（Taylor, 1993）[21]。

　なお、「そもそもインフレ連動債や（発展途上国で）ドル建て債などを出すことで、インフレを起こす誘惑を断つことができるのではないか」という議論もあります。しかしそのケースでは、理論的には（外国人投資家が多い場合に）事後的に国家債務をデフォルトするはずだという議論もあり、事後的に約束を守りたくなくなるという意味では結局同じことになります。この場合、すでに保有されている国債の価値が、新たな発行によるデフォルト・リスクの高まりで小さくなっていくことになります。このことは、昨今の中国によるスリランカなどへの積極的な貸出に対して、伝統的に債権を保有している先進国が苦情を述べている1つの理由だといえるでしょう。

　なおこれは、経済理論的には「債務の希薄化（debt dilution）」の文脈で議論されており、財政ルールの必要性が確かめられています。詳しくは第6節で解説します。

3.3　定義 (3) のケース

最後に、国家債務危機の定義 (3)「国家債務残高（対 GDP 比率）が雪だる

---

20) DSA については一定のルールに基づき実施されていますが、随時アップデートされている点に注意が必要です。現行を知りたい場合、「Staff Guidance Note」などをチェックする必要があります。DSA の結果は4条協議によるスタッフレポートの「Annexes」に記載されます。

21) これらのことは、多くのマクロ経済学や金融の教科書でも説明されています。たとえば植田（2022）を参照。

ま式に増える予想が立っているとき」のケースについて説明します。国家の過重債務に伴うデット・オーバーハングなどのコストを考えれば、債務不履行や高インフレなどによる債務削減はむしろ解決策と考えられます。そこで、その前の過重債務こそが国家債務危機だと捉える考え方が、この定義 (3) です。同時に、債務不履行などが起こる前には、債務返済がほぼ不可能な状況になっているため、その確認をすることで不履行などを予測することができるわけです。

　もっとも、前述のとおり、国債金利は突然上昇し、その直後に実際の債務不履行が起こる流れもあることから、今、債務返済が持続不可能だと判断しても、いつ次の段階に進むかはわかりません。債務返済が持続不可能な状況とは、地震にたとえればプレートに歪みがたまっている状況であり、それをモニターすることによって備えることができるわけです。しかし、地震がいつ発生するかを完全に予知するのは不可能であり、これは国債金利の急騰においても同様です。その監視業務（モニター）に当たるのが、Column ⑩で説明したIMF の債務持続可能性分析であり、ほぼすべての加盟国に対して毎年実施されています。なお、債務危機時にあるような国には、四半期ごとにモニターがなされることが多いです。

　ただし、一方的な債務不履行宣言がなされた場合、当面の間、国家は国際金融市場へのアクセスを失います。また、高インフレもすぐには終息しません。このように、いわば国家債務危機を解消すること自体に伴う痛みがある程度続くことが多々あります。この場合には、定義 (3) に基づけば、その間も含めて国家債務危機と呼ばれることになるでしょう。一方、秩序ある債務削減の場合は、債務削減と同時に定義 (3) の意味での国家債務危機はほぼ終息すると考えられます。

4 国家債務残高（対 GDP 比率）に関する実証

　表 11.1 のように、アルゼンチンなどをみると、国家債務残高（対 GDP 比率）が大体 50〜60％に達すると、デフォルトを起こす可能性が非常に高まるという経験則があります[22]。そこで、たとえば EU ではこれを債務残高の上

第11章　国家債務危機 | *169*

表11.1　デフォルトを経験した国における国家債務残高（対GNP比率）

	負債/GNP （平均）	負債/GNP （デフォルトした年）
アルゼンチン	37.1	54.4
ブラジル	30.7	50.1
チリ	58.4	63.7
コロンビア	33.6	
エジプト	70.6	112.0
メキシコ	38.2	46.7
フィリピン	55.2	70.6
トルコ	31.5	21.0
ベネズエラ	41.3	46.3
平均	44.1	58.1

（出所）Uribe and Schmitt-Grohé（2017）より抜粋。

限にしています[23]。また、IMF においても通常は 60％を上限の目安として使っています。日本の国家債務残高（対 GDP 比率）は 250％程度のため（2024年現在）、それと比べるとかなり低く思えるかもしれませんが、日本は特殊な状況といえます。

　国家債務の増加が与える影響については、計量経済学的な分析もなされています。第 1 節で述べたとおり、国家債務の蓄積が中長期の経済成長に負の影響を与えることをデット・オーバーハングと呼び、以前から議論されてきました。近年では、Reinhart and Rogoff（2010）が実証研究を行っています[24]。彼らは債務比率が 90％を超える場合、90％未満の場合に比べて経済成長率が1.2％低下することなどを回帰分析により指摘しました[25] [26]。

　前述のとおり、高インフレは国家債務の一方的な実質的削減と考えられ、頻

----

22) Reinhard, Rogoff, and Savastiano（2003）は、1970 年から 2001 年のデフォルトのケースの半分以上が、国家債務残高（対 GDP 比率）が 60％以下で起きていることを示しています。その後も多くの論文によってその閾値が実証的に分析され、近年もより精緻な論文が書かれています。

23) この基準は、ユーロに参加するためのマーストリヒト条約に掲げられており、ユーロ導入後においては安定成長協定に規定されています。

24) 経済学ではデット・オーバーハングは 2 つの分野でよく使われます。1 つは企業金融論であり、もう 1 つは国際金融論（国家債務危機論）です。

25) Reinhart and Rogoff（2010）ではデータ処理の間違いが指摘されたため、大論争が起こりました。もっとも、Reinhart, Reinhart, and Rogoff（2012）では指摘された問題点を解消したうえで同様の結果を示しています。

繁にとられてきた手段でもありました。そして、高インフレ率と経済成長率の関係についても研究がなされてきました。その嚆矢となった論文である Fischer（1993）では関係性が負であり、Barro（1995）や Sarel（1996）によれば、インフレ率が 8％程度以下では経済成長率に影響を与えないが、8％程度以上だと有意に経済成長率を引き下げることが示されています。その後も多数の実証研究が行われ、値は多少異なるものの、おおむね「低インフレは中長期の経済成長に対して影響はないが、高インフレは悪影響を及ぼす」という結果が得られています[27]。

5　国際的な国家破産制度に関する議論

　国家債務問題は、第 2 節で紹介した主権免除というルール以外に、国家破産に関する国際法がしっかりと確立されていないために、その解決に時間とコストがかかっています。国内での破産のケースでは、債権者が裁判所に申し立てをして差し押さえができます。これにならって、「国家債務がある程度の上限に達したら、何らかの国際機関が国家財政を管理する」といった仕組みを導入することも考えられます。

　たとえば、ギリシャ危機の後、EU で主要な経済学者により構想され、政策提言されたものの 1 つとして、国家債務の上限を守らせるためのメカニズムがあります。ある国の国家債務残高が対 GDP 比で 90％になったら、国家財政をほぼ強制的に欧州安定メカニズム（European Stability Mechanism：ESM）の管理下において、債務削減を強制的に行うというものです（Corsetti et al., 2016）。具体的には、90％に達したら ESM が強制的に債権者に債務削減を要求したうえで、新規融資によって経済の再生を促すという仕組みです[28]。

　このようなルールをつくっておけば、国家の破産そのものを防ぐことができ

26）機械学習を使った分析によって、現在の国家債務残高がやはり将来の国家債務危機を引き起こす重要な因子であることを実証した研究もあります（Badia et al., 2022）。

27）なお、Bruno and Easterly（1998）は 40％超が危険水位としていますが、Khan and Senhadji（2000）はその閾値は先進国で 1〜3％、途上国では 11〜12％程度としています。

ます。国家債務残高が対 GDP 比で 90％に達したら、債権者（主に銀行）から見れば債券の価値が大幅に下落することが予想されるため、その前に市場金利が急速に高くなります。つまり、デフォルト・リスクのプレミアムが高くなるということです。したがって、このようなルールを事前に導入しておけば、国家債務残高が対 GDP 比で 90％に達する前、たとえば、60％程度を超えた時点で、市場金利が高くなりはじめるでしょう。市場においてこのような規律が働くため、実際には国家債務残高（対 GDP 比率）が 90％になることはないと予想されます。

　実はこうしたルールは、アルゼンチンやロシアの債務不履行を受けて、2000 年代初頭に IMF が提唱した国際的な**国家債務削減制度**（Sovereign Debt Restructuring Mechanism：SDRM）を継承・発展させたものです。しかしそのときは、すでに国家債務が大きくなっている一部の主要国からの強い反対もあり、実現されませんでした。

　その代わりとして当時提唱されたものが、**集団行動条項**（Collective Action Causes：CAC）です。1980 年代までは国の債務を保有している主体は、先進国政府や国際的に大手の金融機関でした。そのため、債権者側の政府や銀行団が集まって、過重債務に陥った国家の破産問題に対応することができました[29]。しかし、1990 年以降は、国の債務が債券の形で多くの投資家に保有されるようになりました。今や、日本の個人がアルゼンチンの国債を購入しているというのもめずらしいことではありません。この場合、債権者全員が特定の場所に集まって交渉することは現実的に不可能です。そこで、たとえば「100 人の投資家がいる場合、そのうち 50 人以上が納得したら、その内容に基づいて全員分一律に債務削減をしましょう」といったルールが、集団行動条項です。

　集団行動条項がない場合、他の人が債務削減に応じることで全体の債務が十分に減れば、自分の保有している債券は額面どおり返ってくる可能性がありま

28）ただし、この提言はまだ実現していません（2024 年 8 月現在）。ESM 自体は 2012 年の欧州債務危機の最中に、EU のメンバー国の国債発行が難しくなったときに低利で貸し出す仕組みとしてできました。

29）現在でも、主要債権国政府は「パリ・クラブ」としてパリに集っています。一方、主要民間銀行は「ロンドン・クラブ」として主にロンドンで会議をしています。

172 | 第Ⅲ部 経済危機と国際金融システム

す。しかし、皆がそのことを予想しているとすると、誰も自分自身は債務削減に応じたくないため、債務削減は起こりません。こうした問題は、**ホールドアウト問題**（holdout problem）と呼ばれます。それに対して、集団行動条項がある場合、たとえば50％の債権者が債務削減に応じるときには、残りの債権者の債権も削減されるため、ホールドアウト問題が起こりにくくなります。

結局、2000年代初頭の結論は、集団行動条項を各国の国債の契約に書き込むことになりました。実は集団行動条項は、それ以前にも発展途上国がよく起債するロンドン市場などで用いられていたのですが、2000年代以降は同様に起債市場として重要なニューヨーク市場などでも用いられるようになりました[30]。このように、国家の破産に関する制度は多くの危機を経験する中で絶えず変容しているため、今後も注視していく必要があります。

6 国家債務危機のモデル

本節では、Aguair and Amador（2021）を参考にしつつ、できるだけ簡単に2期間の国家債務危機のモデルを紹介します。ここでは、政府が2期間を通じて意思決定を行う状況をモデル化します[31]。

まずはモデルの設定から整理しましょう。政府（代表的家計と同じと考えます）の2期間を通じた効用は、$u(c_1)+\beta u(c_2)$ とします。ここで、$u(\cdot)$ は期間効用関数、c_1 と c_2 はそれぞれ1期目と2期目の消費、そして β は割引因子です。政府の2期目の意思決定から後ろ向きに考えていくと、2期目の最初に、政府は1期目の債券 b_1 を借り換えるために債券 b_2 を発行します。なお、2期目に外生的に得られる政府の収入を y_2 とします。これは確率的に変わりうるとし、累積分布 F に従っているとします。そして、2期目の最後に債券を返済した場合の効用は $V_R(y_2, b_2) = u(y_2 - b_2)$、2期目の最後にデフォルトした場合の効用は V_D であるとします（1期目の最後にデフォルトした場合も V_D）。

このとき、その2つのオプションのうち最終的にはより高い効用が得られる

30）日本の国債にはこの条項は2024年8月時点では付いていません。

31）このモデルは、簡単に無限期間のモデルに拡張できます。

方を選ぶので、2期目の期首における政府の期待効用は、次のように書けます。

$$V_2(b_2) = \int \max \{V_R(y_2,b_2), V_D\} dF(y_2)$$

次に、1期目について考えます。ただし、すでに債券 b_1(額面 = 返済すべき額)は発行済みであるとします。この b_1 を1期目の最後に返すのですが、その元手は新たに債券 b_2(額面 = 返済すべき額)を価格 $q(b_2)$ で発行することである程度賄います。そのため、債券 b_2 は借換のための債券（借換債）とも呼ぶことができます。1期目の消費は $y_1 - b_1 + q(b_2)b_2$ となり、1期目からみた通期の効用は以下のようになります。

$$V(b_1, b_2) = u(y_1 - b_1 + q(b_2)b_2) + \beta V_2(b_2)$$

ただし、1期目の期末にも、債券 b_1 を返済しない（デフォルトする）選択肢もあり、その場合の効用は V_D です。そこで、1期目の期末にデフォルトしない条件は次のように表記できます。

$$V(b_1, b_2) \geq V_D$$

ここで、政府の1期目にデフォルトしないことに関するコミットメントの問題を考えます。まず、2期目に借換債 b_2 を発行するときには、政府はすでに b_1 という返済すべき額を知っています。このとき、Eaton and Gersovitz (1981) では、借換債 b_2 の発行前に b_1 を返済することにコミットできると仮定します。そのため、借換債を発行するときには確実に b_1 が返済されるので、借換債の価格 $q(b_2)$ のリスク・プレミアムはゼロとなります。

一方、Cole and Kehoe (2000) では、借換債 b_2 を発行する際に、b_1 の返済にコミットすることができないと仮定します。このとき政府は、借換債の発行によって得られる収入 $q(b_2)b_2$ が高ければ返済をしますが、低ければ返済をしません。ところが、多くの投資家が政府は結局返済しないだろうと予想すると、借換債の価格 $q(b_2)$ は低く（リスク・プレミアムが高く）なります。そのため、実際に返済が行われないという自己実現的な均衡が存在することになります。一方で、多くの投資家が政府は返済するだろうと予想すると、今度は借換債の

価格 $q(b_2)$ が高くなり、実際に返済が行われるという均衡も存在します。これは Eaton and Gersovitz（1981）と同じ均衡です。すなわち、2つの状況があり、複数均衡が存在することになるのです[32]。

　したがって、この借換のリスク（ロールオーバー・リスク）をなくすためには、そもそも長期債（この2期間モデルでは1期目の期首に借りて2期目の最後に返す債券）を、1期ごとに返す短期債の代わりに発行すればよいということになります。

　しかし、長期債も完全ではありません。債務の年限が長期化する中で、政府が将来さらに国債を発行すれば、その時点での長期債の価値はデフォルトの可能性の上昇を伴って低下することになります。政府としてはそのような事態は避けたいので、長期債を発行する際、政府は「将来、国債の増発はしない」と宣言したいはずです。しかし、政府はこの時点で将来国債を増発しないことにコミットすることができません。投資家たちはこのことを予想しているので、長期債の価値は将来の**債務の希薄化**（debt dilution）の分だけ割り引かれることになります（Hatchondo, Martinez, and Sosa-Padilla, 2016）。すでに政府債務が多額にのぼるなどの極端な場合、長期債の利回りは高騰し、政府がその借換や国債の増発をすることができなくなるかもしれません。

　そのため、財政赤字を所与としても、政府は発行する国債の長短のバランスに留意する必要があります。このような対応は、償還計画も含めて「国債管理政策」と呼ばれています[33]。ちなみに、中央銀行は伝統的には通貨と代替性の高い短期金融市場でしかオペレーションをしておらず、長期国債市場などでのオペレーションは「非伝統的」と呼ばれています。長短国債の供給バランスは、本来は国債管理政策の役割です[34]。

　なお、この政府のコミットメント次第では、実際に返済がなされる良い均衡が常に成立することになります。将来、国債をある程度以上には増発しないと

---

[32] このモデルにおける返済の必要がある債券 b_1 は、あたかも前章で説明した Obstfeld（1996）のモデルにおける「維持しなければならない固定相場（をサポートする外貨準備高）」のような役割を果たしており、本質的には Obstfeld（1996）と同様のモデルになっています。そしてどちらのモデルも、Diamond and Dybvig（1983）の銀行取付のモデルと同じ構造を持っています。

[33] 日本の債務管理政策については服部（2023）の第7章を参照。

いうコミットメントは、「財政ルール」とも呼ばれています。有名なものは
EU の「安定成長協定」であり、そこでは各国は GDP 比で毎年の財政赤字を
3％以内、国債残高は 60％以内に抑えると定められています。また、米国でも
債務上限が定められています。もちろん日本も、財政法第 4 条により赤字国債
の発行はそもそも認められていません。ところが、日米ではその制限が有名無
実化しており、かろうじて各国の財政を監視する機関を持つ EU では、制限が
ある程度機能しているようにみえます。

　また、財政ルールを憲法に定めて、より厳格に財政規律を守ろうとする国も
あります。たとえば、ドイツは 2009 年に財政ルールを憲法に明記しています
し、スイスは 2003 年に導入し、さらに 2010 年にルールを強化しました。ま
た、主に発展途上国が対象となりますが、IMF は国家債務破綻に陥った国に
対する融資の際の条件として、市場からの信認を得るために財政規律を求める
ことが通常です[35]。

----

34) 日本では、国債整理基金特別会計によって、国債の価格が暴落した場合には、流通市
　場に入札による買いオペをすることがあります。たとえば、コロナ禍では物価連動国債
　の価格が暴落したことに伴い、国債整理基金による買入消却がなされました。詳細は、
　服部（2024）を参照。

35) 民間の資金調達においても、株式に関しては希薄化を防ぐため、新株発行などを行う
　ときには株主総会による承認が義務付けられています。同様に、企業の債務について
　も、銀行ローンなども含め、将来の借金に関する財務制限条項（コベナンツ）が契約時
　に付けられることがあります。詳しくは植田（2022）を参照してください。

第 **12** 章

複合的な危機

(🌐) イントロダクション

　ここまでの第Ⅲ部では、通貨危機、国際収支危機、銀行危機、国家債務危機とは何か、それらの発生メカニズムや、危機への対処方法などについて、実例を交えて解説してきました。しかし、1997～98年に発生したアジア金融危機以降、こうした危機が複合的に同時発生する事態が多くみられるようになっています。さらに、異なってみえるそれぞれの危機の間につながりがあることが認識され、研究においても分析の対象となっています。こうした動向は、2008年頃に発生した世界金融危機における複合的な危機を経て、さらに強まりました。2022年以降は、コロナ禍などを経て、多くの国で国家債務危機がみられると同時に企業や家計の債務も増加しており、複合危機の様相を呈しています。そのため、実務的な意味でも研究の進展が待たれている状況です。本章では、実際に起きた複合危機の事例を解説しながら、多様な危機の関連を確認します。

1 危機と危機のつながり

1.1 銀行危機と国家債務危機

　第10章2節で説明したように、重要な銀行は、往々にして国が救済せざるをえなくなる状況に陥ります（TBTF問題）。そのため、財政が急に悪化することがあり、それが国家債務危機を引き起こすことがあります。

　逆に、国債は国内の銀行や保険会社などが多く保有していることが多いの

で、国債価格が暴落（利回りは急騰）する場合、銀行や保険会社などが債務超過に陥り、銀行危機（狭義の金融危機）を引き起こすことがあります。

1.2 通貨危機と国家債務危機

第10章3節で述べたように、外貨建て負債を持つことを**原罪**（original sin）と呼びます。歴史的に、発展途上国は主にドルで外貨建ての国債を発行してきました。したがって、税収は現地通貨建てであるのに対し、債務はドル建てなので、現地通貨建てでみると税収に対して債務が為替相場とともに変動することになります。このように、資産と負債で通貨が異なる状況は、**カレンシー・ミスマッチ**（currency mismatch）と呼ばれます。これにより、通貨危機が発生すると、しばしば国家債務危機を引き起こすことになります。

反対に、国が突然（外貨建て）国債の不履行を宣言するなどすれば、当然その通貨は暴落します。

1.3 通貨危機と銀行危機

第10章3節で説明したように、通貨危機と国家債務危機の関係と同様の問題が、通貨危機と銀行危機の間でも起こりえます。国によっては、銀行はその貸出原資を外国からの外貨建ての資金調達で賄っていることがあります。しかし、国内企業向けには主に現地通貨で貸し出しています。このような状況下で通貨危機が起きると、国内企業からの元利返済は現地通貨建てであるのに対し、債務は外貨建て（カレンシー・ミスマッチ）なので、債務超過に陥り、銀行が破綻することがあります。

反対に、多くの銀行が破綻するような状況になれば、経済状況が悪化するとともにその長期化も予想され、通貨はすぐに暴落します。さらに、上でみたように銀行救済のコストが増加して国家債務危機に陥れば、三つ巴の危機となります。

2 アジア金融危機

ここからは、前節でみた危機の間のつながりに注意して、いくつかの実例を

紹介します。また、それぞれの危機における政策対応についても説明します。

1997年後半から1998年にかけてタイ、韓国、インドネシア、マレーシアなどの東アジア諸国でまず通貨が大幅に減価し、銀行危機や国家債務危機の様相もみせつつ、各国のGDPが大きく減少しました[1]。これが、**アジア金融危機**です[2]。

図12.1はタイ・バーツと韓国ウォンの推移です。1997年までは対ドルで通貨を固定できていましたが、突然大幅な通貨安を経験していることがわかります。バーツは1997年7月から変動を始め、1ドル25バーツ程度から、1998年年初には50バーツ強へ（200%以上）減価しました。韓国については、1997年11月には1ドル900ウォン台で推移していたなか、翌月の12月には1ドル1900ウォンまで（200%強）減価しており、ウォンはとくに短期間で急激な通貨安を経験していることが確認できます。

アジア金融危機の契機は、しばしば海外投資家によるタイ・バーツの売り込みであるといわれます。当時、タイの為替制度は通貨バスケットへのペッグを行っていましたが、ドルのウェイトが高かったため、事実上、ドル・ペッグを行っていました。その状況下で経常収支の赤字があり、またタイ国内の銀行部門がドルで借りて、バーツで企業に貸すというようなカレンシー・ミスマッチがありました。さらに、同族経営の財閥が多く、資金の流れが不明瞭だったことがわかっています。

そうした中、1996年後半から1997年にかけて海外投資家はタイ・バーツを大幅に売り越し、タイはこれに対して資本規制や介入などで対応しました。タイの通貨当局は結局、投資家の売りに対してバーツを固定し続けることはできず、1997年7月にタイは変動相場制へ移行しました。カレンシー・ミスマッチのためにバーツ建ての債権回収ではドル建ての債務が払えず、多くの銀行が多額の損失を被り、銀行危機に陥りました。直前までは問題がないように思えた国家財政も、それらへの対応で危機的な状況に陥っていきました。外貨準備もなくなり、為替も大幅に安くなったという状況で、輸入は大幅に減り、結果

---

1) 詳細は高木（2011）を参照。
2) 通貨の暴落から始まったため、しばしば「アジア通貨危機」とも呼ばれますが、本節で説明するように、これは複合的な危機だったので、本書ではアジア金融危機と呼ぶことにします。

図12.1 アジア金融危機時の対ドル為替レートの推移（タイおよび韓国）

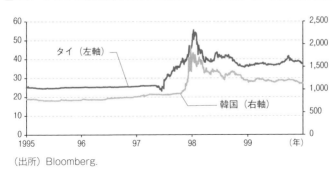

（出所）Bloomberg.

図12.2 アジア金融危機時における経常収支と財政収支

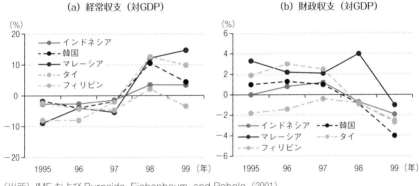

（出所）IMF および Burnside, Eichenbaum, and Rebelo（2001）。

として経常収支は黒字になりました。当然その期間の消費は大幅に低下しています。このような財政赤字と経常収支黒字の趨勢は、他の東アジア諸国でもみられました（図12.2参照）。

　このようにタイの経済危機は複合的な危機の様相を呈しており、それまでの国際金融危機とは異なるものと理解されました。なお、それまでの国際金融上の危機は、1980年代のラテンアメリカ諸国の国家債務危機、1990年代前半から半ばにかけての欧州為替相場メカニズム（European Exchange Rate Mechanism：ERM）危機（通貨危機）、また、メキシコ通貨危機など、比較的シンプルなものといえるでしょう。

　その後、このような複合的な金融危機はインドネシア、マレーシア、韓国な

180 | 第Ⅲ部　経済危機と国際金融システム

表12.1　東アジア各国銀行部門の不良債権比率（%）

	1996年末	1997年末
インドネシア	13	15
韓国	8	30
マレーシア	10	15
フィリピン	14	7
タイ	13	36

（出所）Burnside, Eichenbaum, and Rebelo（2001）.

表12.2　東アジア各国が受けた援助の規模（GDP比、%）

	IMF	多国間	二国間	合計
インドネシア	4.6	3.7	8.7	17.0
韓国	4.5	3.0	5.0	12.4
フィリピン	1.7			1.7
タイ	2.5	1.7	6.7	10.8

（出所）Burnside, Eichenbaum, and Rebelo（2001）.

ど東アジアに飛び火しました。前述のとおり、タイ・バーツや韓国ウォンなど
は短期間で 200％に及ぶ減価を経験しています。とくに韓国ではタイと同じよ
うに、カレンシー・ミスマッチや財閥の体質などの問題から銀行危機が生じ、
不良債権比率も大幅に上昇しました（表 12.1 参照）。

　表 12.2 にあるとおり、これらの国々（インドネシア、韓国、フィリピン、
タイ等）は IMF を中心に国際社会からの援助を受けています。同時に、財政
赤字の削減、変動相場制への移行、資本規制の緩和など、IMF の提案を受け
入れました。また、構造的には金融資本市場の改革として、国内通貨建て債券
市場の育成など、カレンシー・ミスマッチの解消に向けた努力や、企業の不明
瞭な資金の流れをコントロールするためのコーポレート・ガバナンスの改革
が、地域レベルで、そして世界レベルで広がっていきました。

　アジア金融危機を受けて、アジア各国では為替の突然の変動に対抗するた
め、外貨準備をより多く保有するようになりました。また、いざというとき
に、アジア各国間で、外貨をスワップにより交換できる仕組みをつくりまし
た。具体的には、2000 年にタイのチェンマイで開かれた ASEAN ＋ 3（日中
韓）の会議で合意し、2003 年までに、日中韓および ASEAN5 カ国（インドネ
シア、マレーシア、フィリピン、シンガポール、タイ）の間で、2 国間の通貨

スワップ取極が多数締結されました。これが、**チェンマイ・イニシアティブ**（Chiang Mai Initiative）です。

その後、世界金融危機などを経て、これはアジア域内における IMF のような役割、つまり多国間で流動性を融通し合う仕組みへと発展していきました。これは「チェンマイ・イニシアティブのマルチ化（Chiang Mai Initiative Multilateralization：CMIM）」と呼ばれ、2010 年に発効されました。また、ASEAN＋3 地域経済の監視（サーベイランス）・分析を行うとともに、CMIM の実施を支援する機関として AMRO（ASEAN＋3 Macroeconomic Research Office）が2011 年にシンガポールに設立され、2016 年には正式な国際機関となりました。

3 世界金融危機におけるギリシャのケース[3]

3.1 ギリシャの国家債務危機

アジア金融危機に直面したタイなどでは、固定相場制だったために、ヘッジなしで外貨借入を行った銀行（民間部門）が起点となり、複合危機が起きました。それに対し、国家債務危機が起点となって複合危機が起きたケースが、2008 年の世界金融危機におけるギリシャです。

リーマン・ブラザーズの破綻が象徴となった金融危機が多少落ち着いてきた2009 年 10 月、ギリシャが過剰な国家債務を抱えていることが明らかになりました[4]。それまでギリシャは巧妙な会計対策により債務を過少にみせていたのですが、その背景には、ギリシャが他国より若干遅れて 2001 年にユーロ圏に入る際に満たすべき財政の制約がありました。それは、ユーロ圏に加入するすべて国々に課される「マーストリヒト条約」と呼ばれる財政運営の規律の条件であり、3％の財政赤字の上限と債務残高 GDP 比率 60％を上限とするルールです。なお、同じ条件はユーロ導入後も安定成長協定に規定されています。

ギリシャの過重債務問題が明らかになって最初になされた IMF 融資（2010年に行われた第一次ローン）では、欧州中央銀行（European Central Bank：

---

3) 本節の議論は、植田（2015）の内容に基づいて加筆修正したものです。
4) いろいろな見方はあるものの、欧州債務危機は世界金融危機の一部だと考えられます。

ECB）や欧州委員会（European Commission：EC）も共同で融資をしました[5]。前章で説明したように、IMF の融資の際には国家債務の持続可能性が必要であり、過重債務国に対してはローンの前提として通常は債務削減を伴うのですが、このギリシャ向けローンでは債務削減が伴いませんでした。もちろん、ギリシャがそもそも返済できないことも問題なのですが、過重債務が明らかになっても債務削減をしなかったことは、その後のギリシャの国家債務問題をさらに大きくしました。

　債務削減をしなかった大きな理由の1つは、当時ギリシャに対して資金を貸し込んでいた主体が、ドイツやフランスなどの銀行が中心であったことにありました。2010 年当時はリーマン・ショックのすぐ後だったので、欧米の大銀行の健全性に強い懸念が持たれていました。そのため、この状態でギリシャの債務を部分的にでも削減することは、ただでさえ金融危機で損失を抱えていた銀行がさらなる損失をもたらし、銀行の健全性に深刻な問題をもたらす可能性がありました。

　またユーロ圏の中で、国家債務危機を抱えていたのがギリシャだけでなかった点も大きな要因でした。ギリシャは相対的には小国とみることもできましたが、当時は GIIPS（Greece, Italy, Ireland, Portugal, Spain）などといわれ、スペインなど南欧を中心にいくつかの国が深刻な財政問題を抱えていました[6]。そのような中でギリシャに債務削減を認めると、当然、他の南欧諸国からも債務削減の要求が出てくることが予想されました。もちろん、それはその貸し手であるドイツやフランスの銀行のさらなる損失につながることになります。それ以上に、そうした国々はまだ債務削減を要求していませんでしたが、もしギリシャに債務削減を認めると、市場は他の国の国債も額面どおり返済されない可能性が高いと考え、そうした国々の国債金利がさらに急騰することにもなりかねない状況でした。もしそうなると、他の国々も債務削減せざるをえなくなるという悪い均衡になりえます。

　これらの状況に鑑み、ギリシャの国家債務の削減を行うと、場合によっては欧州レベルでの大規模な銀行危機、国家債務危機につながる可能性がありまし

5）EC および ECB などは欧州連合（EU）内の組織です。
6）マスコミなどでは PIIGS（ピッグス）との蔑称が多くみられました。

た。さらに、もしそれが予想されれば、そうなる前に南欧諸国を中心にユーロ圏から離脱しようという機運が生まれます（その理由は後述します）。この場合は、ユーロ圏が崩壊する（通貨危機の一種）という、もう1つのさらに悪い均衡となる可能性もありました（2023年に公刊された欧州およびIMFの見方〔Gourinchas, Martin, and Messer, 2023〕も参照してください）。

それに対して、本来の国家債務危機の対応からは外れますが、債務削減をせずにギリシャに融資をして、その資金を銀行への返済などに充てれば、連鎖的な反応、すなわち、悪い均衡を止めることができ、良い均衡が堅持できると考えられました。そこで、特例で、債務削減抜きでギリシャへ融資がなされたわけです。その2年後の2012年に、同じく三者（トロイカ、すなわちIMF、ECBおよびEC）により第二次ローンが組まれているのですが、この1〜2年の間に、民間銀行が持っているギリシャの国債はかなり売却され、ECとECBに保有されていました[7]。もっとも、民間保有分の削減は進みましたが、ギリシャ1国全体の債務はむしろ多少増加しました。

ギリシャへの融資の際に問題であったことは、債務維持に関する分析の甘さです。第11章で述べたとおり、IMFが債務削減を行う際、「債務持続可能性分析（DSA）」を行って、破綻しないことを確認してから融資します。ギリシャのケースでは、この分析に問題がありました。1つは、ギリシャは高い経済成長ができるという仮定を置いたことです。前章で記載したとおり、2010年のローンに際し、将来、2%程度の高い実質経済成長率を仮定していました[8]。この背景には高いGDP成長率を想定しなければ、対GDP比でみた債務が持続可能でなくなってしまうという事情がありました。もう1つは平均して4%以上の基礎的財政収支（プライマリー・バランス）の黒字が達成可能であるこ

---

7) ECのもとでは、2010年にEFSF（European Financial Stability Facility）が設立されており、それがギリシャなどに対応していました。なお、EFSFは財政部門の一部と考えられます。これは、欧州安定メカニズム（ESM）に発展・解消されました（本章3.2項を参照）。

8) IMFによる2010年第一次ローンの際のプレスリリースは次を参照：「IMF理事会、ギリシャ向け300億ユーロのスタンド・バイ取極を承認」プレスリリースNo. 10/187、2010年5月9日（https://www.imf.org/external/japanese/np/sec/pr/2010/pr10187j.pdf）。また、2012年の第二次ローンがうまくいかなかった時の、いわゆるギリシャ危機時におけるDSAの詳細はIMF（2015b）を参照。

とを想定していたことです。4％以上という財政黒字は、2010年当時（2015年からギリシャ首相を務めたチプラス氏が登場する前の時点）において過去達成できていない水準でした。

ギリシャの4％の基礎的財政収支の黒字という想定が、ギリシャにとってはGDP成長率という面からは楽観的であり、財政運営を実際に行っていくには厳しい内容でした。前章で説明したように、ケインズが『平和の経済的帰結』で反対した、第一次世界大戦後のドイツの賠償金がこれに近い水準であり、ギリシャは当時これと同じ状況になっていました。やはりGDP比4％を超える額を長期間外国に支払い続けるということは、どの国の国民も我慢ができないことだと理解せざるをえません。

3.2　最適通貨圏をめぐる議論：ギリシャがユーロ圏から離脱すれば解決か？

ギリシャが直面したこのような問題の発端は、2001年にギリシャがユーロ圏に加入したことでした。そこで、ギリシャがユーロ圏から離脱することでこの問題が解決するかを考えてみましょう。

1999年にノーベル経済学賞を受賞したロバート・マンデルは、最適通貨圏に関する理論を提唱しました（Mundell, 1961）。ユーロなどの共通通貨でなく、自国通貨がある場合、自国の国際競争力が低下したときには、自国通貨安になることで、競争力を回復させられる可能性があります。自国の通貨が安くなることで自国の商品が相対的に安くなり、輸出が増えるからです。しかし、ギリシャがユーロ圏に入ることで、自国通貨がなくなるので、そういったことはできなくなります。もっとも、ギリシャがユーロ圏に入ると同時に、ユーロ圏内で労働市場が一体化し、さらに他国から必要なときに財政支援が受けられれば、自国通貨を持たないデメリットが解決されると考えられます（これらおよび自由貿易の確保により、ユーロ圏が最適通貨圏となります）。つまり、ギリシャ経済が低迷したときには、たとえばギリシャ人がドイツへ移り、よい仕事先にありつければよいわけです。あるいは、ドイツなど経済状態が良い国がギリシャへ一定程度の財政的な支援ができれば、問題はないでしょう。こうして最適通貨圏が維持されるわけです。

同一通貨圏である米国の州や日本の都道府県もそのように機能していると解釈できます。たとえば、日本でも米国でも、ある地域での失業が増えた場合、

中央政府が失業保険を給付することなどを通じて、財政的な支援を行います。また、ある地域で景気が悪い場合、その他の地域に行って職を探すということも可能です。

　しかし、現実には、ユーロ圏ではそうなってはいません。財政による他国へのサポートは、基本的にはむしろ禁じられています。労働者はユーロ圏で自由に仕事を得る権利はありますが（シェンゲン協定）、ギリシャで生まれ育ち、ギリシャ語しか話せない人がその他の国に行って同じような条件で仕事をみつけることは難しいと考えられます[9]。そういう意味で、実は以前からユーロ圏を懐疑的にみている経済学者も少なくありません。

　結論を述べれば、たとえユーロ圏加盟国がギリシャをユーロ圏から追放したとしても、本質的な解決にならない可能性があります。たとえば、ギリシャがユーロ圏を離脱した場合、ギリシャは自国通貨を切り下げることで競争力を高める可能性があります。しかし、たとえば、当時のユーロの価値が、不調なギリシャ経済と好調なドイツ経済のファンダメンタルズに基づく価値の中間で決まっているとすると、ギリシャが抜けることによってユーロの価値が切り上がることになります。この場合、たとえば、ユーロの価値が、ドイツ経済と、ギリシャの次に不調なポルトガルやスペインなどの経済のファンダメンタルズの間で決まるとすると、今度はこのユーロの価値はポルトガルやスペインにとってあるべき水準以上により通貨高になるということを意味します。そうなると、今度はスペインやポルトガルがユーロ圏から離脱すべきという議論になりかねません。結局のところ、仮にギリシャを離脱させたとしても、ユーロ圏の中でどんどん経済的に弱い国が出てきてしまうという根本的な問題が解決されないことになります。

　このような根本的な問題を解決するには、マンデルのいうように労働市場の均一性と自由化、および財政統合が必要ですが、前述のとおり、これらに関しては前途多難といえるでしょう。ただし、ギリシャ支援の枠組みから欧州安定メカニズム（ESM）など緊急時に財政支援を行う組織ができていますし、欧州投資銀行（European Investment Bank：EIB）などを通じた域内の後進国へ

9）シェンゲン協定は EU だけでなく、スイスなども含んだより広いヨーロッパ諸国間での移動と労働の自由が認められているものです。

の経済成長支援も拡充されてきています。さらに、EU 全体を緊密に統合させ
ようという機運もみられます。その点については第 6 節で説明します。

4 ラトビアの内的通貨切り下げ

　前節の議論では、国際競争力を確保するためには（名目）為替レートを下げ
なければならないと想定していました。そこで考えているメカニズムは、通貨
安にすることで、賃金をドル建てで下げて、外国で商品などを売るときの値段
が安くなることで、国際競争力が上がるというものです。言い換えれば、これ
は名目賃金が下がればよいわけで、必ずしも為替レートが下がる必要がないと
解釈することもできます。そのため、国際競争力の問題は、労働市場に根本的
な問題があるとみることもできます。もっとも、経済状況が悪化したときに、
労働者の賃金を下げたり、大量に解雇したりすることで対応することが制度的
に困難な国も多いです。実はその典型が EU 諸国です。EU 諸国は世界的にみ
て労働者の権利が最も重視されていて、簡単には賃金を下げられず、労働者を
解雇できないという事情があります（なお、日本もかなり似たような状況で
す）。

　しかし、たとえば労働市場をフレキシブルにしてユーロ圏を維持するという
対応もできるはずです。ここで、世界金融危機におけるラトビアの事例を考え
てみましょう。ラトビアは 2008 年当時ユーロ圏に加盟していませんでしたが、
ソ連時代からのロシアからの圧力を回避したいなどの国民感情があり、ユーロ
圏に早く加盟したいと考えている国でした。ユーロ圏加入のためには、ある一
定期間ユーロに対して自国通貨を固定相場で維持しなければならないという条
件があります。世界金融危機が起きたとき、ラトビアはその条件を満たそうと
している最中であり、自国通貨をユーロにペッグをしていました。この状況下
で危機が起きたわけですが、当時のラトビアは必ずしも豊かな国とはいえず、
競争力もあるとはいえない状況でした。しかし、とにかくユーロ圏に入りたい
ということで、ラトビアは国を挙げて賃金を約 20％低下させました。そのた
め、ラトビアは GDP が 20％程度減少し、世界金融危機による最も大きな影響
を受けた国の 1 つとなりました。しかし、その賃金低下の成果もあり、急速に

経済が回復したケースとしても知られています。通貨が高いと国際競争力が落ちるということは、裏を返せば、通貨を安くしてドル建ての賃金を下げたいということですが、国内での労働市場などにおける構造改革が可能であれば、それを通じた対応が可能になるという事例です。つまり、為替レートの代わりに賃金などを下げることで、実質的に為替レートを下げることと同じ効果を得るということです。これを、**内的通貨切り下げ**（internal devaluation）といいます。

しかし、ラトビアは歴史的経緯から国民がこのような賃金の大幅な低下などを受け入れましたが、これはなかなかできることではありません。とりわけ、上述のとおりユーロ圏はむしろ労働者の権利を強く保護していますし、2000年代以降、多少労働市場の構造改革はありましたが、それでもなお国際的にみて労働者の権利が強い状況です。

逆に、労働市場が硬直的で、国際競争力がない南欧諸国は、ユーロ圏から離脱し、為替相場に関する自由度を得ることによるメリットも大きいわけです。EU の他の国からの支援がいざというときに受けられないのであれば、EU にいるメリットはあまり感じられないでしょう。それが、ギリシャの危機時に EU の対応如何では、南欧諸国がユーロ圏から離脱する可能性もあると心配された理由の１つでもあります。

5 EU における金融システムの問題

これまでに出てきた南欧諸国の危機について、そもそもどうしてそんなにドイツやフランスの銀行が南欧の国々に貸し込んだのか、という問題があります。前章で説明したとおり、国家資産は主権免除の原則があるために差し押さえができません。実は図 12.3 のとおり、ユーロ導入前の 1990 年代後半では、ギリシャ国債の金利はドイツ国債の金利に対してはるかに高く、明らかにリスク・プレミアムが乗っていました。したがって、悪い政策をとると国債金利が上昇するという市場の反応を、ギリシャは財政運営について受けていたわけです。これを**市場規律**（market discipline）といいます。しかし、そのような財政への市場規律がユーロ導入後になくなってしまいました。これは、他の南欧

図12.3 ギリシャとドイツの金利（10年国債）の推移

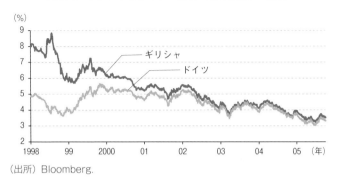

(出所) Bloomberg.

諸国にも当てはまります。図12.3のように、ユーロ導入後2～3年で、ほぼすべてのユーロ圏の国々の国債金利はドイツの金利付近に収斂しました。

このことは、金利という観点からみれば、投資家がギリシャやイタリアに貸し込むことのリスクがないと考えるようになったということを意味します。なぜこのような期待が形成されたのでしょうか。1つはユーロ圏に入ると、第3節で述べた安定成長協定に規定された財政運営の規律の条件に従うと、投資家が信じた、ということが考えられます。もっとも、投資家が各国による財政規律の履行を信じたというストーリーは、あまり説得力がありません。というのも、実はこの条件はドイツ、フランスが2000年代の初めに破っているからです。すなわち、ルールはあるものの遵守されていないという実態があり、これが規律として完全に機能していたとは考えにくいわけです。

その他の可能性としては、欧州統合という熱狂的な気運のなかで、もし仮に南欧諸国に問題が発生した場合でも、他のユーロ加盟国が助けるのではないか、と投資家が考えていた可能性があります。とくにドイツやフランスの銀行は、仮に無理な貸出をしていたとしても、自分が困った場合は自国政府が助けてくれるのではないか、という甘えがあった可能性もあります。

似たようなことは、世界金融危機の際に問題となったサブプライム・ローンを、危機以前に米国の大銀行が積極的に手掛けた理由としても挙げられます。第10章でも触れましたが、このようにいざというときには大銀行は国によって助けられると考えることを「大きくて潰せない（TBTF）」問題と呼び、そのような銀行はリスクを過剰にとっていた（モラル・ハザードが起きていた）

可能性がありました[10]。現実に起きたことを振り返ってみれば、確かにギリシャ国債については、その国債を保有していた民間銀行は第3節で触れたトロイカ（IMF、ECB、EC）からの第一次ローンの際に、ギリシャからの返済や残りの国債の転売により、それほど損失を被ることはなかったと考えられます。つまり、困ったときには政府が助けてくれるという予想が当たったともいえるでしょう。

6 欧州債務危機に対する EU の対応の集大成

2015年に、ユンケル欧州委員会委員長、トゥスク EU 大統領、デイセルブルム・ユーログループ議長、ドラギ ECB 総裁、シュルツ欧州議会議長の5名の連名で出されたレポート（Five Presidents Report）があります。このレポートではこれから欧州はどうあるべきかという理想について書かれています。ギリシャの危機などにより、いろいろな制度のほころびが顕在化したのですが、その点も含めてさまざまな側面から議論が行われています。このレポートが、欧州債務危機に対する EU の対応の集大成といえるでしょう。

まず、EU がエコノミック・ユニオン、すなわち経済的な統合を目指していく必要性を述べています。ECB があることから、マクロ金融政策の協力はすでにある程度できています。また、EIB を通じて、EU の公的資金で相対的に貧しい地域にインフラ投資などを行うことで、そのような地域をサポートする仕組みも強化されてきています。課題として挙げられるのは、賃金をどのように各国でバランスするように決めるかです。賃金については各国ばらばらに労使で決めている現状があり、欧州全体での整合性が課題とされています。

次の段階として、フィナンシャル・ユニオン、すなわち金融統合を目指すとしています。金融統合には、まず銀行部門における協力体制が必要です。銀行の監督や銀行をめぐる制度（預金保険制度などを含む）をヨーロッパ全体で統合していくことになっています[11]。これは世界金融危機以降、世界的にバー

---

10) このような「大きくて潰せない」問題は、銀行危機を考えるうえで中心的な問題と考えられ、世界金融危機後の国際金融規制の議論の柱になりました。なお、金融危機を含む金融システム論については植田（2022）を参照。

ゼル規制などを中心にかなり進んでいる状況です。資本市場における協力も必要です。これは証券市場を統合していくということだけでなく、コーポレート・ガバナンス・コードや破産に関する制度を統一することなどを意味します。実は、ドイツや北欧諸国では貸し手の権利が強い法体系を持っています。つまり、借りた資金を返さないといけないことが基本です（ドイツ法体系と呼ばれる日本、韓国、中国なども同様です）。一方、フランスや南欧諸国では、フランス法体系のもと、いざとなったときに返せないのは仕方なく、それよりさっさと破産宣言をして再生をしていこうという考え方が基本です（これらはラテンアメリカや米国も同様です）。このような破産制度に関する法体系の違いもある程度統一していく必要があります。

これら2つ以上に困難なのは、次の段階であるフィスカル・ユニオン、すなわち財政統合です。将来的には中央集権的な財政機構をつくり、EU全体に一律の失業保険を給付するなどの制度が必要とされています。財政統合までされるのであれば、それを正当化するための民主的な政治プロセスの統合、すなわち、ポリティカル・ユニオン（政治統合）も必要になると結論付けています。

もっとも、財政統合と政治統合は当面無理ではないかと当時はいわれていました。たとえば、ドイツ人にとって、ギリシャ人はそもそも同胞とはみられていないという実態がありました。実際、財政統合や財政支援はドイツや北欧諸国から強い反対が続いていました。ただし、その後コロナ禍によるいくつかの国の窮乏をみかねてドイツなどもEUレベルでの財政支出の拡大に一部賛成しています。その1つの成果が欧州安定メカニズム（ESM）であるといえます。

7 Brexitという反動

英国は、2016年に国民投票によりEU離脱を決定しました。2017年にはEUに離脱を正式に通告し、2020年に完全に離脱しました。この動きは、**Brexit**（ブレグジット）と呼ばれています。この背景の1つは、英国の強い金融

11）2024年には、TBTF問題に共通して対応すべくEU加盟国の各国政府による銀行救済に制限がつくられました。同時に、EU加盟国で、預金保険の共通化がなされる第一歩が踏み出され、2023年にはその詳細まで欧州委員会（EC）で決定されました。

業にあると考えられます。前節で触れた「Five Presidents Report」に代表されるように、EU は域内国家間の経済活動をボーダーレスにするという意味で国際化の最先端を進んでいますが、この EU の目指す統合は、金融業については自由化に反する道を歩んでいるようにもみえました。世界金融危機後、世界規模の規制強化が進み、おおむね必要な制度改正でしたが、EU の金融規制は独仏主導により、一層厳しいものとなってきていました。

　英国の金融業は、長らく EU の監督下に直接入ることは免れていましたが、EU の規制から陰に陽に影響を受けていました。そのため、自由な伝統を持つロンドンの金融業界では、EU 内取引の中心としての地位はあっても、グローバルな金融センターとしての競争力が失われかねないとの懸念も広がっていました。

　また、金融立国として、規制以外で重要となるのは税制です。端的にいえば、他国より法人税を低くすれば、多国籍企業の本社や欧州拠点の機能を誘致できます。この点でも EU の規制から自由になることで、英国の国際競争力が強化されると考えられました。たとえば、急成長するヘッジファンドなど、銀行以外に金融仲介業務を担うシャドーバンキング（影の銀行）業界にとっても、規制が緩く税率が低いのは大きな利点です。

　EU 離脱により、英国の金融業は EU 諸国向けの取引をロンドンにおいては自由にできなくなりますが、EU 内に現地法人を持てば金融機関全体としては取引可能です。その分、雇用をある程度ロンドンから現地へ移すことになりますが、中長期的には英国の金融機関は EU の規制から自由になり、スイスやシンガポールと伍する競争力を維持できるとも考えられました。このように、英国には Brexit を行う独自の事情がありました。

第**13**章

国際経済システムの変遷と課題

イントロダクション

　国際通貨システム、国際金融システム、そして国際貿易システムは、1944 年
のブレトン・ウッズ会議で第二次世界大戦後のフレームワークが定められて以
来、世界金融危機を経た 2010 年頃まで、その枠組みに大きな変化はありません
でした。ところが、2010 年代後半の米中貿易戦争や、2022 年にウクライナに侵
攻したロシアへの対応として各国から経済・金融制裁などがなされたことなど
により、そのあり方は大きく変貌しています。さらに、この動きには暗号資産、
デジタル通貨などに代表される急速な技術進歩も大きく絡んでいます。本書の
最終章となるこの章では、こうした動向を改めて振り返るとともに、2024 年時
点における今後の課題と展望を提示します。

1 ブレトン・ウッズ体制

1.1 ブレトン・ウッズ体制の確立

　1944 年、米国のニューハンプシャー州にあるブレトン・ウッズ・ホテルで
行われた**ブレトン・ウッズ会議**（連合国国際通貨金融会議）では、第二次世界
大戦後の国際貿易・金融の自由化を進めることが決められました。それを支え
る国際機関として、国際通貨基金（IMF）、国際復興開発銀行（IBRD；世界銀
行）の創設と、後に世界貿易機関（WTO）につながる GATT（General Agree-
ment on Tariffs and Trade；関税と貿易に関する一般協定）の締結がなされまし

た。

　これは連合国側の会議であり、中心人物として英国からは経済学者であるジョン・メイナード・ケインズ、米国からは政治家のハリー・デクスター・ホワイトが代表として参加しました。以下は、米国務省のウェブサイト上のブレトン・ウッズ会議の説明文のうち2段落目の訳です[1]。

　この会議で創設された制度には、米国の政策立案者が戦間期から得た教訓が反映された。フランクリン・D・ルーズベルト大統領やコーデル・ハル国務長官のような政府当局者は、自由貿易は国際的な繁栄（international prosperity）のみならず、国際平和（international peace）をも促進するというウィルソン流の信念を共有していた。1930年代の経験は、確かにそれを示唆していた。各国政府が世界大恐慌に対抗するためにとった政策（高い関税障壁、通貨切り下げ競争、排他的貿易ブロックなど）は、経済状況を改善することなく、不安定な国際情勢を生み出す一因となった。このような経験から、世界のリーダーたちは、国内外での平和と繁栄を達成するには国際的な経済協力しかないという結論に達したのである。

　この引用にもあるように、自由貿易は世界的な経済成長（international prosperity）だけでなく、世界平和（international peace）をもたらすと考えられていました（ルーズベルト大統領も同意見でした）。その考えの背景にあったのは、1930年代の世界大恐慌の際に世界各国がとった高い関税障壁（high tariff barriers）、通貨切り下げ競争（competitive currency devaluations）、排他的貿易ブロック（discriminatory trading blocs）が、経済状況を改善しないばかりか、国際的な（政治）情勢を不安定にしたという反省だった、と記載されています。そのうえで、国際間の協調の必要性を強調し、この引用部分以降では貿易と国際金融取引の自由を維持するため、ブレトン・ウッズ会議を経てIMFとIBRD（世界銀行）という2つの機関が生まれたことを説明しています。

----

1) 米国務省（U.S. Department of State）のアーカイブサイト「The Bretton Woods Conference, 1944」（https://2001-2009.state.gov/r/pa/ho/time/wwii/98681.htm）より（筆者訳）。

1.2 1930年代、ポピュリズムの台頭と自由な国際貿易・金融取引の後退

実は、1929年に世界大恐慌が発生する前までは比較的自由な国際貿易や国際金融取引がなされていたのですが、改めて、なぜ1930年代に世界的に間違った経済政策がとられたのかを考察しましょう。前章で述べたラトビアのような事例は特殊であり、実際に国内の賃金を低下させるのはなかなか難しい（下方硬直性がある）ことが常です（Bewley, 1999）。この場合、一時的に自国通貨安（日本であれば円安）にすることで国際競争力を引き上げ、輸出産業を振興しようという政治圧力が生まれます。

加えて、1920年代までは日本を含む列強諸国は金本位制のもとでの固定相場でしたが、1930年になって、金本位制からの離脱、その後の固定相場の段階的引き下げと続き、1920年代までの状況から様変わりしたように為替相場が急激に変動することになりました。また、逆に他国が通貨切り下げに（一時的に）成功するなどして輸出が急増（自国の輸入が急増）した場合には、国内の生産物があまり売れなくなります。すると国民の間には、輸入増のために自分たちの所得や雇用が犠牲になっている、という素朴な不満が生まれ、それが輸入関税の引き上げを求める政治圧力が生まれる要因となります。さらに、多くの失業者たちが、移民が安い賃金で働いている様子を目にすれば、その人たちのせいで自分たちの雇用が失われていると感じ、移民排斥運動が起こる要因にもなりえます。

こうした通貨切り下げ競争、関税引き上げ競争、移民排斥運動のような動きは、外国の負担のもとで自国だけが繁栄を求めるという意味で、**近隣窮乏化政策**（beggar-thy-neighbor policy）と呼ばれます。さらに、こうした行為を仲間内の国々である程度まとまって行えば、排他的貿易ブロック、あるいは経済ブロックとなります。

このような動きは、世界的規模では経済的な損失を生みます。これはゲーム理論における「囚人のジレンマ」に陥っている状況です。逆にいえば、自由な国際貿易や国際金融取引、そして自由な労働市場（移民）の実現は、一国においても世界全体においても厚生を増加させます。ところが、他の国が自由な国際貿易や国際金融取引を認めている場合には、自国だけが少々異なることをして得をしたいというような、逸脱的な戦略をとるインセンティブが生まれます。しかし、すべての国が逸脱的な戦略をとれば、世界全体で（そしてそれぞ

れの国でも）損をすることになるわけです。

　国内において、自分の産業や職業を守ってほしいという人々の気持ちは、往々にして、自分たちがつくる製品の価格が下がらないようにしてほしい、産業への参入障壁をつくってほしい、あるいは必需品の価格を統制して、上がらないようにしてほしい（食糧やエネルギーなどの価格統制と、時には配給制）といった願望につながります。日本では、これらが軍国主義の背後にある国家社会主義となり、いわゆる「1940年体制」として完成されました（岡崎・奥野, 1993）。第二次世界大戦後も、そのような統制経済体制は、縮小されたものの、「農業政策」や「産業政策」などという名前で脈々と続いており、それが現在においても構造問題として存続しています。

　1930年代には、日独伊の国家社会主義やソ連の共産主義だけでなく、米国でさえも幅広く経済活動に政府が関与するニューディール政策がとられ、それが大恐慌からの回復の遅れをもたらしました（Cole and Ohanian, 2004）。これには多くの国で、大恐慌がきっかけとなり、少なくとも当初は配給、補助金、価格統制などを民衆が望んだという状況が影響していると考えられます。つまり、当初は囚人のジレンマの状況に気づかず、愚かな政策を望んでいたという意味で、「衆愚政治」や「ポピュリズム政治」と呼ばれる事態が起きたといえるでしょう。

　しかし、日本やドイツ、ソ連などで顕著だったように、そのような方向に舵を切った後すぐに独裁的な政治に変わった国々がありました。それこそが、ハイエクが、「生活の糧を政府に頼れば為政者の失政に反対できなくなる、まるで奴隷と同じだ」（Hayek, 1944）と、衆愚政治の世相を糾弾した理由といえるでしょう。戦前の日本でも、経済学者・社会思想家である河合栄治郎などが自由主義の観点から全体主義、統制経済を批判しています。しかし当時は、こういった意見はあまり聞き入れられませんでした。そればかりか、河合はその言論活動により東京帝国大学経済学部教授の職を追われ、有罪とされるなど辛酸を舐めることになりました。

　こうした世界的な全体主義、統制経済の動きにより、1930年代は、国際的な貿易や金融取引は大きく後退し、その果実は縮小しました。また、ブロック経済化に伴い、取引相手でない国々との間には国際経済取引の果実はすでにないため、ブロック外の国に対して戦争を起こしても果実が失われるというコス

トを考える必要がなくなったことで、戦争開始コストが低下しました。加えて、排他的貿易ブロックが形成されたことで、自国側の貿易ブロックの領地を増やすことを目指すというインセンティブも生まれました。これらが、第二次世界大戦が引き起こされた要因の少なくとも一部になったと考えられます。

そしてその反省に立って、第二次世界大戦後に世界平和を希求する基盤として、自由な国際貿易と国際金融取引をもたらし、経済相互依存を深め、それにより戦争を防ぐためのブレトン・ウッズ体制がつくられました。そこには、1930 年代に起きた各国による通貨切り下げ競争や国際貿易・金融取引の制限といった近隣窮乏化政策が、1929 年以来の世界大恐慌の影響を深刻化させ、またブロック経済化により戦争開始のコストが下がってしまった、という反省があったわけです[2]。

2 ブレトン・ウッズ体制の変容

ブレトン・ウッズ会議では、国際通貨システムという視点で見れば、ケインズが「バンコール」という国際的な統一通貨の創設を目指したのに対して、ホワイトは金と兌換できるドルを国際取引通貨（基軸通貨）とし、それと各国の通貨との固定相場制を維持するというシステムを提唱し、結局ホワイトの案が採択されました。この通貨システムは、「狭義のブレトン・ウッズ体制」と呼ばれることもあります。

戦前の列強欧州各国（とくに世界の経済・金融の中心だった英国）と日本が戦災により経済力を低下させたこともあり、圧倒的な富を蓄えていた米国がこの体制を支えることになりました。しかしながら、戦後に欧州諸国や日本が総じて復興した一方、ベトナム戦争などを経て米国の富が減少してくると、ドルと金の兌換が不可能になってきました（第 4 章、図 4.2 を参照）。

---

2) 欧州連合、とくに通貨統合自体が、1990 年東西ドイツの再統合、その際の西欧からのドイツへの要求として、第一次・第二次世界大戦の二の舞を防ぎ、ヨーロッパの戦争を防ぐために、通貨・経済統合が機とされたといわれています（Chatham House, "Date with History: The Birth of the European Union" 〔https://www.chathamhouse.org/publications/the-world-today/ 2024 - 02 /date-history-birth-european-union〕)。

1971 年には、「ニクソン・ショック」が起きます。突如、ドルの金兌換停止が発表されたのです。このことをもって、狭義のブレトン・ウッズ体制の崩壊ともいわれます[3]。しかしほぼ同時期（1969 年）には、第 1 章でも触れた SDR（Special Drawing Rights；特別引出権）という国際通貨のようなものを作り出し、IMF 加盟国はいざという場合の国際通貨の流動性を高める手段を持つことになりました。

ニクソン・ショック後、先進国は変動相場制に移行しました。一方、発展途上国の多くは引き続き固定相場制を採用しました。通貨の価値を安定（インフレを安定）させるという面からみると、金融資本市場が十分に発展した国であれば、市場操作などによる金融政策が有効ですが、そうではない発展途上国では、ドルとの固定相場を維持することが、通貨価値を安定させるという金融政策の重要な手段（唯一の手段）となります。それでも、たとえばアジア諸国では、アジア金融危機など固定相場制に特有の通貨危機を経験したことで、1990 年代以降は多くの国が変動相場制に移行しました。一方、欧州諸国では、固定相場での自由な取引に基づく国際金融体制を目指すという動きが続き、1999 年に共通通貨のユーロが発行され、ユーロ圏内では金本位制のもとで行われていたような国際金融取引がなされるようになりました。

こうした為替制度の変遷よりも重要なのは、各国が引き続きより自由な国際貿易と国際金融取引を希求し続けたことです。とくに、1980～90 年代は、自由化・国際化の時代といっていいでしょう。1995 年には、長らく設立に向けた交渉が行われてきた世界貿易機関（WTO）も設立されました。そして、1990 年代には、多くの共産主義国が自由な資本主義経済を持つ国に移行しました。

3 グローバル・ガバナンスの問題

IMF の加盟国は当初の 29 カ国から現在では 190 カ国（2023 年 8 月時点）に

---

3) ニクソン大統領がそれまで敵対していた中華人民共和国を認めて訪中を宣言したこともニクソン・ショックと呼ばれました。

なりました。旧ソ連の崩壊でロシアは 1992 年に加盟し、その他の東側諸国も同タイミングで IMF に加盟しました[4]。中国は設立当初からの加盟国で、第二次世界大戦の敗戦国の日本とドイツ（旧西ドイツ）は 1952 年に加盟しました。

　戦後の日本やドイツにおける GDP の急成長に伴い、少なくとも 1980 年代から、両国の IMF 出資割当額の増加に伴う投票権の増加が問題となりました[5]。さらに 2000 年以降は、中国の投票権の増加が問題となりました。これは、IMF の投票権が、資金の出資割当額（クォータ）に応じて割り当てられるためです（世界銀行も同様）。最近は、中国に限らず主要な新興市場国（「BRICS」と呼ばれるブラジル、ロシア、インド、中国、南アフリカなど）も、このことを問題としています。つまり、先進国は従来からの出資額が多く、投票権も多い現状をできるだけ継続しようとして、相対的な経済規模に応じた追加出資（とそれによる投票権シェアの減少）をあまり好まないのに対し、経済力を伸長させてきた発展途上国は、より出資を増やして投票権も拡大したいわけです。この問題は、国際機関におけるガバナンス問題として知られています。

Column ⑫　国際通貨体制における IMF の役割

■ 発足当初の役割

　IMF の当初の役割は、1920 年代までの金本位制に準じたシステムを守ることでした。そこで、当初の国際通貨体制は、ドルと金との間の固定相場での自由な交換を約束し、各国の通貨はドルとの固定相場が決められました。

　具体的には、1944 年のブレトン・ウッズ協定では当初、IMF 加盟国にそれぞれの通貨の金に対する平価を設け、原則として、平価の上下各 1％の変動幅に固定することを義務付けました。当時、世界は経済の安定と国際通貨体制の秩序

4）詳細は Boughton (2012) を参照。
5）ただし、出資割当額（クォータ）は必ずしも GDP だけで決められるのではなく、貿易額など、いくつかの変数を勘案した式で決められています。なお、一国一票という国際連合総会の投票権とは異なり、いわば株式会社のような投票権の仕組みです。これは IMF や世銀が金融機関であり、貸し出す側の出資金を守る必要があるためと考えられています。

回復を必要としていたため、とくに IMF には、自国第一主義の政策運営に対する国際的な歯止めとしての役割が期待されました。そのため加盟国からのサポートのもとで、IMF には国際通貨システムの監視（為替レートの安定を確保）や、為替規制の撤廃（貿易障害を撤廃）という特別な役割を担わせました。

■ ニクソン・ショックを境に役割が変化

　ニクソン・ショック後に IMF はその性格を変え、「変動相場制のもとでの各国通貨の安定と国際金融取引の自由」を目標とするようになりました。IMF の役割には、国際金融危機（通貨危機、国際収支危機、国家債務危機）の際に、当該国に対して必要最小限の国際貿易や国際金融取引を続けるための資金を一時的に供給することが追加されました。この他に、危機から脱出するための、財政・金融政策などについての助言も行うようになりました。また、引き続き近隣窮乏化政策を防ぐことに努め、全加盟国に対して財政・金融政策の調査と提言を行うようになりました。

　IMF の加盟国には、経常取引に関わる支払の制限や複数為替相場などの撤廃が IMF 協定第 8 条で求められています。それを遵守している国は「8 条国」と呼ばれます。一方、IMF 協定第 14 条による為替制限がみられる国は「14 条国」と呼ばれます。8 条国でも、資本取引の規制に関して制度的には撤廃するようには求められていませんが、将来的には規制をなくす方向で、金融の国際化・自由化が長年図られてきたことは、前述のとおりです。なお、日本は 1964 年 4 月に 14 条国から 8 条国に移行し、中国は 1996 年に移行しました。

　IMF による各国の政策監視（サーベイランス）として、IMF の加盟国は毎年 IMF による経済審査（IMF 協定 4 条に基づく 4 条協議）を受ける義務があり、マクロ経済動向や財政金融政策、金融システムの安定性などと並び、為替制度や資本規制なども、その審査の重要な柱となっています[6]。とくに、通貨に関しては「為替取極・為替制限年次報告書（The Annual Report on Exchange Arrangements and Exchange Restrictions：AREAER）」において、狭い意味での為替制度だけでなく、財・サービスなどの貿易（経常取引）に関わる支払の制限や資本取引に関わる規制などを調整し、公表しています。さらに、「世界経済白書（World Economic Outlook： WEO）」、「国際金融安定性報告書（Global Financial Stability Report：GFSR）」などを定期的に公表しています。

　6）4 条協議については柏瀬・服部・千田（2019）を参照してください。

Column ⑬　国際貿易体制

　GATTは、貿易における無差別原則（最恵国待遇、内国民待遇）等の基本的ルールを規定し、多角的貿易体制の基礎を築き、貿易の自由化の促進を通じて日本経済を含む世界経済の成長に貢献してきましたが、国際機関でなく協定として運営されています。また、GATTには自由、無差別、多国間主義という3原則があります。自由とは貿易に障壁をなくし自由貿易を推進するという考え方であり、無差別とは一部の国に対する差別的な待遇をなくすことで1つの国に適用した協定は他国にも認める（最恵国待遇を義務付ける）という考え方です。また、多国間主義とは、国際貿易において2国間の問題でも、世界全体の枠組みの中で調整されるべきという考え方です。この多国間主義の考え方は「ラウンド」という形で進められてきました。

　代表的なラウンドとして、ケネディ・ラウンド（1964～67年）、東京ラウンド（1973～79年）、ウルグアイ・ラウンド（1986～94年）、ドーハ・ラウンド（2001年～）があります。このうちケネディ・ラウンドと東京ラウンドでは、1960年代と1970年代に関税負担率の大幅な低下を達成しました。また、ウルグアイ・ラウンドでは、農業問題が本格的に議論され、当時コメに関して高い関税をかけていた日本が一定量のコメの輸入を求められたということで話題となりました。ラウンドごとに参加国が増加し、ケネディ・ラウンド時に62カ国・地域、東京・ラウンド時に102カ国・地域、ウルグアイ・ラウンド時に123カ国・地域まで拡大されました。

　このウルグアイ・ラウンド交渉の結果、1995年にWTOが設立され、GATTの管理・運営も引き継がれました。この動きは、1989年のベルリンの壁崩壊や1991年のソ連の崩壊などを受けて、それまでの東西陣営を超えた国際経済の仕組みの再構築のきっかけとなりました。なお、中国は2001年、ロシアは2012年にWTOに加盟しました。しかし、WTOには全会一致の原則があるため、先進国と発展途上国の対立等で交渉が停滞しているというのが本書執筆時点（2024年8月）での現状です。

4 グローバリゼーションの揺り戻し

　2008年には、1929年の大恐慌以来初めてとなる、米国と西欧諸国を巻き込んだ世界規模の経済危機、世界金融危機が発生しました。その最中、各国政府は多国籍銀行に対して各国内の支店の資産をできる限りそれぞれの国にとどめるように求める、または支店ではなく現地法人化することを求め、資本規制を各国で行うなどの対応がありました。つまり、多国籍銀行内部の国際的な資金の移動が実質的に制限されることになったのです。これは、国際的な銀行にとってはコスト増となり、欧米の大手銀行がいくつかの国から撤退する動きにつながりました。その結果、銀行経由の国際金融取引が縮小しました[7]。

　さらに、2010年頃には「金融危機にいたる一因が資本の過剰な流入にある」という見方が広く支持されるようになり、資本流入の制限が状況によっては国際的に受け入れられるようになりました[8]。これは、銀行業や金融システム一般の健全性を確保するためのマクロ・プルーデンシャル規制の1つと位置付けられるようになりました[9]。しかしながら、これは資本規制でもあり、それを自由化する流れが前述のように長年ありましたが、その流れに逆行するものでもあります。

　その後、2010年代後半には、1930年代のようなポピュリズム政治のような動きがみられるようになりました。典型的には、米国のドナルド・トランプ元大統領が唱えた「アメリカ・ファースト」の掛け声のもと、とくに中国との経済的競争を意識した貿易制限などの動きがあります。その極端なものは、生産をできるだけ自国に戻すという、**リショアリング**（reshoring）と呼ばれる動きです。それに加えて、同盟国や友好国等に限って貿易網を構築する**フレンド・**

7）IMF（2015a）。なお、この点について詳しくは、植田（2024）でも解説しています。

8）世界金融危機のときに、それまでの日本銀行だけでなく、米国や欧州、英国の中央銀行など、先進国全体で政策金利がゼロ金利水準まで引き下げられ、その結果、ラテンアメリカやアジアの一部の国に大量に資本が流入しました。しかし、それらの国はかつて金融危機を経験しており、そうした急激な資本流入に対して慎重な政策をしたいということから、資本流入の制限につながりました。

9）マクロ・プルーデンシャル規制について、詳しくは植田（2022）を参照。

図13.1　主要部門ごとの貿易障壁の推移
　　　　（2016〜19年＝100とした指数）

図13.2　貿易障壁によるGDP成長の損失

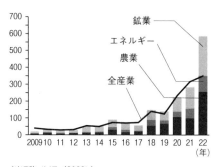
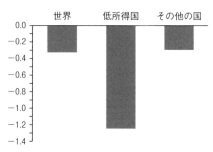

（出所）IMF（2023b）.　　　　　　　　　　（出所）IMF（2023b）.

ショアリング（friend shoring）と呼ばれるようなブロック経済化の動きもあります。

2020年から続いたコロナ禍では、その発生源が中国と指摘されたことから、欧米などで対中国感情が悪化しました。さらに、2022年にはロシアがウクライナに軍事侵攻したことで、西側諸国がロシアに対し直接的な経済制裁を実施しました。これ自体は、すでに起きた軍事行動に対する制裁であり、経済学的な問題ではありません。しかしこのことが、**経済安全保障**（economic security）という考え方の興隆につながり、フレンド・ショアリングなどの動きをさらに活発化させている状況になっています[10]。

ただし、経済安全保障の名のもとに単にポピュリスト的な保護主義となっている可能性も低くありません。そうした各国の動きを監視し、抑制するように求められているIMFは、主要な刊行物（*World Economic Outlook*や*External Sector Report*）などを通じて警鐘を鳴らしています。たとえば、*World Economic Outlook*の2023年10月版では、世界貿易における貿易障壁が2020年以降

---

[10] 経済安全保障とは、軍事目的のための国際貿易、金融取引の制限です。具体的には、以下があります。
　（1）戦争時に経済・金融制裁を軍事的な戦術として使う
　（2）平時に同盟国以外への軍事転用可能な製品や技術の貿易を制限し、アクセスを断つため、それらの国からの投資を制限する
　（3）平時に、同盟国以外を弱体化させるため、広く貿易や金融取引を制限する

急速に増加していることを明らかにしているほか（図 13.1 参照）、世界の貿易障壁による世界経済の損失について、世界全体での GDP の低下率は 0.3% ですが、低所得国では 1.2% の低下となることも明らかにしています（図 13.2 参照）。

Column ⑭　地域貿易協定

■ 2国間自由貿易協定（FTA）と経済連携協定（EPA）

　WTO がうまく機能していないこともあり、2国間などで個別に関税をなくして貿易を促進する自由貿易協定（Free Trade Agreement：FTA）や経済連携協定（Economic Partnership Agreement：EPA）が興隆しました。FTA は、物品の関税やサービス貿易の障壁等を削減・撤廃することを目的とする協定です。EPA は、貿易の自由化だけでなく、投資、人の移動、知的財産の保護等、より広い範囲について障壁等をなくし、幅広い経済関係の強化を目的とする協定です。日本はシンガポールとの間で、2002 年に初めての FTA（EPA）を結びました。

■ 地域貿易協定

　2国間の協定が多くなると、密な関係をもつ複数の国で貿易協定を結ぶという形で多国間化が進みました。以前からある例として、1967 年の EC（European Community：欧州共同体）、その後の 1993 年には EU（European Union：欧州連合）となり、域内貿易の自由化、労働移動の自由化、通貨統合（1999 年）が組み合わされました。アジアでも、1967 年にインドネシア、シンガポール、タイ、フィリピン、マレーシアの5カ国で ASEAN（東南アジア諸国連合）が発足しました。その後、ASEAN には、ブルネイ、ベトナム、ラオス、ミャンマー、カンボジアが加盟し、10 カ国体制となりました。一方、経済協力については 1992 年に ASEAN 自由貿易協定（ASEAN Free Trade Agreement：AFTA）を締結するなど域内経済協力の強化が進みました。

　ASEAN より大きな自由貿易圏として、APEC（Asia Pacific Economic Cooperation；アジア太平洋経済協力）があります。これは 1989 年に日本とオーストラリアのイニシアティブで 12 カ国が参加し発足し、後に 21 の国（地域）による経済連携へ発展しました。参加国が NAFTA（North American Free Trade Agreement；北米自由貿易協定）諸国などを含むことから、地域間統合の連携としての側面もあります。また、APEC は「開かれた地域主義」を標榜

し、加盟国の自主性を重んじ、域外に対しても貿易投資の自由化の成果を分け合うことを目的としています。

このような複数国間の貿易協定では、その域内で自由な貿易が盛んになること（貿易促進効果）となります。一方、それまでの状況、もしくは世界的な自由貿易体制が実現された場合に比べると、特定の産物の輸出入の構造が貿易協定域内に偏ること（貿易転換効果）が指摘されています。

WTO 発足後の動きとしては、TPP（Trans-Pacific Partnership；環太平洋パートナーシップ）協定が 2018 年に発効されました。TPP ではそれまでの貿易協定よりさらに踏み込んで、環境基準や労働基準などの市場における公正な競争の前提となるように国内の仕組みを整えることを求めています。また、アジアに軸を置いた RCEP（Regional Comprehensive Economic Partnership；東アジア地域包括的経済連携）協定も 2022 年に発効し、ASEAN の 10 カ国、日本、中国、韓国、オーストラリア、ニュージーランドが参加し、地域の貿易・投資の促進およびサプライチェーンの効率化に向けて、市場アクセスを改善し、発展段階や制度の異なる多様な国々の間で知的財産、電子商取引等の幅広い分野のルールを整備するとしています。

ヘクシャー＝オリーン・モデルなどの貿易理論によれば、自由貿易の結果は要素価格が均等になるように表れ、逆に言えば、他国に比べ高い要素価格（とくに賃金）を持つ産業は衰退します。しかし、先進国では市民意識の高まりとともに、環境基準や労働基準の水準も高くなってきており、要素価格は、高止まりしています。このため、先進国では一部の発展途上国による環境汚染や過酷な労働環境で実現する安い要素価格によって、先進国の産業が駆逐されることや、労働賃金が低下することを避けることを求めています。

これが TPP における環境基準や労働基準と解釈できますが、これに反発した中国は当初 TPP に加盟しませんでした。また、比較的規制を好まないトランプ政権下の米国も、加盟を表明しませんでした。なお、中国は 2021 年 9 月に TPP 加盟を申請しました。2023 年には英国が TPP 発足後初めての新規加盟国として正式に承認されました。

Column ⑮　日本での貿易・金融取引の自由化とその揺り戻し

日本の外国為替や外国貿易などに関する制度は、**外国為替及び外国貿易法（外為法）**に規定されています[11]。外為法には、その第 1 条において、「外国為替、外国貿易その他の対外取引が自由に行われることを基本とし、対外取引に

第13章　国際経済システムの変遷と課題 | 205

対し必要最小限の管理又は調整を行うことにより、対外取引の正常な発展並び
に我が国又は国際社会の平和及び安全の維持を期し、もって国際収支の均衡及
び通貨の安定を図るとともに我が国経済の健全な発展に寄与することを目的と
する」とされています。

　1964年には、日本は外為法を改正し、IMF 8条国へ移行しました。IMF協定
第8条では、経常取引の支払に対して制限を課さないこと、排他的な通貨措置
を実施しないこと、および他国が保有する自国通貨残高の交換を維持すること
を義務付けており、それを受諾した国のことを「IMF 8条国」と呼ぶのは Col-
umn ⑫で述べたとおりです。なお、これはあくまでも財・サービスの貿易に関
連した国際金融取引の自由化であり、投資などに関連する資本規制の自由化は
まだこの段階では行われていません。

　1980年の外為法の改正において、投資などの資本取引も含めた対外取引を原
則自由とする法体系に改められました。1998年にも改正が行われ、事前の許
可・届出制度が原則として廃止されるとともに、経済制裁や一部の直接投資・
技術導入などを除き、事後的に報告する「報告制度」が基本となりました。

　2017年の改正では、安全保障の観点から日本の安全等を損なう恐れのある関
連業界の会社への直接投資（会社の株式を1%以上保有すること）について制限
を設けました。非上場株式については事前届出制を導入しました。2019年の改
正では、日本の安全等を損なう恐れのある関連業界をより幅広く、しかし厳格
に定めました。ただし、同時に、事前届出免除制度を導入し、事前届出の対象
を見直す等の改正もなされました。2022年の改正では、外為法の対象として暗
号資産やステーブルコインが含まれることになりました。

5 デジタル通貨と国際通貨システム

　基軸通貨としてのドルは、ブレトン・ウッズ体制の確立以来どの国も自由に
使うことができ、いわば国際公共財としての役割も果たしてきました。とりわ
け、国際的な金融取引の決済は、ドルの金の兌換が停止されて以降、とくに
1973年に設立された「SWIFT」[12]という機関（本部はベルギーに設置）を通じ

11）　この記述は、財務省ホームページ、「外為法の目的と変遷」（https://www.mof.go.jp/
policy/international_policy/gaitame_kawase/gaitame/hensen.html）に基づいています。

て、ほぼすべてドル建てで行われてきました。

　一方、金融のデジタル化の進展により、資金の流れが透明化されるようになりました。その結果、各国政府は犯罪者やテロリストの資金の流れをより正確につかめるようになり、いわゆるマネー・ロンダリング対策の基盤も強化されました。そして国家レベルでも、資金の流れ、とくにドルの流れを抑える金融制裁がより厳密に行えるようになってきました。

　こうした背景の中、2022 年にウクライナに侵攻したロシアへの経済制裁の一環として、一部の国々（理事を務める G10[13]諸国と所在地である EU）の決定で、ロシアの SWIFT の利用を排除することになりました。このことは、基軸通貨のあり方に大きな問題を投げかけることになりました。さらに、外貨準備としてのドル資産の凍結が米国政府中心になされました。これらの措置の結果、必ずしも米国と関係が密でない国々の間で、いざという時のためのドル外貨準備が機能しなくなるかもしれないという不安をもたらすことにもなりました。

　そのため、SWIFT とは別に、中国において人民元での国際取引システムである「CIPS（Cross-Border Inter-Bank Payment System）」が 2015 年に開始されました。それには、日本を含む先進国の銀行も参加し、最近とくに興隆している状況です。

　また、一部の国々の**中央銀行デジタル通貨**（Central Bank Digital Currency：CBDC）を相互に直接取引させるようなシステムが 2023 年現在いくつか実験段階にあります。たとえば、そうしたシステムの 1 つである「mBridge」は国際決済銀行（BIS）がサポートしており、中国、香港、タイ、UAE を中心に始まりましたが、他の多くの国の中央銀行もオブザーバーとして参加しています。また、そのライバルに当たる「Dunbar」も BIS がサポートしており、シンガポール、マレーシア、オーストラリア、南アフリカが中心となっています。

----

12) Society for Worldwide Interbank Financial Telecommunication（国際銀行間通信協会）の頭文字。

13) 日本、米国、英国、ドイツ、フランス、イタリア、カナダ、オランダ、ベルギー、スウェーデン、スイスの 11 カ国をまとめて「G10」と称しています。IMF や国際決済銀行（BIS）の中で、いくつかの重要な案件を決めるグループでもあります。

第13章　国際経済システムの変遷と課題 | *207*

　さらに、ドルのステーブルコインや、ビットコインなどの暗号資産なども国際取引により使われる可能性もあります。2024 年 4 月に、主に先進国の中央銀行によって、CBDC（おそらくホールセール）と民間の預金トークンなどとの間をつなぐ共通プラットフォームの実験プロジェクト「アゴラ」が、BIS の主導で立ち上がりました。同年 9 月には、世界の主要民間金融機関の協会である国際金融協会（Institute of International Finance：IIF）の主導のもと、日本のメガバンクを含む世界の主要金融機関の参加も決まりました。

　このように現在、ほんの数年前までは考えも及ばなかったようなドルの基軸通貨体制の変調が現れています。とくに国際決済システムがいくつかに分かれる場合、ブロック経済化の動きがさらに強まることが懸念されます。現状では、各国・地域が全体像を考えずにそれぞれシステムをつくろうとしている状況に見えます。しかし、今こそブレトン・ウッズ会議の理念を思い出し、世界的に最適な国際通貨システム・国際経済システムとは何かを今一度問い直し、そうした原理原則に基づいて改革を行っていく必要があるでしょう。実際、Adrian et al.（2022）が示すように、BIS や IMF などでは積極的にこうした研究を進めています。世界中の各国が関係する問題であり、日本も決して傍観することなく、積極的な貢献が求められます。

参考文献一覧

■ 日本語文献

浅川雅嗣（2020）『通貨・租税外交——協調と攻防の真実』日本経済新聞出版。

天達泰章・馬場直彦（2007）「通貨スワップと為替スワップの裁定関係と価格発見力」日本銀行ワーキングペーパーシリーズ、07-J-13。

イースタリー、ウィリアム（2009）『傲慢な援助』小浜裕久・織井啓介・冨田陽子訳、東洋経済新報社。

伊藤隆敏（2003）「日本の為替介入の分析」『経済研究』54(2): 97-113。

伊藤隆敏（2005）「為替レート変動の分析——パズルの解決に向けて」岩本康志・橋木俊詔・二神孝一・松井彰彦編『現代経済学の潮流 2005』東洋経済新報社。

伊藤隆敏・薮友良（2017）「為替介入と外貨準備——運用損益の長期推計」『日本経済研究』74: 98-127。

植田和男（1983）『国際マクロ経済学と日本経済——開放経済体系の理論と実証』東洋経済新報社。

植田健一（2015）「世界経済 危機は去ったか（下） ギリシャ巡り欧州に亀裂（経済教室）」『日本経済新聞』2015 年 6 月 17 日付。

植田健一（2022）『金融システムの経済学』日本評論社。

植田健一（2022-24）「マクロ開発経済学」『経済セミナー』連載（2022 年 2・3 月〜2024 年 8・9 月号、全 14 回）。

植田健一（2023）「金融制度と危機対応——企業救済に関する理論と政策の課題」『日本の金融システム』東京大学出版会。

植田健一（2024）「真の資本主義と金融」『現代経済学の潮流 2023』東京大学出版会。

植田健一＝ドブチンスレン、ハリオン（2020）「日本企業における資金配分の効率性」『フィナンシャル・レビュー』142: 3-22。

植田健一・服部孝洋（2018）「IMF による対外不均衡の評価について」『ファイナンス』6 月号: 66-73。

植田健一・服部孝洋（2019）「グローバル・インバランスと IMF による対外バランス評価（EBA）モデルについて」PRI Discussion Paper Series, 19A-06。

岡崎哲二・奥野正寛編（1993）『現代日本経済システムの源流』日本経済新聞社。

柏瀬健一郎・服部孝洋・千田正儀（2019）「『IMF の対日 4 条協議』について」『ファイナンス』1 月号: 57-62。

神田眞人編著（2021）『図説 ポストコロナの世界経済と激動する国際金融』財経詳報社。

財務省財務総合政策研究所財政史室編（2004）『昭和財政史——昭和 49〜63 年度：第 7 巻「国際金融・対外関係事項・関税行政」』東洋経済新報社（https://www.mof.go.jp/pri/publication/policy_history/series/s49-63/index.htm）。

塩路悦朗（2016）「為替レートのパススルー」『経済セミナー』2016 年 8・9 月号: 39-44。

清水順子・大野早苗・松原聖・川﨑健太郎（2024）『徹底解説 国際金融——理論から実践まで（第 2 版）』日本評論社。

清水順子・佐藤清隆（2014）「アベノミクスと円安、貿易赤字、日本の輸出競争力」RIETI Discussion Paper Series, 14-J-022。

シャープ、ウィリアム・F.（2008）『投資家と市場——ポートフォリオと価格はなぜ決まるのか』川口有一郎監訳、日経 BP。

高木信二（2011）『入門 国際金融（第 4 版）』日本評論社。

棚瀬順哉編著（2019）『国際収支の基礎・理論・諸問題——政策へのインプリケーションおよび為替レ

ートとの関係』財経詳報社。

千明諒吉（2019）「政府がデフォルトしたら——秩序ある国債の条件変更の手法」論座アーカイブ（https://webronza.asahi.com/judiciary/articles/2719091000001.html）。

富安弘毅（2023）『カウンターパーティーリスクマネジメント——進化する XVA と新時代のリスク管理（第 3 版）』金融財政事情研究会。

中野聖子・藪友良（2012）「日本において購買力平価は成立していたのか」宮﨑憲治編『選好と国際マクロ経済学』法政大学出版局。

日本銀行国際局（2013）「国際収支関連統計の見直しについて」BOJ Reports & Research Papers。

服部孝洋（2017）「ドル調達コストの高まりとカバー付き金利平価」『ファイナンス』10 月号: 56-63。

服部孝洋（2021a）「金利指標改革入門——店頭（OTC）市場と LIBOR 不正操作問題について」『ファイナンス』11 月号: 10-19。

服部孝洋（2021b）「リスク・フリー・レート（RFR）入門——TONA，TORF，OIS を中心に」『ファイナンス』12 月号: 14-24。

服部孝洋（2023）『日本国債入門』金融財政事情研究会。

服部孝洋（2024）「物価連動国債入札——発展編（フロア・オプション、流動性等）」『ファイナンス』3 月号: 40-49。

服部孝洋・浅尾耕平・冨田絢子（2021）「IMF による経常収支の為替レートに対する弾力性の推定方法について」財務総研リサーチ・ペーパー、21-RP-03。

浜田宏一（2001）「金融政策の国際協調とバブル期の日本銀行」（日本金融学会、2001 年 5 月 27 日、中央銀行部会研究会にて報告）。

深尾光洋（2012）「欧州財政危機と日本への含意」RIETI Policy Discussion Paper Series, 12-P-011。

福田祐一・齊藤誠（1997）「フォワード・ディスカウント・パズル——展望」『現代ファイナンス』1: 5-18。

藪友良（2007）「購買力平価（PPP）パズルの解明——時系列的アプローチの視点から」『金融研究』26(4): 75-106。

渡辺康太・張恭輔・澤田なつ・別所英実（2023）「わが国の外国為替市場の動向と特徴——2022 年 BIS サーベイ（取引高調査）を踏まえた整理」日銀レビュー、2023-J-3。

■ 英語文献

Abiad, A., Oomes, N., and Ueda, K.（2008）"The Quality Effect: Does Financial Liberalization Improve the Allocation of Capital?" *Journal of Development Economics,* 87(2): 270-282.

Abuaf, N. and Jorion, P.（1990）"Purchasing Power Parity in the Long Run," *Journal of Finance,* 45(1): 157-174.

Adrian, T., Grinberg, F., Mancini-Griffoli, T., Townsend, R. M., and Zhang, N.（2022）"A Multi-Currency Exchange and Contracting Platform," IMF Working Paper, 2022/217.

Aguiar, M. and Amador, M.（2014）"Sovereign Debt," in Gopinath, G., Helpman, E., and Rogoff, K. eds., *Handbook of International Economics*, 4, Chapter 11, North Holland: 647-687.

Aguiar, M. and Amador, M.（2021）*The Economics of Sovereign Debt and Default*, Princeton University Press.

Aizenman, J.（1987）"Inflation, Tariffs and Tax Enforcement Costs," *Journal of International Economic Integration,* 2(2): 12-28.

Baba, N. and Packer, F.（2009）"From Turmoil to Crisis: Dislocations in the FX Swap Market Before and After the Failure of Lehman Brothers," *Journal of International Money and Finance,* 28(8): 1350-1374.

参考文献一覧 | *211*

Badia, M. M., Medas, P., Gupta, P., and Xiang, Y. (2022) "Debt is Not Free," *Journal of International Money and Finance*, 127, 102654.

Balassa, B. (1964) "The Purchasing-Power Parity Doctrine: A Reappraisal," *Journal of Political Economy*, 72(6): 584-596.

Barro, R. J. (1995) "Inflation and Economic Growth," Bank of England Quarterly Bulletin, May 1995.

Barro, R. J. and Gordon, D. B. (1983) "Rules, Discretion and Reputation in a Model of Monetary Policy," *Journal of Monetary Economics*, 12(1): 101-121.

Becker, T. and Mauro, P. (2006) "Output Drops and the Shocks That Matter," IMF Working Paper, 2006/172.

Bekaert, G., Harvey, C., and Lundblad, C. (2005) "Does Financial Liberalization Spur Growth?" *Journal of Financial Economics*, 77(1): 3-55.

Berka, M. and Steenkamp, D. (2023) "Deviations in Real Exchange Rate Levels in the OECD Countries and Their Structural Determinants," Working Paper.

Bewley, T. F. (1999) *Why Wages Don't Fall during a Recession*, Harvard University Press.

Borio, C. and Disyatat, P. (2011) "Global Imbalances and the Financial Crisis: Link or No Link?" BIS Working Papers, 346.

Boughton, J. M. (2012) *Tearing Down Walls: The International Monetary Fund 1990-1999*, International Monetary Fund.

Bruno, M. and Easterly, W. (1998) "Inflation Crises and Long-Run Growth," *Journal of Monetary Economics*, 41(1): 3-26.

Bulow, J. and Rogoff, K. (1991) "Sovereign Debt Repurchases: No Cure for Overhang," *Quarterly Journal of Economics*, 106(4): 1219-1235.

Burger, D., Warnock, F. E., and Warnock, V. C. (2018) "Benchmarking Portfolio Flows," *IMF Economics Review*, 66: 527-563.

Burnside, C. and Dollar, D. (2000) "Aid, Policies, and Growth," *American Economic Review*, 90(4): 847-868.

Burnside, C., Eichenbaum, M., and Rebelo, S. (2001) "Prospective Deficits and the Asian Currency Crisis," *Journal of Political Economy*, 109(6): 1155-1197.

Burnside, C., Eichenbaum, M., and Rebelo, S. (2004) "Government Guarantees and Self-Fulfilling Speculative Attacks," *Journal of Economic Theory*, 119(1): 31-63.

Burstein, A. and Gopinath, G. (2014) "International Prices and Exchange Rates," in Gopinath, G., Helpman, E., and Rogoff, K. eds., *Handbook of International Economics*, 4, Chapter 7, North Holland: 391-451.

Calomiris, C. W. and Jaremski, M. (2019) "Stealing Deposits: Deposit Insurance, Risk-Taking, and the Removal of Market Discipline in Early 20th-Century Banks," *Journal of Finance*, 74(2): 711-754.

Calvo, G. A., Izquierdo, A., and Mejía, L.-F. (2008) "Systemic Sudden Stops: The Relevance of Balance-Sheet Effects and Financial Integration," NBER Working Paper, 14026.

Carlsson, H. and van Damme, E. (1993) "Global Games and Equilibrium Selection," *Econometrica*, 61 (5): 989-1018.

Caselli, F. and Feyrer, J. (2007) "The Marginal Product of Capital," *Quarterly Journal of Economics*, 122 (2): 535-568.

Cavallo, A. and Rigobon, R. (2016) "The Billion Prices Project: Using Online Prices for Measurement and Research," *Journal of Economic Perspectives*, 30(2): 151-178.

Cavallo, A., Diewert, W. E., Feenstra, R. C., Inklaar, R., and Timmer, M. P. (2018) "Using Online Prices for Measuring Real Consumption across Countries," *AEA Papers and Proceedings*, 108: 483-487.

Chari, A. and Henry, P. B. (2004) "Risk Sharing and Asset Prices: Evidence from a Natural Experiment," *Journal of Finance*, 59(3): 1295-1324.

Chen, C.-N., Watanabe, T., and Yabu, T. (2012) "A New Method for Identifying the Effects of Foreign Exchange Interventions," *Journal of Money, Credit and Banking*, 44(8): 1507-1533.

Cheng, G. (2020) "The 2012 Private Sector Involvement in Greece," ESM Discussion Paper Series, 11.

Claessens, S. and Kose, A. (2013) "Financial Crises: Explanations, Types, and Implications," IMF Working Paper, 2013/028.

Claessens, S., Kose, A., Laeven, L., and Valencia, F. (2014) *Financial Crises: Causes, Consequences, and Policy Responses*, International Monetary Fund.

Claessens, S., Ueda, K., and Yafeh, Y. (2014) "Institutions and Financial Frictions: Estimating with Structural Restrictions on Firm Value and Investment," *Journal of Development Economics*, 110: 107-122.

Cole, H. L. and Kehoe, T. J. (1996) "A Self-Fulfilling Model of Mexico's 1994-1995 Debt Crisis," *Journal of International Economics*, 41(3-4): 309-330.

Cole, H. L. and Kehoe, T. J. (2000) "Self-Fulfilling Debt Crises," *Review of Economic Studies*, 67(1): 91-116.

Cole, H. L. and Ohanian, L. E. (2004) "New Deal Policies and the Persistence of the Great Depression: A General Equilibrium Analysis," *Journal of Political Economy*, 112(4): 779-816.

Corsetti, G., Feld, L. P., Koijen, R., Reichlin, L., Reis, R., Rey, H., and Weder di Mauro, B. (2016) *Reinforcing the Eurozone and Protecting an Open Society: Monitoring the Eurozone 2*, CEPR Press.

Cubeddu, L., Krogstrup, S., Adler, G., Rabanal, P., Dao, M. C., Hannan, S. A., Juvenal, L., Li, N., Buitron, C. O., Rebillard, C., Garcia-Macia, D., Jones, C., Rodriguez, J., Chang, K. S., Gautam, D., and Wang, Z. (2019) "The External Balance Assessment Methodology: 2018 Update," IMF Working Paper, 2019/065.

De Fiore, F. (2000) "The Optimal Inflation Tax when Taxes Are Costly to Collect," European Central Bank Working Paper Series, 38.

Demirgüç-Kunt, A. and Detragiache, E. (2002) "Does Deposit Insurance Increase Banking System Stability? An Empirical Investigation," *Journal of Monetary Economics*, 49(7): 1373-1406.

Devereux, M. B. and Smith, G. W. (1994) "International Risk Sharing and Economic Growth," *International Economic Review*, 35(3): 535-550.

Devereux, M. B. and Sutherland, A. (2011) "Country Portfolios in Open Economy Macro-Models," *Journal of the European Economic Association*, 9(2): 337-369.

Diamond, D. W. and Dybvig, P. H. (1983) "Bank Runs, Deposit Insurance, and Liquidity," *Journal of Political Economy*, 91(3): 401-419.

Diez, F., Duval, R., Fan, J., Garrido, J., Kalemli-Ozcan, S., Maggi, C., Martinez-Peria, M., and Pierri, N. (2021) "Insolvency Prospects Among Small-and-Medium-Sized Enterprises in Advanced Economies: Assessment and Policy Options," IMF Staff Discussion Note.

Dollar, D. (2018) "Is China's Development Finance a Challenge to the International Order?" *Asian Economic Policy Review*, 13(2): 283-298.

Du, W., Tepper, A., and Verdelhan, A. (2018) "Deviations from Covered Interest Rate Parity," *Journal of Finance*, 73(3): 915-957.

Easterly, W., Levine, R., and Roodman, D. (2003) "New Data, New Doubts: Revisiting 'Aid, Policies, and Growth'," Center for Global Development Working Paper No. 26.

Eaton, J. and Gersovitz, M. (1981) "Debt with Potential Repudiation: Theoretical and Empirical Analysis," *Review of Economic Studies*, 48(2): 289-309.

Engel, C. and Rogers, J. (1996) "How Wide Is the Border?" *American Economic Review*, 86(5): 1112-1125.

Feldstein, M. and Horioka, C. Y. (1980) "Domestic Saving and International Capital Flows," *Economic Journal*, 90(358): 314-329.

Financial Stability Board (2022) "Approaches to Debt Overhang Issues of Non-financial Corporates," Discussion Paper, 22 February 2022.

Fischer, S. (1993) "The Role of Macroeconomic Factors in Growth," *Journal of Monetary Economics*, 32 (3): 485-512.

Forbs, K. J. and Warnock, F. E. (2012) "Capital Flow Waves: Surges, Stops, Flight, and Retrenchment," *Journal of International Economics*, 88(2): 235-251.

Frankel, J. A. and Rose, A. K. (1996) "Currency Crashes in Emerging Markets: An Empirical Treatment," *Journal of International Economics*, 41(3-4): 351-366.

Froot, K. and Thaler, R. (1990) "Anomalies: Foreign Exchange," *Journal of Economic Perspectives*, 4(3): 179-192.

Gelman, M., Jochem, A., Reitz, S., and Taylor, M. P. (2015) "Real Financial Market Exchange Rates and Capital Flows," *Journal of International Money and Finance*, 54: 50-69.

Gourinchas, P.-O., Martin, P., and Messer, T. (2023) "The Economics of Sovereign Debt, Bailouts, and the Eurozone Crisis," IMF Working Paper, 2023/177.

Hamada, K. (1985) *The Political Economy of International Monetary Interdependence*, MIT Press.

Hatchondo, J. C., Martinez, L., and Sosa-Padilla, C. (2016) "Debt Dilution and Sovereign Default Risk," *Journal of Political Economy*, 124(5): 1383-1422.

Hattori, T. and Oguro, K. (2016) "An Endeavor to Estimate Seigniorage before the End of and Immediately after the Pacific War," *Journal of the Japanese and International Economies*, 41: 1-16.

Hattori, T., Tomita, A., and Asao, K. (2023) "The Accumulation of Income Balance and Its Relationship with Real Exchange Rate: Evidence from Japan," PRI Discussion Paper Series, 23A-01.

Hayek, F. A. (1944) *The Road to Serfdom*, Routledge Press (一谷藤一郎・一谷映理子訳『隷従への道──全体主義と自由』東京創元社、1992 年).

Heathcote, J. and Perri, F. (2013) "The International Diversification Puzzle Is Not as Bad as You Think," *Journal of Political Economy*, 121(6): 1108-1159.

Hsieh, C.-T. and Klenow, P. J. (2009) "Misallocation and Manufacturing TFP in China and India," *Quarterly Journal of Economics*, 124(4): 1403-1448.

IMF (2013) *Global Financial Stability Report, October 2013: Transition Challenges to Stability*, International Monetary Fund.

IMF (2015a) *Global Financial Stability Report, April 2015: Navigating Monetary Policy Challenges and Managing Risks*, International Monetary Fund.

IMF (2015b) "Greece: Preliminary Draft Debt Sustainability Analysis," IMF Country Report, 2015/165.

IMF (2015c) "International Banking after the Crisis: Increasingly Local and Safer?" in IMF, *Global Financial Stability Report, April 2015: Navigating Monetary Policy Challenges and Managing Risks*, Chapter 2, International Monetary Fund: 55-92.

IMF (2015d) "Greece: Preliminary Draft Debt Sustainability Analysis," Country Report No. 2015/165.

IMF (2018) *External Sector Report 2018: Tackling Global Imbalances amid Rising Trade Tensions*, International Monetary Fund.

IMF（2022）*External Sector Report 2022: Pandemic, War, and Global Imbalances*, International Monetary Fund.

IMF（2023a）*External Sector Report 2023: External Rebalancing in Turbulent Times*, International Monetary Fund.

IMF（2023b）*World Economic Outlook, October 2023: Navigating Global Divergences*, International Monetary Fund.

IMF（2024）"Japan: 2024 Article IV Consultation-Press Release; Staff Report; and Statement by the Executive Director for Japan," IMF Country Report, 2024/118.

Ito, T.（1986）"Capital Control and Covered Interest Parity between the Yen and the Dollar," *Economic Studies Quarterly*, 37（3）: 223-241.

Ito, T.（1988）"Use of（Time-Domain）Vector Autoregressions to Test Uncovered Interest Parity," *Review of Economics and Statistics*, 70（2）: 296-305.

Ito, T.（1990）"Foreign Exchange Rate Expectations: Micro Survey Data," *American Economic Review*, 80（3）: 434-449.

Ito, T.（1997）"The Long-Run Purchasing Power Parity for the Yen: Historical Overview," *Journal of the Japanese and International Economies*, 11（4）: 502-521.

Jeanne, O.（1999）"Currency Crises: A Perspective on Recent Theoretical Developments," CEPR Discussion Papers, 2170.

Ju, J. and Wei, S.-J.（2010）"Domestic Institutions and the Bypass Effect of Financial Globalization," *American Economic Journal: Economic Policy*, 2（4）: 173-204.

Kearns, J. and Rigobon, R.（2005）"Identifying the Efficacy of Central Bank Interventions: Evidence from Australia and Japan," *Journal of International Economics*, 66（1）: 31-48.

Keynes, J. M.（1919）*The Economic Consequences of the Peace*, Harcourt, Brace, and Howe（山形浩生訳『新訳 平和の経済的帰結』東洋経済新報社）.

Khan, M. S. and Senhadji, A. S.（2000）"Financial Development and Economic Growth: An Overview," IMF Working Paper, 2000/209.

Kiyotaki, N. and Moore, J.（1997）"Credit Cycles," *Journal of Political Economy*, 105（2）: 211-248.

Kose, M. A., Otrok, C., and Whiteman, C. H.（2003）"International Business Cycles: World, Region, and Country-Specific Factors," *American Economic Review*, 93（4）: 1216-1239.

Kose, M. A., Prasad, E. S., and Terrones, M. E.（2009）"Does Openness to International Financial Flows Raise Productivity Growth?" *Journal of International Money and Finance*, 28（4）: 554-580.

Krugman, P.（1979）"A Model of Balance-of-Payments Crises," *Journal of Money, Credit and Banking*, 11（3）: 311-325.

Krugman, P.（1988）"Financing vs. Forgiving a Debt Overhang," *Journal of Development Economics*, 29（3）: 253-268.

Kydland, F. E. and Prescott, E. C.（1977）"Rules Rather than Discretion: The Inconsistency of Optimal Plans," *Journal of Political Economy*, 85（3）: 473-491.

Laeven, L. and Valencia, F.（2014）"Systemic Banking Crises," in Claessens, S., Kose, A., Laeven, L., and Valencia, F. eds., *Financial Crises: Causes, Consequences, and Policy Responses*, Chapter 2, International Monetary Fund: 61-138.

Laeven, L. and Valencia, F.（2018）"Systemic Banking Crises Revisited," IMF Working Paper, 2018/206.

Lorenzoni, G.（2014）"International Financial Crises," in Gopinath, G., Helpman, E., and Rogoff, K. eds., *Handbook of International Economics*, 4, Chapter 4, North Holland: 689-740.

Lucas, Jr., R. E. (1990) "Why Doesn't Capital Flow from Rich to Poor Countries?" *American Economic Review*, 80(2): 92-96.

Meese, R. A. and Rogoff, K. (1983) "Empirical Exchange Rate Models of the Seventies: Do They Fit Out of Sample?" *Journal of International Economics*, 14(1-2): 3-24.

Mendoza, E. G. (2010) "Sudden Stops, Financial Crises, and Leverage," *American Economic Review*, 100(5): 1941-1966.

Minoiu, C. and Reddy, S. G. (2010) "Development Aid and Economic Growth: A Positive Long-run Relation," *Quarterly Review of Economics and Finance*, 50(1): 27-39.

Monge-Naranjo, A. and Ueda, K. (2017) "Industrial Revolutions and Global Imbalances," RIETI Discussion Paper, 17-E-067.

Monge-Naranjo, A., Sánchez, J. M., and Santaeulàlia-Llopis, R. (2019) "Natural Resources and Global Misallocation," *American Economic Journal: Macroeconomics*, 11(2): 79-126.

Morito, Y. and Ueda, K. (2024) "Bilateral Lucas Paradox," CARF Working Paper, CARF-F-581.

Morris, S. and Shin, H. S. (1998) "Unique Equilibrium in a Model of Self-Fulfilling Currency Attacks," *American Economic Review*, 88(3): 587-597.

Mundell, R. A. (1961) "A Theory of Optimum Currency Areas," *American Economic Review*, 51(4): 657-665.

Obstfeld, M. (1994) "Risk-Taking, Global Diversification, and Growth," *American Economic Review*, 84(5): 1310-1329.

Obstfeld, M. (1996) "Models of Currency Crises with Self-Fulfilling Features," *European Economic Review*, 40(3-5): 1037-1047.

Obstfeld, M. (2017) "Assessing Global Imbalances: The Nuts and Bolts," IMF Blog, June 26, 2017.

Obstfeld, M. and Rogoff, K. (1996) *Foundations of International Macroeconomics*, MIT Press.

Obstfeld, M. and Rogoff, K. (2001) "The Six Major Puzzles in International Macroeconomics: Is There a Common Cause?" *NBER Macroeconomics Annual 2000*, 15: 339-412.

Rajan, R. G. and Subramanian, A. (2007) "Does Aid Affect Governance?" *American Economic Review*, 97(2): 322-327.

Rajan, R. G. and Subramanian, A. (2008) "Aid and Growth: What Does the Cross-Country Evidence Really Show?" *Review of Economics and Statistics*, 90(4): 643-665.

Rancière, R., Tornell, A., and Westermann, F. (2006) "Decomposing the Effects of Financial Liberalization: Crises vs. Growth," *Journal of Banking and Finance*, 30(12): 3331-3348.

Reinhart, C. M. and Rogoff, K. S. (2004) "The Modern History of Exchange Rate Arrangements: A Reinterpretation," *Quarterly Journal of Economics*, 119(1): 1-48.

Reinhart, C. M. and Rogoff, K. S. (2009) "The Aftermath of Financial Crises," *American Economic Review*, 99(2): 466-472.

Reinhart, C. M. and Rogoff, K. S. (2010) "Growth in a Time of Debt," *American Economic Review*, 100(2): 573-578.

Reinhart, C. M. and Rogoff, K. S. (2014) "Recovery from Financial Crises: Evidence from 100 Episodes," *American Economic Review*, 104(5): 50-55.

Reinhart, C. M., Reinhart, V. R., and Rogoff, K. S. (2012) "Public Debt Overhangs: Advanced-Economy Episodes since 1800," *Journal of Economic Perspectives*, 26(3): 69-86.

Reinhart, C. M., Rogoff, K. S., and Savastiano, M. A. (2003) "Debt Intolerance," *Brookings Papers on Economic Activity*, 34(2003-1): 1-74.

Rogoff, K. (1996) "The Purchasing Power Parity Puzzle," *Journal of Economic Literature*, 34(2):

647-668.

Samuelson, P. A. (1964) "Theoretical Notes on Trade Problems," *Review of Economics and Statistics*, 46 (2): 145-154.

Sarel, M. (1996) "Nonlinear Effects of Inflation on Economic Growth," *IMF Staff Papers*, 43(1): 199-215.

Takagi, S. (2014) "The Effectiveness of Foreign Exchange Market Intervention: A Review of Post-2001 Studies on Japan," *Journal of Reviews on Global Economics*, 3: 84-100.

Taylor, J. B. T. (1993) "Discretion versus Policy Rules in Practice," *Carnegie-Rochester Conference Series on Public Policy*, 39: 195-214.

Thomas, J. and Worrall, T. (1994) "Foreign Direct Investment and the Risk of Expropriation," *Review of Economic Studies*, 61(1): 81-108.

Tille, C. and Wincoop, E. (2010) "International Capital Flows," *Journal of International Economics*, 80 (2): 157-175.

Tomz, M. and Wright, M. L. J. (2007) "Do Countries Default in 'Bad Times'?" *Journal of the European Economic Association*, 5(2/3): 352-360.

Townsend, R. M. (1994) "Risk and Insurance in Village India," *Econometrica*, 62(3): 539-591.

Townsend, R. M. (1995) "Financial Systems in Northern Thai Villages," *Quarterly Journal of Economics*, 110(4): 1011-1046.

Ueda, K. (2018) "Comment on 'Is China's Development Finance a Challenge to the International Order?'" *Asian Economic Policy Review*, 13(1): 299-300.

Uribe, M. and Schmitt-Grohé, S. (2017) *Open Economy Macroeconomics*, Princeton University Press.

Végh, C. A. (1989) "The Optimal Inflation Tax in the Presence of Currency Substitution," *Journal of Monetary Economics*, 24(1): 139-146.

Végh, C. A. (2013) *Open Economy Macroeconomics in Developing Countries*, MIT Press.

索　引

■ アルファベット

ADB　→アジア開発銀行
AfDB　→アフリカ開発銀行
AFTA　→ASEAN 自由貿易協定
AIIB　→アジアインフラ投資銀行
AMRO　181
APEC　→アジア太平洋経済協力
AREAER　→為替取極・為替制限年次報告書
ASEAN　→東南アジア諸国連合
ASEAN 自由貿易協定（AFTA）　203
BCDI　→複合危機指数
BPM　→国際収支マニュアル
BPM5　48, 54
BPM6　47, 48, 54
Brexit　190
BRICS　198
CAC　→集団行動条項
CBDC　→中央銀行デジタル通貨
CCP　→中央清算機関
CGPI　→企業物価指数
CIP　→カバー付き金利平価
CIPS　206
CMIM　→チェンマイ・イニシアチブのマルチ化
CPI　→消費者物価指数
CRRA 型効用関数　→相対的リスク回避度一定型効用関数
DIP ファイナンシング　159
DSA　→債務持続可能性分析
Dunbar　206
EBA モデル　63, 64
EBRD　→欧州復興開発銀行
EC　→欧州委員会
ECB　→欧州中央銀行
EER　→実効為替レート
EIB　→欧州投資銀行

EMH　→効率的市場仮説
EPA　→経済連携協定
ERM　→欧州為替相場メカニズム
ESM　→欧州安定メカニズム
ESR　→対外部門の安定性に関する報告書
ESTR（ユーロ短期金利）　115
FB　→政府短期証券
FDIC　→連邦預金保険公社
FSB　→金融安定理事会
FTA　→自由貿易協定
GATT（関税と貿易に関する一般協定）　192,
　200
GDP　→国内総生産
GNI　→国民総所得
IADB　→米州開発銀行
IBRD　→国際復興開発銀行
IDA　→国際開発協会
IFC　→国際金融公社
IMF　→国際通貨基金
IOU　→借用書
IS バランス　54, 59, 60, 92
JBIC　→国際協力銀行
JICA　→国際協力機構
J カーブ効果　90
LIBOR（ロンドン銀行間取引金利）　104,
　111, 114, 139
mBridge　206
MDBs　→国際開発金融機関
MIGA　→多数国間投資保証機関
NAFTA　→北米自由貿易協定
ODA　→政府開発援助
OOF　→その他政府資金
OTC　→相対取引（店頭取引）
PPI　→生産者物価指数
PPP　→購買力平価
PPP 仮説　→購買力平価仮説
RCEP（東アジア地域包括的経済連携）　204

REER　→実質実効為替レート
SDR　→特別引出権
SDRM　→国家債務削減制度
SOFR（担保付翌日物調達金利）　112, 115
SWIFT　205
TB　→割引短期国債
T-Bill　→国庫短期証券
TBTF問題　→大きくて潰せない問題
TONA（無担保コール翌日物金利）　104,
　111, 115
TPP（環太平洋パートナーシップ）　204
UIP　→カバーなし金利平価
WTO　→世界貿易機関

■ あ 行

相対取引（店頭取引；OTC）　79, 106
アウトライト・フォワード　110
アゴラ　207
アジアインフラ投資銀行（AIIB）　44
アジア開発銀行（ADB）　42, 44
アジア金融危機　39, 129, 131, 150, 153, 178,
　197
アジア太平洋経済協力（APEC）　203
アフリカ開発銀行（AfDB）　42
暗号資産　205, 207
安定成長協定　169, 175, 181, 188
一物一価の法則　82, 88, 96
インターバンク市場　79
インフレ税　163
円借款　42
オイラー方程式　26
欧州安定メカニズム（ESM）　170, 183, 185,
　190
欧州委員会（EC）　182
欧州為替相場メカニズム（ERM）　150, 179
欧州債務危機　140, 155, 181, 189
欧州中央銀行（ECB）　181
欧州投資銀行（EIB）　185
欧州復興開発銀行（EBRD）　42
大きくて潰せない（TBTF）問題　149, 176,
　188
オーバーシューティング・モデル　100

■ か 行

外貨準備　48, 53, 122
回帰分析　15
外国為替及び外国貿易法（外為法）　204
外国為替資金証券（為券）　120
外国為替資金特別会計（外為特会）　120,
　122
開放経済　20
カウンターパーティ・リスク　105
価格硬直性　85
価格弾力性　89
貸方　52
過重債務　156
カバー付き金利平価（CIP）　103, 104, 106,
　107
カバーなし金利平価（UIP）　98, 99, 107
株式　8, 10
株式市場　38, 39
借換リスク（ロールオーバー・リスク）　174
借方　52
カレンシー・ボード　77
カレンシー・ミスマッチ　153, 177, 178
為替介入　75, 116, 120, 125, 143, 144
為替スワップ　101, 109, 111, 112
為替取極・為替制限年次報告書（AREAER）
　76
為替のヘッジコスト　102, 103, 104
為替リスク　101
為替レート　74, 95, 100
　──のパススルー　85
関税と貿易に関する一般協定　→GATT
完全自由為替制度　78
環太平洋パートナーシップ　→TPP
管理変動相場制　75
企業物価指数（CGPI）　83
基軸通貨　14, 196
規制コスト　106
基礎的財政収支（プライマリー・バランス）
　164, 165, 183
規模に対して収穫一定　29
キャリー・トレード　99, 107, 108
協調介入　118
銀行　8, 10

索 引 | *219*

銀行危機　　128, 149, 177
　——の定義　　135
金本位制　　12, 194
金融安定理事会（FSB）　　142
金融危機　　128, 130, 136
　——の予防　　141
金融市場の危機　　128
金融収支　　48, 53, 54
　——の内訳　　50
金融統合　　189
金融の自由化・国際化　　38, 164
金融派生商品（デリバティブ）　　48, 79, 109
金融抑圧　　37, 164
金利平価　　97
近隣窮乏化政策　　61, 194, 196
口先介入　　118
グローバル・インバランス　　61, 93
　——の推移　　69
　——の評価　　62
グローバル・ゲーム　　151
経済安全保障　　202
経済危機　　128, 130, 136
経済統合　　189
経済連携協定（EPA）　　203
経常移転収支　　54
経常収支　　47, 53, 60, 64, 92
　——の内訳　　50
限界効用逓減の法則　　4
限界生産物逓減の法則　　30
原罪　　153, 177
減耗　　18
交易条件　　90
構造型　　64
構造政策　　60
購買力平価（PPP）　　81, 82
購買力平価仮説　　84, 85
　絶対的——　　84
　相対的——　　84
効用　　4
効率的市場仮説（EMH）　　95
合理的期待形成　　98, 99
国際開発協会（IDA）　　44
国際開発金融機関（MDBs）　　42
国債管理政策　　174

国際協力機構（JICA）　　42
国際協力銀行（JBIC）　　43
国際金融公社（IFC）　　44
国際金融のトリレンマ　　113
国際景気循環論　　2
国際収支危機　　129, 144, 154
　——の定義　　133
国際収支統計　　46, 54
国際収支マニュアル（BPM）　　47
国際通貨基金（IMF）　　11, 61, 62, 142, 192, 193, 197
　——による融資　　160, 182
　——の投票権　　198
　——の役割　　198
国際復興開発銀行（IBRD）　　41, 44, 192, 193
国際マクロ開発経済学　　28
国際マクロ経済学　　2
国内総生産（GDP）　　30
国民総所得（GNI）　　30
護送船団方式　　164
国家債務危機　　129, 155, 176
　——の定義　　161
国家債務削減制度（SDRM）　　171
国庫短期証券（T-Bill）　　121
固定相場制　　75, 78, 196, 197
コブ＝ダグラス型生産関数　　29
コベナンツ　　→財務制限条項
コーポレート・ガバナンス　　39

■ さ 行

財務制限条項（コベナンツ）　　175
財政統合　　190
財政ファイナンス　　144, 145
財政ルール　　175
裁定（取引）　　32, 82, 88, 96
債務持続可能性分析（DSA）　　160, 165, 168, 183
債務の希薄化　　167, 174
債務不履行（デフォルト）　　140, 158, 161, 168
サドン・ストップ　　133, 134, 137, 144, 154
シェンゲン協定　　185
時間選好　　9

自給自足経済　20
シグナリング効果　124
自己回帰分析　85
市場規律　187
市場メカニズム　6
実効為替レート（EER）　88
実質為替レート　84, 85
実質実効為替レート（REER）　64, 85, 88
資本　17
　　──の限界生産物　19
資本移転等収支　48, 54
資本規制　35, 37
資本収支　48, 53, 54
資本分配率　29, 32
社会ウェイト　6, 25
社会計画者　6, 25
社会厚生関数　25
借用書（IOU）　10, 155
シャドーバンキング　191
ジャパン・プレミアム　105, 139
自由為替制度　78
衆愚政治　195
集計的ショック　11, 16
囚人のジレンマ　194
集積効果　34, 35
集団行動条項（CAC）　171
自由変動相場制　75, 76
自由貿易協定（FTA）　203
14 条国　199
主権免除　157, 158, 161, 187
証券投資　48
消費者物価指数（CPI）　83
消費の平準化　3, 8
所得収支　47, 54, 92
人的資本　33
ステーブルコイン　205, 207
スポット取引　79
スミソニアン体制　75
生産者物価指数（PPI）　83
政治統合　190
脆弱性分析　142
制度的要因　36
政府開発援助（ODA）　42
　　──の効果　43

政府短期証券（FB）　120, 121
世界銀行　44, 192, 193
世界金融危機　61, 105, 129, 130, 131, 136,
　　139, 181, 188
世界貿易機関（WTO）　192, 197, 200
1940 年体制　164, 195
戦略的債務不履行　158
早期警報措置　142
相対的リスク回避度一定（CRRA）型効用関数
　　25
その他政府資金（OOF）　43
ソフト・ペッグ　77
ゾンビ企業　37

■　た　行

第一次所得収支　47, 50, 54, 92
対外バランス　60, 61
対外部門危機　129, 143
対外部門の安定性に関する報告書（ESR）
　　59, 62, 68, 69, 75
対顧客市場　79
第二次所得収支　47, 54
多数国間投資保証機関（MIGA）　44
単独介入　118
弾力性アプローチ　89
地域別国際収支状況　52
地域貿易協定　203
チェンマイ・イニシアチブ　181
　　──のマルチ化（CMIM）　181
秩序ある債務削減　159
チャプター・イレブン　40, 159
中央銀行デジタル通貨（CBDC）　206
中央銀行の独立性　167
中央清算機関（CCP）　106
直接投資　48
貯蓄・投資バランス　→ IS バランス
通貨危機　129, 130, 143, 177
　　──の自己実現モデル　146
　　──の定義　133
通貨圏　75
　　共通──　78
　　最適──　184
通貨スワップ　110, 111

索 引 | *221*

通貨ベーシス　104, 112
定常過程　85
デット・オーバーハング　156, 169
デフォルト　→債務不履行
デフォルト・リスク　101, 103
デリバティブ　→金融派生商品
店頭取引　→相対取引
天然資源　34
倒産法制　40
投資　18
東南アジア諸国連合（ASEAN）　203
特別引出権（SDR）　14, 197
取付騒ぎ　135, 149
取引所取引　79, 106
ドル化　77

■　な　行

内的通貨切り下げ　187
ナチュラル・ヘッジ　90
ニクソン・ショック　14, 75, 197, 199
ニューディール政策　195

■　は　行

博愛的独裁者　→社会計画者
8条国　199, 205
ハード・ペッグ　76
バラッサ＝サミュエルソン効果　87, 88, 89
パレート最適（効率的）　7
バンコール　196
東アジア地域包括的経済連携　→ RCEP
非中央集権的な均衡　6
ビッグマック指数　82
非不胎化介入　120, 121
フェルドシュタイン＝ホリオカのパズル　20
フォワード・プレミアム　102, 104
フォワード・プレミアム・パズル　106, 107
複合危機　129, 176, 179
複合危機指数（BCDI）　130
複式計上の原理　52
複数均衡　148, 150, 151
覆面介入　118, 125
賦存経済　17

不胎化介入　120, 121, 124
双子の赤字　69
プライマリー・バランス　→基礎的財政収支
プラザ合意　76, 117, 119
ブレトン・ウッズ会議　192, 207
ブレトン・ウッズ体制　14, 61, 75, 196, 205
フレンド・ショアリング　201
ブロック（経済）化　35, 195, 196, 202, 207
平均分散フロンティア　22
米州開発銀行（IADB）　42
ヘクシャー＝オリーン・モデル　204
変動相場制　75, 78, 197
貿易協定　203
貿易・サービス収支　47
貿易収支　89, 91
北米自由貿易協定（NAFTA）　203
保険　7, 10
ポートフォリオ・リバランス効果　124
ポピュリズム政治　195
ホールドアウト問題　172
ポンド危機　149, 150
本邦対外資産負債残高　49, 50

■　ま　行

マクロ経済政策　60
マクロ・プルーデンシャル規制　201
マーシャル＝ラーナーの条件　89
　──の条件の導出　91
マーストリヒト条約　169, 181
マネー・サプライ　145
マネタリー・ベース　120
モラル・ハザード　152

■　や　行

誘導型　64
ユーロ圏　69, 78, 184, 185, 186, 187, 197
予備的貯蓄　21
予約取引　110
4条協議　63, 166, 199

■ ら 行

ランダム・ウォーク　94
利子　9
リショアリング　201
リスク・シェアリング　6, 10, 15, 19, 20, 155
リバース・エンジニアリング効果　35
流動性リスク　103
ルーカス・パラドックス　28, 32, 34, 36, 40
レート・チェック　118

連邦預金保険公社（FDIC）　152
労働分配率　29
労働問題　41
ロビンソン・クルーソー経済　3
ロールオーバー・リスク　→借換リスク

■ わ 行

割引　9
割引短期国債（TB）　121

■ 著者紹介

植田 健一（うえだ・けんいち）

東京大学大学院経済学研究科兼公共政策大学院教授

1991年、東京大学経済学部卒業。2000年、シカゴ大学にて Ph.D.（経済学）を取得。大蔵省（日本）、国際通貨基金（IMF）エコノミスト、同シニアエコノミスト等を経て、2014年に東京大学に移籍し、現在に至る。東京大学金融教育研究センター（CARF）センター長、東京経済研究センター（TCER）代表理事も務める。著書に、『金融システムの経済学』（日本評論社、2022年）などがある。

服部 孝洋（はっとり・たかひろ）

東京大学公共政策大学院特任准教授

2008年、一橋大学大学院経済学研究科修士課程修了後、野村證券に入社。2016年、財務省財務総合政策研究所を経て、2020年に東京大学に移籍し、現在に至る。2021年、一橋大学にて博士（経済学）を取得。著書に、『日本国債入門』（金融財政事情研究会、2023年）などがある。

こくさいきんゆう
国際金融

2024年11月20日　第1版第1刷発行
2024年12月25日　第1版第2刷発行

著　者　植田健一・服部孝洋
発行所　株式会社日本評論社
　　　　〒170-8474　東京都豊島区南大塚3-12-4
　　　　電話　03-3987-8621（販売）　03-3987-8595（編集）
　　　　https://www.nippyo.co.jp/　振替　00100-3-16
印刷所　精文堂印刷株式会社
製本所　株式会社難波製本
装　幀　図工ファイブ

落丁・乱丁本はお取替えいたします。　　Printed in Japan
検印省略 © Kenichi Ueda, Takahiro Hattori 2024　　ISBN978-4-535-55992-9

JCOPY 〈（社）出版者著作権管理機構　委託出版物〉
本書の無断複写は著作権法上での例外を除き禁じられています。複写される場合は、そのつど事前に、（社）出版者著作権管理機構（電話03-5244-5088、FAX03-5244-5089、e-mail：info@jcopy.or.jp）の許諾を得てください。また、本書を代行業者等の第三者に依頼してスキャニング等の行為によりデジタル化することは、個人の家庭内の利用であっても、一切認められておりません。